グラフィック経営学ライブラリ 2

グラフィック
経営組織論

中野　勉 編著

加藤俊彦・関口倫紀・山田真茂留・若林直樹 著

新世社

編者のことば

社会においては，自治体，企業，その他の組織体が中心となって動いており，多くの人々がこれらに関わり，その生活は成り立っている。これらの組織体の運営を効率的・効果的に行うための考え方・原理を究明する学問が経営学であり，いわゆる社会科学の一分野となる。経営学の主な対象は企業だが，それと関わる人々も対象となっている。最近では経済学も行動経済学など類似領域が登場して来ているが，経営学の方が扱う範囲に多様性があり，かつ実践的だと言えよう。

経営学のより具体的な内容としては，企業などが事業の継続に必要な，人，モノ，カネ，情報などの経営資源をうまく配分し，製品やサービスなどを生み出し，それを市場において対価と交換して，再び経営資源に変えることにより，永続しようとするための考え方が中心である。

なぜ経営学を学ぶかというと，混沌とした状態を解明し，その構造を明らかにし，どう対応すれば良いかの方針を指し示してくれることが多いからだ。卑近な例えでは，料理をするにしてもどうすれば美味しくなるかには一定の知識が必要である。つまり，過去の料理の歴史やどのように料理を作れば美味しくなるかの理論がいる。そして料理を食べる人々の好みを知る必要がある。費用がいくらかかるかを整理する必要もあるなどだ。そしてこれらをうまく組み合わせることにより，食べる人の喜ぶ美味しい料理を，想定内のコストや時間で作り出すことができる。料理と同様に経営にも多様な領域がある。企業などを対象として，これらの領域をミックスして組織体を管理・運営するものだ。何も知らずに管理・運営に関わっていくことは可能だが難しい。経営学の基本を学べば正しい判断を時間効率よく行える可能性が高まっていくのである。

この「グラフィック経営学ライブラリ」の特徴は，わかりやすく，楽しく学べるが統一的な視点となっている。見開きページの左側に解説があり，右側に図，表が来ていて，直観的な理解を促進してくれる。解説を読み，理解する左脳と図表で直観的に把握する右脳，両方のサポートで理解を促す。ただし図表を多用し，理解しやすいテキストを書くのは執筆者にとって実は大変なのである。読者対象となる学生やビジネスマンなどの方々は，各執筆者と編者の努力の結実をしっかり楽しみ，かつ学んで頂ければ幸いである。

上田　隆穂

はじめに

「つながる時代の組織論」――「新たな日常」への経営組織の再定義

経営組織論をどう考えるか。関係性の視点からは，個人は集団（social group）を作り，社会は様々な集団により成り立っている。集団は，インフォーマルなネットワークであるが，目的遂行のために，リーダーと部下の関係のように，フォーマルなマネジメントのシステムを持てば，組織（organization）となる。

組織論は，マネジメントが，フォーマル及びインフォーマルな集団を，変化する外部の環境に対応させながら，どのようにデザインし，組立て，運営するのかを理論化したものである。そこには，マックス・ウェーバーの「官僚制」や「リーダーシップ」の理論など，20 世紀初頭から積み上げられた知見が凝縮されている。1 世紀以上にわたる実証研究の歴史があり，社会学，心理学，文化人類学，経営学を含み，学術横断的な広がりを持ちながら発展し，20 世紀が終わる頃には，アメリカ社会学において体系化された。そして，欧米を中心に，マネジメント教育として，大学学部教育，MBA（経営学修士），博士課程などに広がりを見せた。

組織論をあえて分類すると，マクロ組織論は，市場，製品や競争要因などの外部環境に応じて，経営組織の本社中枢機能と，R&D，調達，生産，マーケティング，セールスなどの諸機能を，指揮命令系統に落とし込み，それらの間の調整を含め，フォーマルな組織構造にいかにデザインするのかを，俯瞰的に考える。これに対して，個人のレベルに焦点を当て，社員のモチベーションと人事，チーム・ビルディングやコミュニケーション，リーダーシップなどについて説明するのが，組織行動や組織管理と呼ばれるマイクロ・レベルのミクロ組織論である。

組織には，社会的な課題に取り組む非営利目的のもの（NPO；non-profit organization）と，営利目的の経営組織（FPO；for-profit）があるが，現代の多くの組織は，企業として営利を追求するものである。マネジメントと従業員，資本市場では経営者と株主，消費市場においては従業員と顧客など，様々なステークホルダーが関与することで，経営が成り立っているのであり，マネジメントは，職務と責任の管理，機能の調整，組織文化の醸成，対外的なコミュニケーション，人事など，多くの課題に対処し続けなければならない。

デジタル技術の飛躍的な発展による情報化と，経済のグローバル化により，21 世紀に入るまでには，社会は「つながる時代」に移行した。インターネットが普及し始めて，すでに四半世紀が経過している 2020 年の現在，体系的に完成されたかに見えた組織論には，伝統的な理論の枠組みだけでは説明きない様々な新たな課題が現れ，大きな変革が必要となっている。

中でも，2020 年の新型コロナ感染の世界的な広がりは，テレワークやリモートワーク，アプリを使ったオンラインのコミュニケーション，オンラインと対面の統合による消費者へのチャネルの組み換えなど，人々の働き方と組織のデザインの戦略化に緊急課題を突き付けた。コロナにより多くの人の生活が脅かされ，伝統的な組織の習慣，慣行など諸制度が破壊されたことは，日本企業のマネジメントにおいて，「大岩盤」が動き出したことを意味する。「あらたな日常」への移行には，仕事と生活，組織と戦略をめぐる大変革が求められ，それは，グローバル競争の中での，日本企業の競争力の問題でもある。

* * *

2016 年に，早稲田ビジネススクールの淺羽茂先生を介して，「グラフィック経営学ライブラリ」全体を統括する学習院大学上田隆穂先生から，項目ごとに書き上げる現代の経営組織論の執筆のご依頼をいただいた。4 名の著名な研究者にお願いし，5 名の筆で体系的な本を作るという難しいプロジェクトを立ち上げた。そして，数年の時を経て，その全員の協力の結果として完成したのが本書である。執筆者の方々に色々とご無理を申し上げたが，その間の共創による知的な作業は，深く，広く，喜びに満ちたものであった。編集に際して，新世社の御園生晴彦氏，谷口雅彦氏には，辛抱強くお付き合いいただき，この間色々な示唆をいただいた。豊かなご経験から，多くの作業の中で，的確かつプロフェッショナルなアドバイスをいただいたことに深く感謝する次第である。

コロナ感染の広がりにより，社会の多くの制度が破壊された。「新たな日常」と呼ばれる不確定性が高い時代に向けて，組織変革は 2020 年現在進行形である。本書が組織のマネジメントに関し，明るい未来へ読者をいざなう一助として，教科書，学術叢書，啓蒙書の役割を果たすことを一同心から願っている。

2020年9月15日

リモートワークのオフィスにて

中野　勉

読者への解説——本書の特徴，全体の流れと使い方

本書のテーマは，つながる時代の組織論として，「新たな日常」に向かい，経営組織の再定義を試みながら，現代の組織論を展開することである。その目的は，伝統的な理論を深く説明しながら，先端理論と概念を紹介し，現代のマネジメント実務に結びつけ，具体例を多用しながら，わかりやすく，そして，体系的に説明することである。デジタル化，グローバル化，コロナによる地殻変動と社会変革を視野に入れながら，時代の状況を解説しながら，新たな組織論を提示する。

本書は，実務現場の戦略マネジメントに関し，組織論の学術的な伝統と先端理論を含め，理論と実務を結ぶものである。対象読者は，学部生，大学院生，MBA 社会人学生，組織論研究者，ビジネス・パーソン，組織に関するコンサルタント，シンクタンクやリサーチセンターの研究員，企業経営者などである。伝統的な組織論理論や概念を網羅しながら，できるだけ最新のトピックを入れて解説している。関係性の視点から，「新たな日常」における組織の在り方を考えるヒントが詰まっているはずである。

全体の流れは以下の通りである。第１章では，経営組織への新たなアプローチとして，デジタル革命，プラットフォーム戦略と共創，顧客志向，アジャイル組織，市場の変化，リモートワークとマネジメントなど，経営組織論に関する最近の重要なテーマや概念を解説する。

第２章では，マネジメントの発展の歴史を振り返りながら，パラダイムの変遷から，代表的な組織論の重要なパースペクティブに注目し，その流れを説明する。

第３章は，組織をどう具体的にデザインするかという視点から，ヒエラルキーとしての組織構造と，管理の手法の基本を説明する。その中では，業績，規則に加え，文化の重要性に触れるが，これに続く第４章では，組織文化と制度化の問題に，歴史的な展開を含めて焦点を当てる。

その後，第５章から第８章では，より具体的かつ実践的なマネジメントの

トピックに移るが，第５章は，マイクロ・レベルでの組織論として，モチベーション，リーダーシップ，集団のダイナミクスなど，組織行動をミクロから集団への組織論として扱う。これに関連し，第６章では人材マネジメントの実務と先端理論を紹介する。

次の第７章では，戦略への展開として，組織論と深く関わる戦略論の重要な理論や概念を紹介する。組織と戦略は表裏一体の関係にあり，切り離して論じることはできない。

そして，最後に，第８章では，つながる時代の組織論への展開として，近年の組織論の重要な概念である，ネットワークと社会的な競争，クリエイティビティ，クラスターとエコシステム，製品アーキテクチャ，オープン・イノベーション，CSR と ESG 投資，危機管理とレジリエンス，意思決定，知識のマネジメント，サービスデザインなど，組織論を，応用的に広範に展開する。

以上のような流れを追いながら，本書を通読していただくことで，現代の組織論を体系的に学ぶことができる。また，どの章から読んでいただいても，まとまった関連する知識を得ることができるように配慮した。加えて，図表や *Column* を多用しながら，項目ごとに読んでいただいても理解できるように，深く，そしてわかりやすく解説し，読者への利便性を図った。項目別の記述により，辞書的な使い方も可能である。

［中野　勉］

目　次

第6章　人材マネジメント　127

第7章　組織戦略への展開　145

第 8 章　つながる時代の組織論への展開　171

本文イラスト：PIXTA

第1章

経営組織への新たなアプローチの試み

1.1 デジタル革命と「新たな日常」への変化

☞ *see also* 4.8, 8.6, 8.7

1990 年代以降，情報処理技術（information and communication technology；ICT）が急速に進歩し，オンラインの関係性の解析や情報検索の世界が広がった。そのインパクトは，Facebook，Twitter，Instagram，Line などの SNS（social networking services）でのコミュニケーション，大量の顧客情報を活用したソーシャルメディア・マーケティング，効率的なサプライチェーンの構築，オンラインの物販（e-commerce；EC），映像，音楽，物品のサービスのサブスクリプション，YouTube などのストリーミング配信，ソーシャル・ゲーム，フィンテックによるデジタル決済サービスなどに見ることができる。

また，2020 年には新型コロナ・ウイルス（COVID-19）の感染が世界的に広がる中，ZOOM や Webex などを用いたオンラインの会議システム，教育のオンライン化，オンラインでの医療診断などが社会インフラとなった。

ソーシャル・メディアが極めて重要なツールとなり，企業による顧客サービスの利便性，社会性，スピード，規模や範囲の経済の消費者への提供が求められる中，今後社会の大変革が，組織マネジメントに急激かつ大きな変化をもたらすことが予想される。

先進国の経済を牽引していく柱の一つは，ドイツの国家戦略に見られるように，ＩｏＴ（internet of things）である。それは，サプライチェーンを含めた品質や在庫管理，生産現場での効率化の徹底，AI を活用した潜在市場の開拓，ソーシャル・メディアを含めたマーケティング手法の広がり，情報のインテグレーションによる一元的な顧客管理や流通・配送の効率化などを通じ，企業が提供する製品やサービスが，インターネットを通じて顧客につながり，新たな市場を作り出す循環である。

その一方で，今後も続くと思われるパンデミックによる社会の諸制度の破壊や，気候変動による大きな災害の頻発は，世界規模で不確定性が高い時代に入ったことを意味し，「新たな日常」（New Normal）においては，リスク対策，事業継続計画（BCP），CSR とガバナンスなど，サービスのオンライン化とリモート・ワークが広がる中で，従業員の管理やコミュニケーションなどに関し，マネジメントの試行錯誤が続く。 ［中野　勉］

Column 1-1-1 情報の管理と巨大 IT 企業 GAFAM

ビッグデータと呼ばれる大量の顧客情報が，クラウドのサービスを通じて，プラットフォーム企業の手に入るようになった結果，それらのデータをマーケティング，顧客の管理，オペレーションズ・マネジメントなどに積極的に活用することで，AI を使った解析からターゲティング，生産性や在庫管理の効率化，動態的な管理を結び付けることが可能となった。

O2O（online to offline）または OMO（online merges with offline）の情報の統合により，多様なサービスが提供される範囲の経済の中で，ワン・クリックで商品が自宅に届くという利便性を提供する，アマゾンのようなプラットフォーム企業が大きな力を持つ状況で，データ・サイエンスの技術を巡る企業間競争が激化した。こうした情報を寡占的に収集する GAFAM（Google, Amazon, Facebook, Apple, Microsoft）のような巨大 IT 企業の力をどのように管理するのかが，世界的な課題となりつつある。

Column 1-1-2 コーポレート・コミュニケーションの変化

経営組織は，資本市場からの資金調達を無視しては積極的な投資による成長ができない。ソーシャル・メディアを積極的に活用するマーケティング（social media marketing）では，近年多くの日本企業が投資家への情報開示である IR（investor relations）との関連から，その社会的責任，すなわち，CSR（corporate social responsibility）として，気候変動や環境問題への取り組みを説明する統合報告書（integrated report）を作成するようになった。それらは，国連の SDGs（sustainable development goals）や，EU のリーダーシップに始まり，ヨーロッパ主導で発展した哲学性を持つ理念であり，同時に，機関投資家へのしたたかな企業戦略でもある。近年日本においても，ブランド・イメージの向上のため，様々なチャネルを通じたコーポレート・コミュニケーションが，マネジメントにとって重要性を増している。

1.2　プラットフォーム戦略――競争と共創

情報化とデジタル化が続く中，そのインパクトは社会の様々な側面に浸透し，ビジネスの世界に大きな変革をもたらしている。20 世紀末の情報化の初期には，ブラウザーをめぐる Microsoft Internet Explorer，Netscape Navigator，Firefox，Google Chrome など，大手の間での峻烈な競争が繰り広げられた。その根本は，広告収入に頼るビジネス・モデルとして，より多くのユーザーを獲得し，デファクト・スタンダードとなることで，その価値が高まるものであった。

このような「ニュー・エコノミー」の市場では，「独り勝ち」（winner-take-all-market）することにより，業界標準のプラットフォームとなることが重要である。オンラインの消費者へのビジネスである B2C が広がりを見せ，日本においては，2010 年代からは，クラウド・サービスが普及し，EC（electric commerce）サイトとして，Amazon，楽天，Yahoo! などプラットフォームとなった企業が，いろいろな商品やサービスを提供することとなった。

これらプラットフォーム企業は，B2B の関係から，メーカーにテクノロジーを提供し，彼らに商品やアプリを提供させることで，オンラインのモールなど，範囲の経済を提供する。また，色々な SNS のサービス・プロバイダーとの連携によるネットワーク効果で，新たな付加価値をつけることが可能となった。この過程で，企業のサイトを作るコンサルティングやインフルエンサーを使ったデジタル・マーケティングも大きな産業となった。

世界的には，SNS によるコミュニケーションが広がったことで，GAFAM（Google，Apple，Facebook，Amazon，Microsoft）に代表されるプラットフォーム企業は，ネットワークの中で顧客の情報を握るという巨大な力を持つこととなった。これらの企業は，顧客の購買情報の収集と活用により，規模と範囲の経済の優位性を確保し，すべてのものがネットにつながる IoT の時代に入り，AI を使い顧客情報を動態的に分析するダイナミックなマーケティング，商品販売，新たなサービスの提供を狙う存在である。　[中野　勉]

Column 1-2-1 デジタル・マーケティングにおける B2B の共創のダイナミズム

デジタル・マーケティングの現場は，どのように行われるのか？ 21 世紀に入り，代表的なプラットフォーム企業である G 社にとっては，顧客であるパートナー企業の成功が重要である。例えば，G 社のパートナーシップ部門が，オンラインで事業を行うメディア企業に対して，自社が開発した各サービス・リソースの提供を行う。G 社は顧客である企業の担当者のソーシャル・ネットワーキング・サービスの状況を分析し，継続的にアドバイスを行う。また，他の G 社内のその顧客企業との関係を使い，より堅いパートナーシップを築くことを試みる。このようなパートナーシップの各担当者は，10 社程度の大きな顧客をパートナーとするが，その中でも特に重要な顧客は数社程度に絞り込まれている。こうした責任を持ち，継続的に特定の顧客企業と対面で密なインタラクションを行う担当者は部署内に数名存在するが，そのうちの 1-2 名は担当顧客企業のマーケティングなどに関連する意思決定にも深く関わることとなる。これは，いかに効率よく顧客のニーズに答えていくのかという，組織のデザインとしての知識マネジメントの問題である。

競合する広告企業も，これら顧客企業に様々な提案をしているのであり，いかに重要顧客との関係を深めることができるのかが極めて重要であるのと同時に，このような現場の共創関係には，プロットフォームを提供する企業とパートナーを組む顧客企業との，お互いのマネジメント層の関係性の発展による経営トップのエンゲージメントを高めることも重要である。表敬訪問や会食などに始まり，エグゼクティブ同士のコミュニケーションにおいて，コンセプトの共創を目指し，両社のビジネス上の目標を達成するために，お互いの専門性を考慮し，経営資源の補完的な配分により，長期的かつ戦略的な問題解決を図るものでもある。

このような企業間の関係性や，インフォーマルな SNS でのやり取りなどを通じ，知識や最新の技術的な動向は，プラットフォーム企業間の競争と，重要顧客との共創という両面から業界に広まることとなり，ICT 関連のサービスを提供する企業間の峻烈な競争が繰り広げられることで，産業としての持続的な競争力が高まることとなる。デジタルにおいてもアナログな対人関係とコミュニケーションは極めて重要である。

1.3 顧客志向型組織への転換

☞see also 3.3, 8.10

近年，顧客の嗜好は急激に変化するだけではなく，多様化をしている。企業活動は作り手がよいと思うものを供給する製品志向（プロダクトアウト）ではなく，市場や顧客のニーズを積極的に取り込む市場志向（マーケットイン）が求められる。そのための組織のあり方として議論されているのが，顧客志向性（customer orientation）を持つ組織すなわち顧客志向型組織（customer-oriented organizattion）である。

デシュパンデらによれば，顧客志向性は「企業所有者，経営者，従業員の利害を度外視しないで，長期的な収益性を上げる企業へと発展させるように，顧客の利益を第一とする」企業の考え方である（Deshpande et al., 1993）。ガルブレイス（Galbraith, J. R.）は，顧客志向型組織が，顧客対応を重視し，それを担当する現場の従業員やチームを頂点に置き，その責任や権限を拡大し，彼らの活動を管理職や経営者の支援できる形と考える（Galbraith, 2005）。そのために，従来のヒエラルキー構造を逆転させ，分権化とフラット化を進める。そして，個々の顧客ニーズに個別的な対応ができるように，顧客を中心に据えながら，顧客対応の担当者と関連する組織内の部門，チームが柔軟に結合するネットワーク組織（network organization）がよい。

企業組織の顧客志向性が求められる背景は，大きく3つある。第一に，物質的に豊かになり，顧客がモノを求めるのではなく，その利用価値（利用した成果）を重視するようになった。第二に，経済のサービス化が進み，顧客のニーズをよりよく実現する高度なサービスが求めるようになった。第三に，経済のデジタル化が進み，情報ネットワークを通じて顧客のニーズの共有や対応が企業組織の中で共有されやすくなった。サービス経営学では，現場の従業員が顧客にサービスを提供する場面である「サービス・エンカウンター」の充実が，顧客忠誠心を高めると考える。そこで，顧客の個別ニーズに対して組織として個別に対応するサービスの個別化で競争能力を高めようとしている。さらに企業は，デジタル化を通じて社内の部門や関連企業がソーシャルメディアやコミュニケーションメディアを用い，多様な顧客接点（touch point）を作り，日々働きかける仕組みづくりも重視されている。　[若林直樹]

■図表 1-3-1　顧客志向型組織

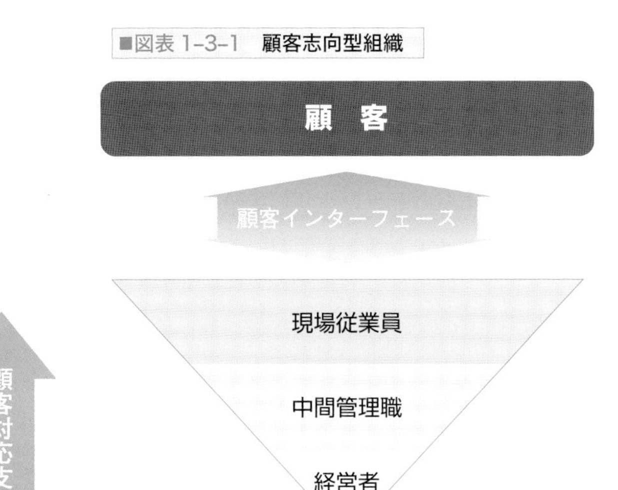

（出所） Galbraith（2005）を一部改変。

Column 1-3-1 顧客志向性向上のための組織活性化

企業が，顧客志向性を高めるには，それを目標とする組織活性化を行う必要がある。それには4つある。第一に，従業員や管理職，経営者達が，そうした態度，行動をとるように，研修や訓練を通じて意識改革と行動変容を行う。

第二に，現場リーダーや管理職，経営者のリーダーシップを，現場の従業員や間接部門の社員達に顧客志向的な行動を推進するような働きかけをするものにするとよい。荘 瑷嘉（チュウアンアイチャ）らによれば，そうしたリーダーシップの元で従業員達の行動は顧客志向性を高め，顧客に対して期待以上の貢献をし出すようになる(Liaw et al., 2010)。

第三に，経営者や管理職が，顧客志向的組織文化を率先して形成し，従業員達がそれを発展させることが必要である。

第四に，顧客の満足度が高まるように，彼らの行動に合わせて，現場や，現場を支援する部門，間接部門が連携して動くようにプロセスの改革をする必要がある。一般には，顧客が，サービスの消費をする過程で，企業とどのように接するかを時系列的に見る分析方法「カスタマー・ジャーニー（customer journey)」を用いて組織の内部や外部企業との連携を見直す。

1.4 アジャイル組織

☞see also 2.1, 7.5, 8.2

「アジャイル」(agile) とは，素早い，俊敏な，すばしこいなどを意味する英語であり，経営組織のマネジメントの用語として使わる。そこには，21世紀に入り，情報化やグローバル化により，市場の環境が大きく変化した背景がある。ドラッカー (Drucker, 1988) は，1970年代以降に「情報化社会」(information society) が到来し，消費者が多くの製品情報を得られるようになったことで，個人のスタイルに合う質の高い商品が求められるようになり，市場の主導権は生産者から消費者に移ったと主張した。また，流行の変化のスピードが速くなり，企業間の競争が激化し，「常に変化する市場」(relentlessly changing) (Eisenhardt, 1989) が生まれたことで，生産現場では，1980年代以降，顧客との取引から得られる市場の情報を基に，製品のデザイン設計や生産プロセスに柔軟に変更を加え，素早く対応しようとするコンカレント・エンジニアリング (concurrent engineering) の考え方が広がった。

このような流れから，マネジメントにおいて重要となったのが，最前線のマネジャーの視点で市場のニーズの変化を捉え，素早く対応できる組織のデザインを目指すアジャイル組織である。また，ダイナミック・ケイパビリティ (dynamic capabilities) (Eisenhardt and Martin, 2000) と呼ばれる企業戦略論は，激しく変化する市場環境において，投資の機会をいち早く察知し，経営トップの強いリーダーシップにより，M&Aやアライアンスを使い経営資源を素早く獲得し，ビジネスを立ち上げ，厳しい競争環境の中で，動態的に組織の能力を向上し続けるという，実践的な実行プロセスを考えるものである。

IoTの時代に入り，経営組織には，製品とサービスを消費者につなげることで，共創による市場の創造が求められる。組織内の人のマネジメント，企業間のアライアンスによる効率的なサプライチェーン，ソーシャル・メディアを含めた消費者とのマルチ・チャンネルでのつながりによるマーケティングや，様々なステークホルダーとのコーポレート・コミュニケーションのマネジメントなど，アクターとしての人と，オブジェクトとしての物のつながりによる新たな市場の創出のために，不確定性が高い現代においては，アジャイルな組織の考え方は必須の要素となっている。 [中野 勉]

Column 1-4-1 コンカレント・エンジニアリングとファスト・ファッション

設計・生産・販売のプロセスを，フィードバック・ループの中で常に見直しながら，同時進行で進め，製品の仕様に，常に改良・変更を加えて行く生産システムである。それは，ベルト・コンベア式に，デザイン・生産・販売が，川上から川下へ時系列で一方向に流れて行く，20 世紀初めに生まれたフレデリック・テイラーの「科学的管理」（Scientific Management）の時代の発想とは大きく異なる。生産のパラダイムが，製品をスタンダード化する「大量生産方式」（mass production）から「多品種少量生産方式」（small lot in variety）へ移行したことを意味する。製品の仕様を限定した単一品種の量産から，部品加工において手間がかかる多品種少量生産に加え，製品間の部品やモジュールとしての半製品の共有化，作業工程や業務サービスの効率化，派生分野への応用を含めた多角化による「範囲の経済」（economy of scope）を重視した上で，量産化による「規模の経済」（economy of scale）を追求するものであり，このような考え方は，例えば，ユニクロ，ZARA，H&M などに代表されるファスト・ファッション（fast fashion）の世界的な発展の根本にあるものである。

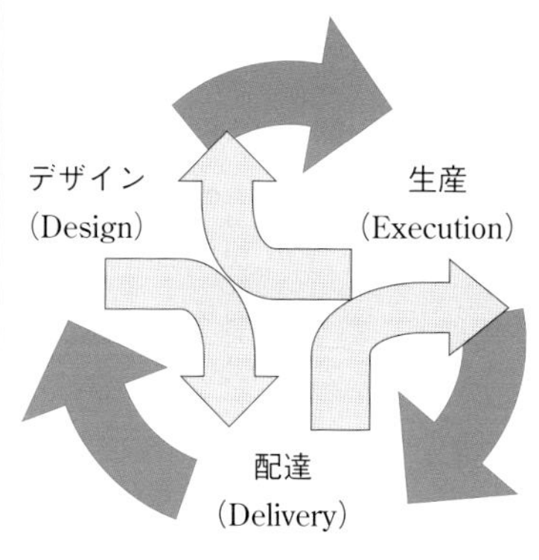

「コンカレント・エンジニアリング」のイメージ

Column 1-4-2 ダイナミック・ケイパビリティと Space X の戦略

「ダイナミック・ケイパビリティ」と呼ばれる能力ベースの戦略論アプローチは，潜在的な市場を見出す経営トップにより，スピード感と柔軟性をもって参入のタイミングを計り，状況が急激に変化しつつある中で，企業間の戦略的提携としてのアライアンスや M&A により，必要なテクノロジー，補完的なスキルや知識を手に入れ，素早い事業の立ち上げを狙う。シリコンバレーのベンチャーの成功例として有名な，イーロン・マスク（Ilon Musk）は，IT ベンチャーとして，ペイ・パル（PayPal）で大きな成功を収め，その後わずか 2 年半で衛星など民生用のロケット打ち上げビジネスを立ち上げた。スペース・エックス（Space X）は，フランスとロシアなどの合弁でのアリアンスペース（Arianespace），アメリカのボーイング（Boeing），日本の三菱重工など，ロケット打ち上げ技術をもつ先進国のメーカーがしのぎを削る市場に，破格の低コストで商業衛星を打ち上げる道を開いた。また，彼が立ち上げた電気自動車のテスラ（Tesla Motors）は，戦略的提携などにより，高級電気自動車の市場で世界をけん引しつつある。

1.5 市場の変化と組織のデザイン

☞ *see also* **7.9**

1990 代以降，社会の情報化とデジタル化が本格化し，市場の変化のスピードは格段に速くなり，ビジネスの不確定性が高くなった。生産者としての企業には，効率よく，柔軟に消費者に対応することが求められ，スピード，機能的な専門性，規模の経済，事業間のシナジーによる範囲の経済，リスクと不確定性への準備などの重要性が増したことで，マネジメントによる経営組織のデザインに大きな変化が必要になった。

第一に，社内での情報の共有と素早い対応を促す組織が必要となる。企業内のヒエラルキーである指揮命令系統の階層関係についてのフラット化や，縦割りの部署やチーム間を超えた企業内の横のつながりによるコミュニケーションを重視した「ネットワーク型」のデザインが求められる。

第二に，市場の変化への素早い意思決定による対応のため，トップ・ダウンでの意思決定のスタイルから，現場への大幅な権限委譲（empowerment）による，現場のマネジャーへの分権化（decentralization）が求められる。また，中間管理職への大幅な権限委譲が必要となる中，いかに現場の従業員のやる気を引き出すかが，マネジメントの重要な課題となり，従業員のエンゲージメントが注目されるようになる。

第三に，素早く新規事業を立ち上げ，また，既存の事業の投資規模の拡大や，業務の効率化を図るため，企業間の協調・協力関係としてのネットワークの重要性が増した。技術開発，販路の拡大，資金調達に至るまで，自社の独立性を保ちながら，積極的にアライアンス，すなわち戦略的提携（strategic alliances）や，企業合併・買収（mergers and acquisitions；M&A）に取り組むことが重要となる。

第四に，現実的な企業内と外部との境界があいまいになる。企業間の協力によるマーケティングおよび販路の拡大，業務提携や技術協力などの戦略的提携の活用，社員の出向を含めたプロジェクト・ベースでの仕事の増加などにより，社員が社外のビジネスマンとの協働する機会が多くなり，また，顧客としての消費者といかに共創（co-creation）し，新たな市場を作り出すのかが重要となる。

［中野　勉］

Column 1-5-1 トランスナショナル・マネジメントと分社化

グローバル化が進む中で，国際的な取引・戦略的提携・M&Aが増加した。その根底には，世界の多国籍企業においては，本社が子会社のマネジメントを一方通行で決める「インターナショナル・マネジメント」(International Management) から，「トランスナショナル・マネジメント」(Transnational Management) (Bartlett and Ghoshal, 1989) への転換がある。それは，本社と子会社及び子会社間で，グローバルに広がるグループのネットワークを通じて，双方向で多角的に情報を交換しながらベスト・プラクティス (best practice) を生みだし，その成功ノウハウをグループ全体に拡大しながら，規模を拡大し，世界的な事業の最適化を図ろうとするものである。

伝統的な日本の大手企業の特徴として，本社に多くの権限を集中させる傾向が強いが，「つながる時代」には，一般的には，社員数などについて，組織のスリム化 (downsizing) に積極的に取り組むことが求められ，本社機能を絞り込み，各事業部門の独立性を高め，社内ベンチャーとして新規事業を立ち上げ，うまくいけばスピン・オフさせ，分社化により成長を加速させる手法である。

Column 1-5-2 働き方，ダイバーシティとエンゲージメントの計量化

多様性をいかに取り込むのかが，グローバルな展開を目指す多くの日本企業の課題として浮かび上がっている。異なる性別，人種，宗教，文化，教育，言語，生活習慣を持つ従業員の間で，積極的にコミュニケーションを図り，どのようにして彼らを管理・活用し，彼らの仕事へのモチベーションを上げるかなど，「ダイバーシティ・マネジメント」(inclusion or diversity management) が大きな課題である。

また，ビジネスマンにとっては，以前に比べ公的な活躍の場としての仕事と，プライベートな空間としての生活との境界も，ますます曖昧になってきている。フレックス制勤務の導入，ネット環境を使った社外や在宅での仕事時間の増加，サテライト・オフィスやコワーキング・スパースの活用が広がりを見せている。例えば，2018年には日立がグループの社員を対象に，フレックス制とサテライト・オフィスを活用して，通勤時間の短縮や仕事の効率化を進める大幅な改革に着手した。また，働き方改革が叫ばれる中，伊藤忠商事はいち早く残業時間ゼロへの様々な取り組みを始めた。

この流れの中で，日本において2019年頃から，従業員をデジタル技術によるエンゲージメントの計量的なスコアで管理するアプリが大きな広がりを見せている。そこには文化や個人の多様性から，関係性やモチベーションをどうとらえるのか，コミュニケーションの意味をどうとらえるのかなど課題も多い。

企業内部と外部との境界があいまいになる中で，トップ・マネジメントが，従業員のさまざまな活動などを通じ，複雑に絡み合う企業と社会との接点としてのネットワークを，どのように経営資源として活かせるかが，今後ますます重要になることが示唆されている。

1.6　リモートワークと経営組織のマネジメント

☞ *see also*　**4.5, 8.2, 8.11**

2020年春に起きた，新型コロナ・ウイルスの世界的な広がりは，経済活動と社会に大きなインパクトを与えた。日本では，密集，密閉，密接を避けることが求められ，海外からの入国禁止，外出や営業自粛，県を跨いでの移動の自粛は，観光や宿泊業，外食，小売業，エンタテイメントやアート芸術などに大打撃を与えた。レストラン，デパート，パーティ，フェア，コンサートなどイベントが行えない中，多くの産業が消費市場へのアクセスを失った。一方，オンラインでの物販，宅配サービス，映画のトリーミング配信，ソーシャル・ゲームなど，「巣ごもり」をサポートするサービスが広がり，テレワーク，医療，教育，金融サービスなどのオンライン化が飛躍的に普及するとともに，デジタル化（digital transformation；DX）が一気に進み，正統性を得た。

マネジメントに重要なのは，社員の働き方に起きた変化である。オフィス空間に集まって仕事をすることができなくなり，在宅でのテレワークが一挙に普及した。打ち合わせ，顧客とのミーティング，社内交流会はオンラインで行われ，自宅やシェア・オフィスからリモートワークや，在宅でのテレワークでの作業と，仮想デスクトップサービス Daas（desktop as a service）によりセキュリティを高め，クラウド型のアプリを使った，参加型のオンラインでのチーム・プロジェクトが，知識集約型の職種を中心に認知を得た。

テレワークの実践からは，利点と課題が見える。メリットは大きく，まず，通勤時間がなく，個人が効率よく仕事ができる。ミーティングのスケジューリングにより，クリエイティブな環境と時間の使い方が可能となる。次に，オンラインのミーティングは，組織内外のコミュニケーションに新たな可能性を持つ。ミーティングにおいては，共有する資料を含め，事前にトピックを絞り込む必要があり，時間が短くなり，効率よく話し合いが進む。

また，オンラインでは，ゆっくり話す必要があり，参加意識の高まりから，全員参加型のインタラクションが行われる傾向が認められる。対面のミーティングで起こりがちな，強引に議論を引っ張るメンバーの存在や，集団からの同調圧力による意見の一方向への収束（グループシンク；group think）に

Column 1-6-1 オンライン・ミーティング用アプリの広がり

世界的にシェアリング・エコノミーがキーワードとなる中，2018年ごろから，欧米発のWeWorkなど，日本においても，シェア・オフィスやシェア・スペースが多く作られた。例えば，日立はグループ社員の多くをリモートワークに切り替える取り組みを発表した。この変化は，モバイルの作業スペースの提供としての利便性だけでなく，メンバー間や会員間のインタラクションを促し，異質な情報や知識が交わるディスカッションの場所を提供し，空間を移すことで，新たな発想からイノベーションを生み出すオフィス環境を提供しようとする取り組みである。

リモートのテクノロジーは，2020年の新型コロナ感染の流行以前から存在していたが，パンデミックにより，通勤しての仕事という社会のシステムが機能不全に陥った。この制度の破壊は，失業や休業など多くの負の側面を持つが，働き方に大転換をもたらした。オンライン・ミーティング用のアプリであるZoom，Webex，Remo，Google Meetings，Slackなどが注目を集め，また，One Drive，Google Driveなどでのデータ共有や，クラウドでのチャット及び会話と，ファイル共有システムであるMicrosoft Teamsなど，プロジェクト用のシステムが広く普及した。これらは，ノウハウのシェア，知識の組織的な集積と情報の組織化，動態的にディスカッションをアップデートしながら進化させるスピードと時間の管理，目的達成への緊急性に対し，プロジェクト・チームやタスクフォースを組織化する上で，大きな効果がある。

オンラインには，参加者の間での緩やかな監視としてのピア・プレッシャーによる競争と，民主的な共創というソーシャル・ネットワークの原理によるモチベーションの向上の仕組みがある。また，知の多様性と，多極型の情報共有による組織知の積み上げ（distributive intelligence）など，ヒエラルキーによる業務管理との，マネジメントによるバランスが求められる。

Column 1-6-2 オンライン交流会と認知

ZoomやRemoなどによる「ブレイクアウト・セッション」（breakout）は，オンラインでのメンバー間の多様な交流会を可能にする。しかしながら，視覚，聴覚などに頼るものであり，風や雑音はなく，画面に立体感がないなど，触覚，感情，嗅覚，時間など，人間が対面で他人を認知する際に使われる感覚が限定的に使われるために，実際に対面で会ってみると印象が大きくことなることも多い。アナログとデジタルの違いであり，ビジネスにける対面でのミーティングの重要さを示している。

ついて，参加者はそのプレッシャーをあまり感じず，皆が積極的に発言しやすく，民主的かつ多様性に富む，組織のフラット化を促す。

さらに，クラウドのアプリを使うことで，プロジェクト・ベースの仕事など，リーダーとメンバーの目標の明確化と共有により，多様な意見を取り込みながら，デジタル・ファイルの共有により，メンバーへの知識の浸透と組織的な集積が早く，プロジェクトのスピードアップと管理が行いやすい。メンバーのインタラクションの中で，緩やかな競争があり，参加型の共創により，効率よく目標達成が可能となる。

その一方で，問題としては，組織として人と関わる難しさがある。例えば，新卒社員の研修において，先輩・後輩，上司と部下などの関係について，組織で働くということの学習，組織の文化の理解や経験の伝達，スキルのトレーニングが難しい。また，営業職においては，新たな顧客の開拓が難しい。加えて，友人関係など，インフォーマルなグループがつながりを強め，フォーマルなヒエラルキーの意味が希薄化することで，組織のバランスが崩れる場合もある。

日本企業の文化は，コミュニケーションに関し，文化的な状況の理解と含意の深読みを必要とする「ハイ・コンテクスト」で行われる傾向が強いが，オンラインの画面と声だけでは，メンバーの微妙な感情表現や事前の根回しがやりにくい。また，ミーティングが記録される場合には，冗談などが言いにくいので，肉体的かつ精神的なストレスが溜まりやすい。

従業員の職責とタスクの管理に関しても，難しさがある。例えば，エセンシャル・ワーカーとして毎日出社し，現場にいる必要のあるサービス産業や工場現場に関わる社員と，在宅で仕事ができる知識集約型の社員との間で，不公平感が生まれがちである。また，個人にとっては，在宅で独立した空間を得るための家庭でのスペースの確保の問題も多い。そして，オンとオフの切り替えが難しく，生活のリズムを崩す社員もあり，けじめと自己管理，目標の明確化と継続的な見直しが重要となる。テクノロジーの面では，PC，マイク，カメラとネット環境があれば，オンラインのミーティングはどこでも可能であるが，情報セキュリティに関し問題が生じる可能性がある。

家庭でのプライベート空間を離れ，オフィスに集まることに，人間の社会性の深さと，仕事へのモチベーションの意味を看破したのは，マックス・

Column 1-6-3 ● 規則における管理の柔軟性

服装について，男性社員が白いワイシャツにネクタイを締め，清潔に整髪し仕事をすることは，20世紀の後半には先進国のビジネス世界の常識であった。例えば，当時のアメリカのIBMのドレス・コードは厳しく，また，1990年代のニューヨークのウォール・ストリートでは，マンハッタンの一流投資銀行に勤め，仕立てのよいスーツに身を固め，個人のオフィスを持つことが成功者としてのステータスであった。

しかしながら，80年代以降，シリコンバレーから世界的に情報産業が広がる中，ICT分野などを中心に，個人の生活と，仕事の場所や空間を明確には分離できない状況が生まれた。Appleの創業者であったスティーブ・ジョブス（Steve Jobs）のカジュアルな服装と，プレゼンテーションのスタイルはその典型であった。また，CSRの概念が普及し，2017年ごろから労働時間の短縮が多くの日本企業の課題となり，「働き方改革」が社会的な課題として叫ばれ，フレックス制や在宅勤務を導入する企業も増えた。

Column 1-6-4 ● 新卒採用におけるスクリーニングへの新型コロナの影響

採用時におけるインタビューでの人の選別は，ある程度職務経験があり，社内や職業の文化を理解した担当者が，採用の入口のところで，企業の文化に合いそうな人材を採用しようとするものである。新卒からの新入社員のトレーニングには多額の費用と時間が掛かり，例えば，日本の大学のゼミや，サークルの先輩・後輩の関係を使った新卒採用があるが，企業が特定のタイプのコミットメントが強い人材を集め，その個性的な文化を維持・発展させようとする取り組みである。また，1990年代に航空業界に新風を吹き込んだ，アメリカのサウスウエスト航空（Southwest Airline）の例などがあるが，仕事を楽しみ，乗客を楽しませることのできる発想力，娯楽性，サービス精神に富む対人関係の得意な人材を求めた。このような動きは，企業の固有の文化を育む制度として確立されてきたが，その一方で多様性に富む人材を育てにくい面も持つ。

2020年の新型コロナの流行は，新卒採用など，肥大化した伝統的な制度を破壊する意味で，今後の日本の雇用制度をより柔軟な方向へ大きく変える可能性がある。日本においても，新卒定期採用を廃止し，労働市場の流動化を促そうとする，経団連を中心としたジョブ型への動きが加速しつつある。

ウェーバー（Max Weber）の「官僚制」の理論（Weber, 1968）である。

「ニューノーマル」の時代に，デジタル化が広がる中で，ウエーバーの規則による社員の管理と，スティーブ・ジョブズのクリエイティビティを重んじる，文化による管理の間で，マネジメントがどこで線を引くのかが，今後試される。そこには，ダグラス・マグレガー（Douglas McGregor）が概念化した（McGregor, 1960），本来怠惰な労働者X型は規則で管理することが重要であるとする考え方と，動機付けさえすれば人はまじめに働くと考えるY型の人間像が交錯する中で，今後人の管理は，オンラインと対面の世界を絡めて展開される。

アメリカ企業に比べ，日本企業のガバナンスと組織の文化は，一般的に，制度化により肥大化すると，変化を求め，それを内側から壊し，変革しようとする力が弱い。新型コロナ感染の広がりへの対応は，対面からオンラインへの既存のネットワークの組み換えを伴うものである。ルネサンス期に，個人が所属する集団としてのネットワークの構造が，地域のコミュニティを同心円として取り囲む形から，異なる目的を持つ様々な集団が重複する形でメンバーが多重につながる形に変化した時以来の，人類史における大変革である。

対面からオンラインへの移行は，個々の社会人としての自立と規律，仕事を進める上での人間の社会性と集団のダイナミクスが問われる。目的と目標の共有化，職務と責任の明確化と管理，企業の伝統的な組織の文化を保つ工夫が必要である。そして，リーダーシップの重要性とフォロワーの役割の確認，モチベーション，コミュニケーション，チーム・ビルディング，組織文化などの伝統的なマネジメントへの概念の深い理解が不可欠である。

リモートワークやテレワークが，どういう職種に向き，エセンシャル・ワーカーなどとの責任の公平性と仕事の評価をどうするのか。世界の投資家のESG投資の視点からは，どういうタイプの個人にリモートワークが向くのか，今後こうした課題に向かい，仕事と雇用制度の変革を積極的に行う企業が，「ニューノーマル」の時代に選ばれる企業となる。SDGsとの関連から，テレワークやリモートワークが社会的な正当性を得たことで，今後，タレントをめぐる本格的なグローバル競争が始まったとも言える。 ［中野　勉］

Column 1-6-5 文化とコミュニケーションの活性化

文化による管理について，若者の離職率の高さへの対策などとして，2010 年代から多くの日本の大企業に色々な変化が見られた。社員寮の復活，娯楽性のある企画を入れた社員研修，社員食堂やコミュニケーション・スペースのデザインのオープン化，様々な人間の交流を促すキャンティン・スペース，オフィスのレイアウトの工夫，自由参加のイベントなどが増える傾向にある。また，チームづくりを学ぶための企業研修も広く行われる。これらは，グローバル化の波の中で，極端な成果主義への傾倒への反省から，社内外のコミュニケーションの重要性が再認識され，ぎくしゃくした人間関係をより円滑なものにしようとする，文化的な取組みである。経験を積ませ，戦力にするための機会の提供であるが，企業固有の文化を育み，従業員の帰属意識や忠誠心を高めようとするものでもある。

Column 1-6-6 制度化とネットワークの組換え

ネットワークが，テクノロジーや文化を伴い制度化されると，それらを壊すことは簡単ではない。例えば，我々が日ごろ使う英語のキーボードの配列は「QWERTY キーボート」と呼ばれるが，その配列の非効率さに対し，100 年近くにわたり，より使いやすいものに変えようという多くの試みがあったが，標準のスタンダードとして定着したものを変えることは不可能であった。一方で，制度化は，テクノロジーのスタンダードをプラットフォームとして作り出し，製品やサービスを普及させるために重要な役割を演じることも多い。スマートフォン，PC の基本ソフト，ブラウザー，ビデオ・ゲームやソーシャル・ゲームの OS の場合など，ネットワークのグループ化が大きく関係している。

このような制度化は，競合するいくつかの戦略グループの間の競争の中で生まれるものであり，例えば，世界の製薬業界においては，大規模な長期投資として大きな開発のリスクを取って，特許が認められ，商業的に大成功する「ブロック・バスター」を作り続けてきたグループと，特許切れのジェネリックの製薬に特化してきたグループが存在し，このように企業の消費者からのイメージが固定化されると，企業が境界を越えることは難しい。

第2章

マネジメントのパラダイムの変遷と組織論のパースペクティブ

Ⅰ　組織目標とマネジメントの発展の歴史

2.1　テイラーの科学的管理法の確立

2.2　官僚制と組織

2.3　ホーソン実験と行動科学からの人間関係論の登場

2.4　「マネジメント・サイエンス」への展開
――定量分析と統計手法の応用

2.5　「コンティンジェンシー理論」と「組織エコロジー」
――組織と外部環境

2.6　組織論のパラダイムの変遷

Ⅱ　その他の重要なパースペクティブ

2.7　バーナードの組織均衡論

2.8　資源依存理論

2.9　市場，ヒエラルキー，ネットワークの理論

《Ⅰ　組織目標とマネジメントの発展の歴史》

2.1 テイラーの科学的管理法の確立

経営組織のマネジメントに関する理論として，20 世紀初頭に，フレデリック・テイラー（Frederic Taylor）は，「科学的な経営管理」（scientific management）」（Taylor, 1911）を提唱したことで知られる。当時の経営者にとっては，工場の生産現場（shop floor）において，労働者の怠慢をなくし，いかに組織全体の生産効率を上げるのかが大きな課題であった。彼は，ストップウォッチを使い，生産ラインの工程や労働者のタスク，そして，それらに要するさまざまな加工や組立プロセスの時間を徹底的に計量した。そして，ベルト・コンベア方式による流れ作業の中で，各労働者のタスクを明確化し，一人ひとりの労働者が，単純化された特定の作業工程に専門化した分業体制の配置を組み，彼らにその出来高（piecework）に応じた賃金を支払えば，一人ひとりが効率よく働くこととなり，組織全体の生産性が上がると考えた。

後に「ホーソン実験」などの知見を得て，行動科学からのアプローチにより，職場の社会的な人間関係などにより，労働者の仕事へのモチベーションが大きく影響されることが明らかにされるが，この古典的なアプローチにおいては，労働者は高賃金のみを求め働く経済合理的な主体（rational actor）として行動するという前提に立ち，彼らはあたかも機械の一部であるかのように見なされている。また，テイラーの生産管理システムは工場内の話に終始しており，組織分析のフレームワークとしては，外部環境に対して「閉じたシステム」（closed-system）として考えられている点からも不十分な点は多いが，初めての経営管理の理論であり，20 世紀後半に「マネジメント・サイエンス」として品質・生産管理の計量手法が発展する基礎となったことなど，その歴史的な貢献は大きい。

［中野　勉］

Column 2-1-1 ● 大量生産と T-Ford

人類史上初の流れ作業による大量生産方式（mass production）で作られた工業製品は，アメリカの自動車メーカーであるフォード（Henry Ford）が，20 世紀初頭に作った「T 型フォード」（Model-T）である。この革新的な製品は，それまで馬車が主要な交通・輸送の道具であったアメリカ社会に，自動車という大変革をもたらしたが，その背景にはテイラーの「科学的管理」の概念がある。その後，量産化による市場への安い価格での製品投入は，先進国を中心に，20 世紀の**大量消費社会**を生むことになり，1980 年代に**多品種少量生産**が可能となるまで，世界の経済を発展されるパラダイムとなった。

1910 年式の典型的な Model-T
（出所） Wikipedia

Column 2-1-2 ● チャップリンの「モダン・タイムス」

20 世紀の喜劇王と呼ばれたチャールズ・チャップリン（Charles Chaplin）は，サイレント映画『モダン・タイムス』（*Modern Times*）の中で，彼が演じる工場労働者である主人公が，工場の流れ作業の中で，時間に追われながら，両手にスパナを持ち，繰り返しボルトを締め続ける単純作業を強いられる中で，ついには頭がおかしくなるという姿を，皮肉を込めて，面白おかしく演じている。人を機械の一部として扱うようなマネジメントの管理手法には，当時から，ブルー・カラーである現場の労働者からの強い反感があったことを表現しているが，このような仕事の単純労働化は労働者のスキルを奪い，仕事をすることの喜び取り上げるものとして，労働争議の理由となりえることが古くから研究されている（deskilling）。

「モダン・タイムス」（1936 年）
（写真提供） dpa/時事通信フォト

2.2 官僚制と組織

☞see also 4.3

組織について論じる際に，リーダーシップ，権威，官僚制など，その理論化に多大な貢献をしたのは，社会学の理論家であるマックス・ウェーバー（Max Weber）である。彼は，20世紀の初めに，指揮命令系統としてのヒエラルキー（hierarchy）が持つ意味を深く考えた（Weber, 1968）。彼は，人間が社会的な行為（social action）を行う際に，どのような合理性（rationality）の意思決定の基準から，なぜ権威（authority）に従うのか，また，リーダーシップ（leadership）の異なるタイプや社会的な正統性（legitimacy）の意味など，組織マネジメントの基本となる様々な基本概念を確立した。

ウェーバーやファヨール（Henri Fayol）（Fayol, 1917）に代表される「官僚制」（bureaucracy）の理論は，ルールや規則などによる労働者の業務の管理を中心とする経営管理の理論（administrative management theory）である。それは，職場の就業規則（rules）や作業の標準化（standard operating procedure; SOPs）により，労働者の行動を直接的に管理することで，仕事の効率が上がり，組織に規律が生まれると考えた。具体的には，明快な基準による人の評価，仕事量に応じた公平な賃金や昇進，労働者の就業時間と仕事の規律，作業の標準化によるタスクの管理などをその中核とする。

ウェーバーの官僚制の理論の根底には，産業革命による工業化や都市化の結果，それまで労働者が自宅で行っていた家内工業的な作業が，職場ないしは仕事場（office）で行われるようになったことへの鋭い洞察がある。個人がプライベートな場所を離れ，公的な空間で働くことになり，労働者は毎日定時に身支度を調え，出勤することで，生活にリズムが生まれ，仕事の生産性が上がる。毎朝着替え，仕事場に向かい，オフィスのドアを開けることで，仕事のモードへのスイッチが入る。

ウェーバーは，組織のヒエラルキーを基本に，明文化された規則による人のタスクや時間の管理，公平な利益の分配のための人の評価を行う効率のよい社会システムとして，「官僚制」の意味を説いたのである。そこには，目的に向かい，効率を追求し，規律を求める人間像を基本とする組織観がある。

［中野　勉］

■図表 2-2-1　ウェーバーの官僚制の原理

明文化された規則（就業規則など）と標準作業手順マニュアル（SOP）による社員の行動管理のシステム

システムとしての具体的な社員の業務と役割分担の関係の明確化

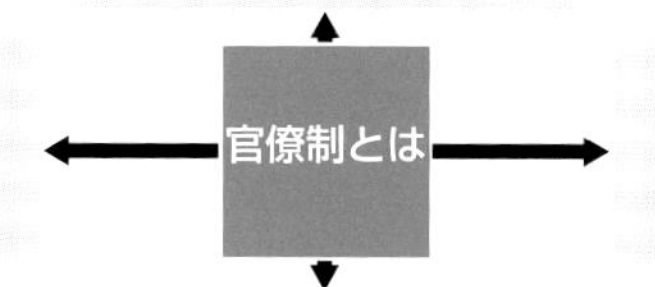

明確な指揮命令系統による権威付けと組織のヒエラルキー

従業員の適材適所による配置と公平な個人の業績評価

（出所） Jones and George（2006），p.57，fig. 2.2 をもとに作成。

Column 2-2-1 社会的行為の理論

ウェーバーの組織に関する代表作が『*Economy and Society*』（Weber, 1968；ウェーバーの遺稿集）であり，アメリカ社会学組織論に多大な影響を及ぼした。官僚制の概念の理論化に加え，行為の合理性の基準，資本主義経済，権威とリーダーシップなどについて論じ，例えば，我々が今日日常的に使う「カリスマ」という言葉は，ウェーバーによりリーダーシップの考察から概念化された。

社会的行為の理論（social action theory）において，彼は，個人の意思決定の判断基準として，合理性（rationality）の概念を 4 つに類型化した。第一に，「目的合理性」（instrumental rationality）を基本とした行為がある。経済的な利益などを目的として，リスクや利得を計算し，選択肢の中から合目的な手段を選ぶことである。例えば，仕事の内容に関係なく，経済的な報酬を求め，より給与の高い仕事に就く場合である。第二に，個人的な価値観に基づく合理性（value-rationality）を基準とした行為は，自らの信念，価値観，義務感，使命感，宗教観などを優先させる。例えば，収入や社会的肩書きが下がろうとも，自らの価値観から世の中に大きく貢献できる利他的な仕事に就きたいと希望する場合が考えられる，第三に，情緒的な（emotional）好き嫌いや，感情が個人の合理的な判断の基本にある行為（affectual action）であり，例えば，転職にあたり，給与よりも，個人が好きな仕事の内容から職を選ぶことである。最後に，伝統的な習慣や社会の規範的な考え方に従うことを判断の基準とした行為（traditional action or ingrained habituation）がある。多くの日本のビジネスマンにとって，社会の習慣として「円満退職」とすることが大事であるという社会通念があり，転職などで仕事を辞めるタイミングには，周囲に気を使うのが一般的である。

ウェーバーは，個人の社会的な行為に関して，このような 4 つの異なる合理性の基準を挙げた。これらは「理念型」（ideal types）と呼ばれ，現実の個人の行為の意思決定の判断は，これらの異なる合理性を混ぜ合わせたものであると説明している。

2.3 ホーソン実験と行動科学からの人間関係論の登場

経営組織のマネジメントへの影響として，人間の心理や社会性の意味を初めて明らかにしたのは，労働者の生産性に関する有名な「ホーソン実験」（Hawthorne Works Experiment）を起源とする行動科学からのマネジメント理論（Behavioral Management Theory）である。

20 世紀初め，テイラーによる「科学的経営」や，ウェーバーの「官僚制」の考えが主流であった時代に，エルトン・メイヨー（Elton Mayo）や（Mayo, 1945）レスリスバーガー（Frank Roethlisberger）とディクソン（William Dickson）（Roethlisberger and Dickson, 1939）など，ハーバード大学や MIT の研究者は，シカゴ近郊のウエスタン・エレクトリック社のホーソン工場において，長期にわたり労働者の生産性に関する一連の実験を行った。

この中で，部品を組み立てる実験において，照度と労働者の生産性の関係を調べ，作業現場の照度を落とすと，予想に反し労働者の生産性が上がるという結果が得られた。数年後に工場を再訪し，実験を再開した際に被験者達にインタビューを行ったところ，彼女らは仕事が実験の対象として注目されたことが嬉しく，高名な研究者を失望させないように，部屋の照度が落ちるに従いなお一層頑張り，作業の生産性が上がるという結果が生まれたことを突き止めた（**Column** 2-3-1〜2-3-3（25，27 頁））。

このことは，テイラーが主張したように，分業体制で働く労働者のタスクと効率のよいラインの配置を決め，出来高払いの賃金を支払っても，彼らは機械のように働くものではなく，また，ウェーバーが言うように，指揮命令系統を使い，明文化された規則で労働者を管理・統制し，公平な評価に基づく賃金を支払うだけでは，必ずしも生産性は上がらないことを意味する。この発見は，労働者の心理状態（psychology）が，仕事へのモチベーションとして生産性に大きく影響するのであり，極めて社会性が強く，個々の感情を持つ人間としての労働者のモチベーションを，組織としていかに向上させるかが，マネジメントにとって重要課題であるという，マネジメント理論の大きな歴史的な転換点となった。

［中野　勉］

Column 2-3-1 基盤作業の実験とインフォーマル・ネットワーク

ジョージ・ホマンズ（George Homans）は，1931 年から 6ヶ月半行われたホーソン工場での電話機の基盤の組み立てを行う実験（Bank Wiring Observation Room）を，14 人の労働者間のネットワークとして分析した（Homans, 1950）。実験では，3 人の配線係に 1 人のハンダ付けの係がつき，3 つのグループが，2 人の検品担当により管理されるという分業の配置を作った。賃金は，全体に与えられた数量を全員で達成することで支払われ（group piecework），ノルマ以上の生産量を達成すれば，個人がその分配を受けると決められており，メンバーが協力することに動機付けがなされていた。

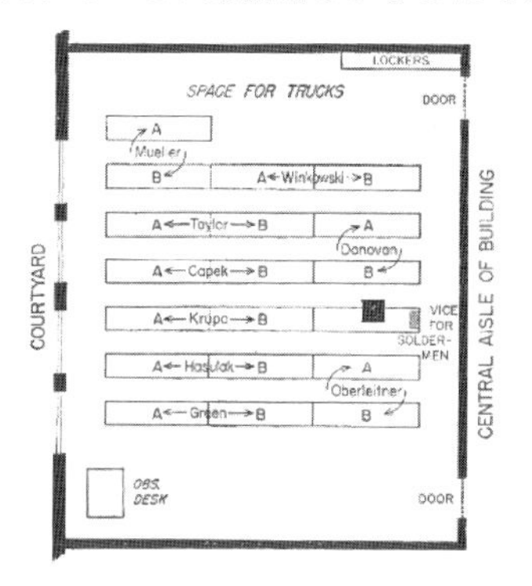

Bank Wiring Observation Room における作業室の中の配置
（出所） Homans（1950），pp.56–57.

ホマンズは，この実験結果を徹底的に分析し，昼休みに一緒にゲームをする仲間の関係，仲間の作業を手伝った関係，口論をした相手など，14 人の間の 7 種類の関係を，インフォーマルなネットワークとして描き，凝集性が高く，関係が濃密な集団であるクリーク（cliques）が 2 つのサブ・グループとして存在することを突き止めた。この眼に見えないグループのダイナミクスこそが，個人の仕事へのモチベーション，そして，組織全体の生産性に大きな影響を与えているのであり，マネジメントとは，社会的な人間関係により組織の効率が変化する人間という存在を扱うものである，との認識を初めて得た。（Column 2-3-2 に続く）

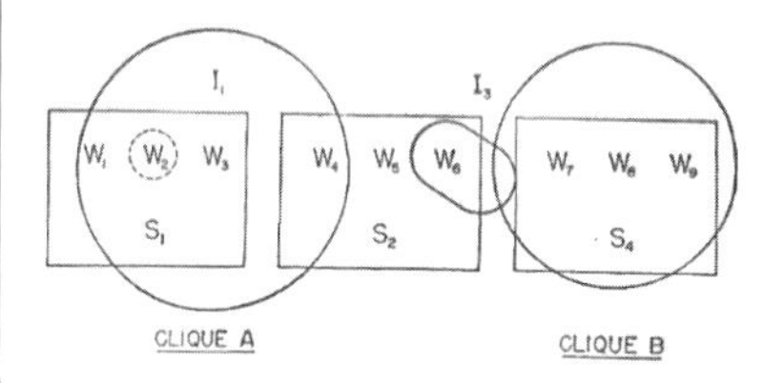

Bank Wiring Observation Room における 14 人の作業員の間の 2 つのクリーク A と B。
（出所） Homans（1950），p.73.

2.4 「マネジメント・サイエンス」への展開
——定量分析と統計手法の応用

20世紀半ばに始まる「マネジメント・サイエンス」(management science theory)」は，数理分析や統計手法（statistical techniques）及び情報技術（information technology）などを，生産工程・在庫管理・品質管理などの現場に持ち込み，さまざまな品質管理手法（total quality management; TQM）として発展させた。また，オペレーションズ・マネジメント（operations management）を確立し，一般に広く普及させた。近年のIT技術の進化によるサプライチェーン・マネジメント（supply-chain management）やプロジェクト・マネジメント（project management）の発展も，この流れの延長線上にある。

その発展に大きな貢献したのは，エドワード・デミング（Edward Demming）であり，日本の第2次大戦後の高度経済成長に大きく貢献し，自動車産業の世界的な成功に代表される「トヨタ・システム」や「カンバン方式」(Cusumano, 1985）として知られ，「サプライヤー・システム」(藤本ほか，1997)，「リーン・プロダクション」(Harrison, 1994）などの考え方に受け継がれた。それは日本の製造業が得意とする「すり合わせ」による品質管理として，「カイゼン」(Kaizen）とも呼ばれ，生産現場の世界的なモデルとなった（Womack et al., 1990)。

このアプローチは，ウェーバーの「官僚制」によるルールの明文化，ヒエラルキーによる労働者の管理，公平な労働者の評価法などの影響を含みながら，テイラーの「科学的経営」をさらに発展させ，計量化と精緻化による効率性を進めたものであると見なすことができる。その人間観は，目的合理性を重んじるもので，このようなアプローチは，労働者間の組織内の社会的な関係性のダイナミクスと，それに起因する人間の内面の仕事へのモチベーションの変化を重視するソーシャル・ネットワークのような視点には注力していない。また，計量分析や実験などを重視するこのアプローチの組織観は，組織を外の世界から遮断された「閉じたシステム」として考える傾向が強いものでもある。

［中野　勉］

Column 2-3-2 人間関係の社会構造

（Column 2-3-1 から続く）14 人の被験者の間には自分たちで決めた密約（codes）が存在していた。例えば，実験が始まり，いったん高い生産目標を達成すると，次回の実験では，より高い生産目標がグループ全体に課されることから，彼らの間には，それぞれがあるレベル以上は生産しない，また，皆が賃金をもらうためには，各自がほどよく働くことが合意されていた。

そして，監督官に対しては，彼らの結社（association）の取り潰しになり得るような情報は伝えないこと，また，検品係は威張らないこと，よそよそしくしないこと，そして，自己主張せず，また，リーダーになろうとしないなど，メンバー間で勝手に決めた密約があり，この「掟」を破れば，仲間外れにされるという制裁があった。

ホーソン実験は，マネジメント理論におけるソーシャル・ネットワークの意味を，組織社会学（organizational sociology）の立場から，初めて明らかにした歴史的な瞬間であった。それは，人間の本性としての深い社会性を，個人の行為と集団のダイナミックスの視点から初めて捉えたことを意味する。そこに見えるのは，社会の関係性の構造であり，極めて社会的な動物である人間は，フォーマルな組織のルールがある中で，自分たちのインフォーマルなグループを勝手に作り，自分たちで決めたインフォーマルな「掟」に基づいて仕事を進め，要求された仕事をこなして行くという姿であった。

Column 2-3-3 小集団と人間関係論

ホーソン実験は，「人間関係論」（Human Relations School）として，当時の主流であったサイバネティックスなど，ブラックボックス化による理論を批判し，社会の小集団を徹底的に研究することにより，組織のマネジメントに多くの知見が得られると考える「小集団研究」（small group studies）の流れを生み出すなど，マネジメント理論を大きく変えた決定的な転換点であった。その流れは，その後，官僚制の組織研究（Blau, 1955；Crozier 1964），エスノグラフィーを含む都市研究（Mills, 1956；Becker, 1963）や，地域コミュニティのネットワーク分析（Wellman, 1979；Wellman, 1982）等と結び付きながら発展する。

2.5 「コンティンジェンシー理論」と「組織エコロジー」——組織と外部環境

☞see also　2.6, 4.2, 4.8

コンティンジェンシー理論と組織エコロジーの理論では，現実の経営組織においては，取引先，競合他社，顧客などと，情報，人，物，金を常にやり取りするのであり，組織構造（organization structure）や，管理システムとしての組織行動（organizational behavior）等，マネジメントがどのように組織をデザインするのかは，技術，知識，テクノロジー，人材，競争の度合いなどの市場の構造，発展段階，法制度など，産業固有の条件により大きく異なり（contingent upon the environment），生産や人の管理など，あらゆる状況に適する唯一の最適解は存在しないと考える。

コンティンジェンシー理論（Lawrence and Lorsch, 1967；Thompson, 1967）は，組織をタスクのレベルまで可能な限り細分化して，詳細に分析した後で，市場への対応のため組み上げ，再統合することにより，現実の外部環境に合うマネジメントが可能となると考えた。また，バーンズ（Tom Burns）とストーカー（George Macpherson Stalker）は，環境を二種類に分け，変化の激しい産業では，柔軟に組織を組み替えることができる「有機的な組織」（organic organization）が適し，成熟し，安定した産業においては，きちんと統制・管理された「機械的な組織」（mechanical organization）が適していると主張した（Burns and Stalker, 1961）。

組織エコロジー，または，組織生態学（Hannan and Freeman, 1977；Carroll, 1984）では，経営組織は，雇用，工場や生産設備への投資，販路や施設など，一度予算が付き，動き出せば簡単にやめられず，組織の環境変化に適応する能力（adaptability）は極めて低いと考えた。例えば，多くの労働者は覚えた仕事は変えたがらず，ルーティーンの変更に強い抵抗感を示すことがあり（organizational inertia），保守的な組織文化に多くの失敗の原因がある。

これらの理論は，組織の柔軟性には多くの限界があり，外部環境自体が，状況にうまく適応できる（fit）企業を選ぶ（selection and retention）という斬新な発想に至る。市場がその環境で生き残る企業群を母集団レベルで選ぶと考えるものであり，企業の外部環境と生存率との関係について，計量的な実証研究が盛んに行われた（population ecology）。

［中野　勉］

Column 2-5-1 オープン・システムとしての組織論

1960年代以降に登場した「コンティンジェンシー理論」(Contingency Theory) と，1970年代に現れた「組織エコロジー」(Organizational Ecology；Population Ecology) の理論は，それ以前のマネジメント理論が，組織を外部から遮断された「閉じられたシステム」として考えていたことへの批判から生まれた。例えば，テイラーの「科学的管理」は，工場内のライン・ワーカーのタスクの明確化と，分業による作業の効率化を対象とし，また，ウェーバーの「官僚制」の焦点は，オフィス内のルールと規律による労働者の管理であり，組織を外部環境から隔離されたものとして，理論を発展させた。これに対し，コンティンジェンシー理論と組織のエコロジーの理論は，「開放的なシステム」(open system) として，組織のマネジメントは外部環境 (organizational environments) に依存する，という立場からの主張である。

Column 2-5-2 産業のライフ・サイクルと創業期の難しさ

企業にはライフ・サイクルがあり，その段階によって必要とされるマネジメントのスタイルや経営資源も異なる。例えば，一般的には，操業時には実行力のあるリーダーが求められ，攻めの体制として，柔軟かつ切り込めるセールスや，挑戦を求めるマーケティングの人材が必要であるのに対し，成長期を経て，やがて巨大な組織として成熟期に至れば，組織管理の体制が求められる。

アーサー・スティンチコム (Arthur Leonard Stinchcombe) は，創業間もない企業がなぜ倒産に至るのかについて研究を積み上げ，特に創業当初の数年間は，人材，取引先，資金，経営のノウハウの不足など，経営組織を立ち上げる難しさを「新規参入の負債」(liabilities of newness) と概念化した (Stinchcombe, 1965)。大企業は正当性と評判，ブランド，販売チャネル，優秀な人材，財務力，規模の経済などを持つのに対して，スタート・アップ企業が，創業から数年で市場からの退出を余儀なくされるケースが圧倒的に多いことを理論化した斬新な知見であった。

2.6 組織論のパラダイムの変遷

☞see also 4.5, 7.12

経営組織のマネジメントに関する諸理論を，歴史的に概観すると，例えば，リチャード・スコット（Richard Scott）によれば，3つの視点から分類可能である（Scott and Davis, 2007）。第一に，初期のテイラーの「科学的管理」やウェーバーの「官僚制」の理論は，経済的に，目的合理性を求めて働く個人を，組織を作る労働者として理解したのであり，組織を効率性のみを求める合理的なシステムとして考えていた（rational system）。

第二に，その後「ホーソン実験」の知見から発展した行動科学的なアプローチでは，マネジメント理論は，労働者のモチベーションに踏み込み，フォーマルな組織におけるインフォーマルな人間関係が，個人の仕事へのやる気に大きな影響を与える，という社会的な人間像を初めて明らかにしたのであり，経営組織を，現実的な生身の人間の本来の姿から捉える「自然なシステム」として考えた（natural system）。

最後に，これら2つの流れの影響は，その後発展した「マネジメント・サイエンス」，「コンティンジェンシー理論」や「組織エコロジー」の理論にも見られるが，組織観としては，「科学的経営」から計量による品質管理を精緻化させた「マネジメント・サイエンス」までが，工場や作業部屋など，対象とする組織を，外部環境から「閉じたシステム」として理論を発展させたのに対し，その後1960年代後半に移行に現れた「コンティンジェンシー理論」や70年代に登場した「組織エコロジー」の理論では，組織を取引先，競合や顧客など外部環境とやり取りをする「開かれたシステム」（open system）として，より現実的に把握した。

その後，欧米のマネジメント研究は，心理学，社会学，文化人類学などの概念を組織研究に巻き込みながら，1970年代以降には経営実務教育として，組織行動論（organizational behavior），組織文化（organizational culture）や企業文化研究（corporate culture）（Ouchi, 1981；Deal and Kennedy, 1982；Peters and Waterman, 1982；Schein, 1985；Kunda, 1992）につながり，経営コンサルティングにも広がりを見せた。

［中野　勉］

Column 2-6-1 組織の意思決定と「ゴミ箱モデル」

コンティンジェンシー理論に関連するのが，組織の意思決定の問題である。コーエン（Michael D. Cohen），マーチ（James Gardner March）とオルセン（Johan P. Olsen）が，シミュレーションモデルとして提唱したゴミ箱モデル（garbage can model）は，不確定性が高く，あいまいな意思決定の状況での，組織の合理性に疑問を投げかけた（Cohen et al., 1972）。彼らによれば，組織の意思決定は問題（problems），解決策（solutions），参加者（participants），選択機会（choice opportunities）の 4 つの流れが，流動的に独立して存在している中で行われる。選択機会とは，設備の更新，取引契約，従業員の雇用や昇進，金銭の支出などの決定をする機会であり，参加者は，様々な問題と解決策を，色々な選択機会である「ゴミ箱」に投げ入れる。そして，様々な議論が行われる中で，実際の意思決定は，これらの流れが偶然に合致するところで決められる。換言すれば，組織の意思決定の過程は，問題に対する解決策として，論理的に，合理的なプロセスで行われるとは限らず，むしろ混とんとした状況（chaos）で決められる。したがって，問題に対する解決策の検討と組織の意思決定自体とは異なるものである。その結果，組織の意思決定には，「問題解決」以外にも，同調圧力やグループシンク（group think）から，問題を精査し，深く解決策を検討する前に決定をしてしまう「見過ごし」と，問題を棚上げにする「やり過ごし」が起こり得る。

このように，意思決定は問題とは無関係に生み出されるものであり，多くの経営組織の現場では，簡単に解決できない大きな問題を棚上げにして，やり過ごすことで，日常の業務をこなしている（高橋，1996）

Column 2-6-2 知識のマネジメントと「両利き」の経営

知の組織化は，戦略マネジメントにとって，組織管理とイノベーションの創出などにおいて，極めて重要である。組織内に集積した知識を，既存の技術の改良のために徹底的に活用しながら（exploitation），同時に，飛躍的なイノベーションのための探索的な活動（exploration）を行う知識経営のマネジメントは，「両利き」（ambidexterity）である（March and Olsen, 1976；March, 1991；O'Reilly and Tushman, 2008）。例えば，既存のビジネスを収益の柱として経常的に保持しながら，未開拓のテクノロジー，製品，サービスに投資し，新たな市場を創出するためには，内製化，アライアンス，M&A などで得たテクノロジーやノウハウを，いかにして自社の組織に根付かせるかという課題に直面する。デジタル化により環境が大きく変化する中で，近年戦略的な知の組織化の重要性が見直されている。

《Ⅱ　その他の重要なパースペクティブ》

2.7 バーナードの組織均衡論

バーナード（Chester Irving Barnard）の『経営者の役割』（*The Functions of the Executive*）は，組織論の代表的な古典の一つである（Barnard, 1938）。

バーナードの議論は難解かつ多岐にわたるが，そこでの中心的な関心は公式組織（formal organization）の分析にある。人々は，特定の目的を達成しようとするとき，企業や大学のように，人や物などを組み合わせたシステムを構成する。バーナードはそのシステムを協働体系（cooperative system）と呼んだ。その協働体系から，物的，社会的，個人的要因を取り除いて，中核的な部分を取り出したものが，公式組織である（図表 2-7-1 参照）。

「二人以上の人々の意識的に調整された活動や諸力の体系」として定義される公式組織は，①相互に意思疎通できる人々がいて，②その人たちは行為に貢献する意欲をもち，③共通の目的を達成しようとする，という3つの条件が揃うと成立するとされる。そこで，①コミュニケーション，②メンバーの貢献意欲，③共通目的の3つの要素が，外部の状況に適合するように組み合わされて，そのシステムの均衡が維持されるかどうかによって，公式組織の存続が左右されることになる。

ここで重要なのは，個人は組織に参加していても，あくまでも独立した存在であり，自分にとって望ましい場合に限って，公式組織の活動に力を貸すと考えている点である。組織のメンバーであっても，全人格的に組織に取り込まれている訳ではないのである。

そのように位置づけられる個人は，金銭や心理的要因といった組織から得られる様々な誘因が，そこでの自らの貢献を上回るかどうかを判断して，組織に貢献するかどうかを決める。割に合わないと思えば，手を抜いたり，辞めたりするということである。そこで，組織側からは，目的の達成に向けて適切な誘因をメンバーに提供する必要がある。

この誘因と貢献をめぐる考え方は組織均衡論と呼ばれており，サイモン（Herbert Alexander Simon）やマーチ（James Gardner March）などの議論に受け継がれていった（Simon, 1947；March and Simon, 1958）。　［加藤俊彦］

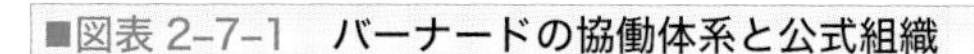
■図表 2-7-1　バーナードの協働体系と公式組織

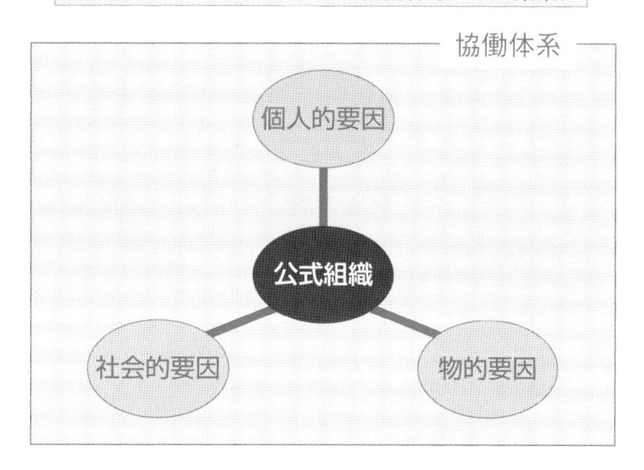

Column 2-7-1 非公式組織

バーナードは，**非公式組織**（informal organization）が公式組織で果たす役割についても議論を展開した。

人々の間での継続的な相互作用によって生じる非公式組織は，明確な目的がない点では，公式組織と異なる。他方で，職場での人間関係のように，公式組織をベースとして生じる非公式組織は，その公式組織のあり方にも影響を与える。非公式組織には共通の目的はないものの，そこではコミュニケーションが生じ，公式組織の活動に関する情報も交わされる。また，非公式組織が個人にとって魅力的であれば，それが公式組織の誘因の一つにもなる。

このような非公式組織の役割は，バーナードと同時代に行われたホーソン実験で明らかにされている。バーナードは，ホーソン実験の中心メンバーであったメイヨーなどとも交流があったことから，その知見を自らの議論にも取り入れたとされる。

2.8 資源依存理論

☞see also 8.5

フェッファー（Jeffrey Pfeffer）とサランシック（Gerald R. Salancik）が提唱した資源依存理論（resource dependence theory）は，組織と外部環境との関係に着目するオープンシステムの組織観に立ちながら，独自の視点を提供している（Pfeffer and Salancik, 1978）。

フェッファーらが重視するのは，組織が外部の利害関係者（ステークホルダー）から調達する資源の役割である。組織は外部の利害関係者からの要求を満たす代わりに，資源を調達することで成立している。そこで特に重要となるのが，組織に重要な資源を提供する利害関係者である。組織にとって重要で，かつ代替先が限られた資源を提供する利害関係者は，その組織の命運を左右するために，強い影響力を持つのである。

このように，組織の生存に影響を与える資源の提供者との関係に着目した資源依存理論は，外部環境との関係という点で他の組織論とは異なる視点に立っている。例えば，コンティンジェンシー理論では，主としてタスク環境の不確実性が組織のあり方に影響を与えると考えられていた。それに対して，資源依存理論では，組織における資源の依存関係が分析の中心となることから，製品市場だけではなく，組織のアウトプットに影響を及ぼす従業員や，規制などで関わる政府組織など，より幅広い行為主体が，組織に影響を及ぼす重要な要因と見なされる。

さらに注目すべきなのは，コンティンジェンシー理論では適応という組織の受動的な行動が前提とされるのに対して，資源依存理論では外部環境の操作という主体的な行動が重視されている点である。そこで中心的に論じられるのは，組織が利害関係者からの強い影響をいかにして回避するのかという問題である。影響を回避するための具体的な方法としては，対抗するための連合体の形成や，有利になるようなロビイング，合併などによる内部化など，多様な方策が挙げられている。

以上のように，環境に対する組織の主体的な行動に着目する資源依存理論は，組織論のみならず，組織の戦略を考える上でも重要な視点を提供している。

[加藤俊彦]

■図表 2-8-1　資源依存理論に基づく焦点組織をめぐる関係

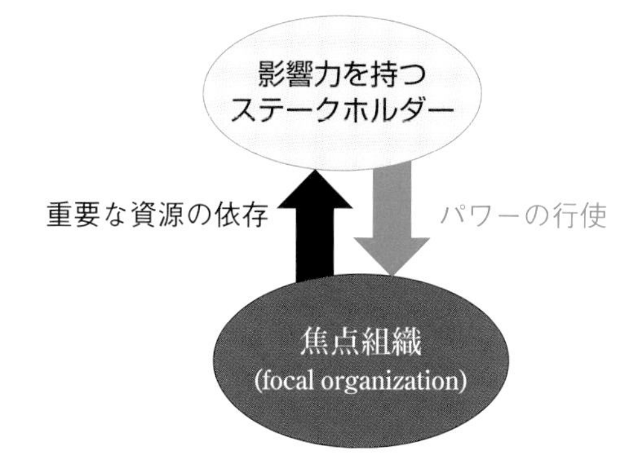

Column 2-8-1 ● 資源依存理論と従業員の位置づけ

資源依存理論では，営利企業などの組織で働く従業員も，組織に影響を与える外部要因としてとらえている。ただし，従業員個人は相対的に弱い立場にある。そこで，労働組合の結成などを通じて団結して，組織側に対抗するためのパワーを持とうとすると，フェッファーらは論じている。

しかし，従業員が相対的にパワーを持つのは，集団としてまとまるからだけではない。伊丹敬之（伊丹，1987）によれば，日本企業では，資本提供者である株主よりも従業員の方が，企業に対して重要な資源を提供するとともに，より大きなリスクを負担していることから，株主よりも従業員が企業でより大きな影響力を持つとされる。このような見方に基づき，伊丹は，資本主義に対峙する「人本主義」という考え方を提起した。この伊丹の議論は，資源依存理論とは独立して展開されているものの，「組織にとって重要な資源を提供する者がパワーを有する」という資源依存理論と共通する発想に基づいている。

2.9 市場，ヒエラルキー，ネットワークの理論

☞see also 3.1–3.3, 7.1, 7.8

取引費用の経済学　経済的取引に関して，組織とはどういう意味を持つのか。オリヴァー・ウィリアムソン（Oliver Williamson）は，企業内の指揮命令系統である組織のヒエラルキー（hierarchy）を使う取引と，その外側で，見知らぬ取引相手と行う市場での取引（spot market）の概念を比較し，**取引費用の経済学**（transaction cost economics；TCE）と呼ばれる統合理論（market and hierarchy thesis）を展開した（Williamson, 1981）（**Column** 2-9-1（39 頁））。

この理論には2つの前提がある。第一に，巨大化した企業が何万人と多くの従業員を抱えるようになると，CEO ひとりでは組織全体の膨大な情報を把握することは現実的に不可能となる（**不完備情報**; incomplete information）だけでなく，個人の認知及び情報処理能力の限界から，複雑な意思決定が合理的にできなくなる（**限定合理性**; bounded rationality）。第二に，トップ・マネジメントが従業員を監視することが，現実的に不可能な状況において，人間は根本的に怠惰であり，従業員を管理しなければ，共謀して悪事を働き，私腹を肥やす（malfeasances or opportunism）。その結果効率の良い取引は行われない。取引には，製品情報を得て相手を探す費用，運搬費用，契約を記録する費用なども掛かるが，この理論が重要視するのは，この**監視のコスト**（monitoring cost）である。

ウィリアムソンによれば，見知らぬ者同士がその場で行う「市場」での取引には，監視のメカニズムは存在せず，取引に規律は生まれない。これに対し，**複数事業部制**のヒエラルキーでは，全社的な長期戦略はトップ・マネジメントが本社で決め，短期的な戦術的意思決定を各事業部に権限移譲し，予算と責任を与える。事業部間で競争させながら，各事業部長が報酬と制裁により，部署内の取引を監視することで，トップ・マネジメントの不完備情報と限定合理性の問題を解決できる（**Column** 2-9-2（39 頁））。複数事業部制では，この監視のメカニズムが取引に規律をもたらし，全社的なコストを最小化すると理論化された。「市場」と「組織」が取引費用で結び付けられ，複数事業部制が効率のよいガバナンスのメカニズムとして鮮やかに説明された。

■図表 2-9-1　「市場」,「ヒエラルキー」と「ネットワーク」による
ガバナンスの違いのイメージ図

市　場

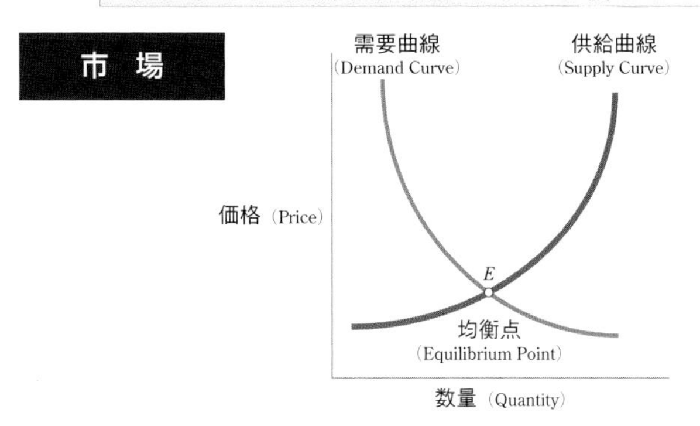

ヒエラルキー

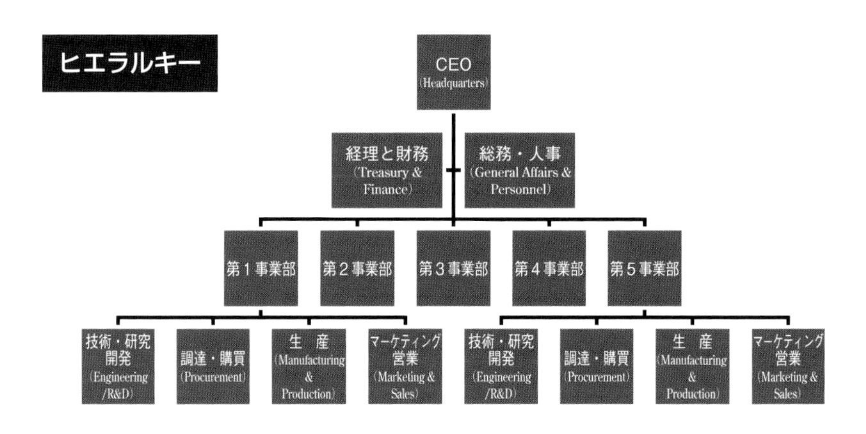

ネットワーク

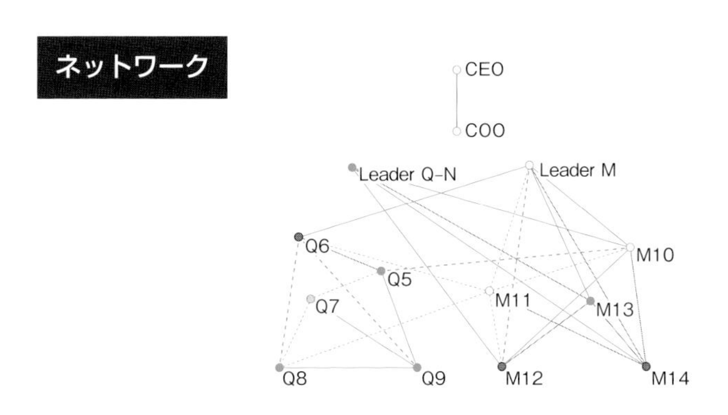

ネットワークへの「埋め込み」からの批判　取引費用の経済学を批判したのは，マーク・グラノヴェター（Mark Granovetter）である（Granovetter, 1985）。彼は関係性の視点から，「市場」でのスポット取引でも，フォーマルなヒエラルキーによる取引でもなく，当事者間の関係に「埋め込まれた」（embedded）取引，すなわち，ネットワークを通して行われる取引こそが，信頼関係により，眼には見えないインフォーマルな仲間内での評判のプレッシャー（peer pressure）から，取引に規律を生み出すと主張した。グラノヴェターの貢献は「市場」と「ヒエラルキー」の間に存在するインフォーマルな「ネットワーク」による取引の意味を概念化し，当事者間の怠慢や不正を監視するためのより優れたメカニズムであると主張したことである。

ウィリアムソンとグラノヴェターは，特に不確実性の高い取引で，それぞれ「ヒエラルキー」による監視と，ネットワークによる関係の「埋め込み」の意味を強調し，論争を繰り広げた。中でも，(1) 工場の特殊な用途の機械など，資産特殊性（asset specificity）が高く，買い手が少ないものの取引 (2) 高級宝石や美術品など希少性（scarcity）が高く売りと買いがなかなか出会わず，流動性が低い商品であり，値付けが難しい取引 (3) 継続的に何度も行われ，談合や贈収賄が起こりやすい繰り返しの取引（repeated transactions）に関して見解は大きく異なる。「取引費用の経済学」が，これらの取引はヒエラルキーの監視の下で企業の指揮命令系統を使い行うべきであると考えるのに対し，「埋め込み」の概念では，ネットワークの仲間内の評判のプレッシャー（peer pressure）に基づいた信頼関係こそが規律をもたらすと考える。

「埋め込み」とは，人間関係の深さや信頼関係の強さなど，関係性の質が価格や情報など，取引のコストに影響を与えるという主張である。個人の間の信頼関係や，人のネットワークにおける評判が，売り手と買い手の双方に規律ある行動を取らせるのであり，例えば，よいバナナを安く世話してくれた八百屋の店主に対して，買い手は何らかの恩義や好意を感じ，彼女は次にメロンを買う時にも，この店に行こうと考えるかもしれない。このような取引は，文化人類学の交換における互酬（reciprocity）の考え方とも関連し，彼女が八百屋の店主から一方的に恩恵を受け続けることは考えにくく，口コミにより顧客が増えるなど，長期的に店主に利益，あるいは何らかのメリットをもたらすことができなければ，特別扱いをしてもらうという関係は，やが

Column 2-9-1 ● 企業はなぜ存在するのか

20世紀の初め，学術研究としてこの疑問に最初に取り組んだのは，ロナルド・コース（Ronald Coase）である（Coase, 1937）。彼は，ヨーロッパ，アメリカ，日本など，世界中どこにでも（ubiquitous），株式会社という所有形態と管理システムの企業が存在する理由は，物々交換のような市場での取引に比べ，この経営組織の存在が，効率の良い取引を可能にするからに違いないとの考えに至り，それは，ウィリアムソンにより，「取引費用の経済学」の礎として，1970年代に復活することとなる。

Column 2-9-2 ● 金融経済論からのエージェンシー理論とガバナンス

所有と管理のためのガバナンスの視点から考えると，「限定合理性」あるいは「情報の非対称性」と，エージェンシー・コストの問題として，「取引費用の経済学」を支持したのが，金融経済学分野の**エージェンシー理論**（agency theory）である（Jensen and Meckling, 1976；Fama, 1980；Fama and Jensen, 1983）。そのアプローチは，経営組織としての企業を，単なる「契約の集合体」（a nexus of contracts）にすぎないと考え，もし解体すれば，契約の集まりでしかないという立場を取る。したがって，企業とは取引を会計用語で記録した売掛金などの資産，買掛金などの負債，株式など投資家からの資本を構成するさまざまな契約，そして，残余部分（residual claims）にすぎない。

この理論によれば，CEOや各事業部長に賞与や昇進などの強いインセンティブを与えれば，彼らは自らが担当する事業の収益を最大化すべく，株主のエージェントとして働き，怠慢や共謀し悪事を働くなどのモラル・ハザードは起こらない。その結果，株主，戦略的なビジネス・ユニットとしての事業部（strategic business units; SBU），本社の間に利害の対立は存在せず，全社的に効率的な取引が行われ，企業全体の収益が上がり，株主価値は極大化される。

この理論はウォール・ストリートから大いに歓迎され，予想される投資収益の現在価値（NPV）に基づく**EVA**（economic value-added）の概念を応用し，金融的に経済合理性があれば，M&Aや経営統合などにより組織を解体し，売り買いすることが論理的に正統化された。1980年代から90年代にかけて，アメリカを中心に，借入れ金を用いて，高いレバレッジ（leverage）により資金調達を使う**LBO**（leveraged buy-out）として，RJRナビスコの大型買収のケースなど，企業買収の嵐が吹き荒れた。

ては終わりを迎える。

学術研究において,「埋め込み」(embeddedness) の概念を初めて本格的に使ったのはカール・ポラニー (Karl Polanyi) である (Polanyi, 1957)。「埋め込み」の概念は,経済社会学の基本概念として,1990年代以降,組織論や経営学をはじめ,欧米の社会科学に大きな影響を及ぼした。例えば,初期の研究では,パウエル (Walter Powell) は,「埋め込み」をガバナンスとしての「中間組織」と呼び (1990),サクセニアン (AnnaLee Saxenian) は,シリコン・バレーのフィールドワークを行い,開放的なネットワークとその地域的な文化をIT産業のイノベーションの源泉として評価した (Saxenian, 1994)。

企業間取引に関して,「埋め込み」は大きな意味を持つ。例えば,化粧品業界では,新たな化合物などを使った新商品の情報は,納入業者から極秘の口コミ情報として,製品がプレスに発表される前に,競合他社に流されることがある。納入業者と知り合いである競合他社の担当者との長年の信頼関係に基づき,お互いに迷惑は掛けないという暗黙の商取引の関係性から,裏情報がインフォーマルに交換されるものである。

また,国際貨物運送を手掛ける船会社などでは,荷物を受け取る輸入業者が納品を急いでいる場合に,荷受けに必要な銀行の保証を取る前に,先に荷物を引渡すことがある。これは取引関係が長く,関係が深いことから,お互いを信用して担保となる信用保証はなくても,インフォーマルな関係が交換取引に規律をもたらすものであり,万が一どちらかが信頼を裏切るような行為を行えば,長年続く企業間の取引関係が壊れる。

このような売掛けや買掛けでの商売は,製造業のサプライヤーと得意先との関係,卸と小売業者との関係などで広く行われているが,その基本には「埋め込まれた」信頼関係をベースとした当事者間のネットワークがある。これらは企業間取引においてネットワークがガバナンスとして機能する例である。

[中野　勉]

Column 2-9-3 「埋め込まれた関係」とネット・オークション

組織のフォーマルなヒエラルキーを離れたインフォーマルな人間関係では，怠慢や不正に対しては，企業内の指揮命令のような強制力や就業規則に基づく明白な制裁（penalty or sanction）はなくても，ネットワークにおける仲間内での評判（reputation）としての周囲からのプレッシャー（peer pressure）があり，不正を働けば評判を落とし，メンバーから外されるというインフォーマルな社会的な制裁がある。グラノヴェターは，信頼感（trust）や共感（empathy）を基本とする関係として，インフォーマルな社会ネットワークを通じた「埋め込まれた関係」による取引は，「スポット市場」や「ヒエラルキー」より優れたガバナンス・メカニズムであると考えた。

例えば，インターネットのYahoo!オークションは，このようなインフォーマルなネットワークによるガバナンスのメカニズムを広く使っている。オンラインのオークションに参加したいと思う人は，会員になることで，自らのニック・ネームでの参加資格とIDを得る。そして，色々なオークションに出品者や入札者として参加することができるようになる。実際のオークションでは，出品及び入札のため登録費用を支払うなど参加資格が必要となるが，オークションでは，多くの場合，基本的に返品は不可であり，出品者により提供された写真や商品の状態に関する出品者からの簡単な説明などの限られた情報の下で，参加者は不確実性の高い中古商品の品質と値段を判断し，買付け価格を決めて入札する。

この状況において，過去の取引での取引相手からの評価がひとつのキーとなる。取引が終わるごとに，当事者同士が質問への応答，交渉の過程と対応，決済のスムーズさ，発送のスピードなどを含め，良い取引相手であったのかどうかお互いを簡単なコメントをつけて評価する。この評価は数量化され，当事者間のお互いへのコメントを伴って情報として累積され，他のオークション参加者が見ることのできる情報としてネット上に公開され，出品や入札で参考にされる。出品者としての数字が悪く，評判が良くなければ，信頼できない参加者と判断され，トラブルを避けようと入札を敬遠する人が多くなる。このネットワーク上の参加者からの評価は，フォーマルには別のオークションに参加できなくなるという制裁もあるが，それ以前の段階のインフォーマルなレベルで，評判の悪い人物としてオークション参加者に敬遠されるというメンバーからのプレッシャーがある。このようなネットワーク上での評判が，商品に関し，不確実性が高い中古商品を，オンラインのオークションで売り買いする際に，リスクを下げる役目を果たしている。

このようなシステムは，フォーマル及びインフォーマルに参加者にコミュニティーでの評判のプレッシャーを与えることで，匿名性が高く，見ず知らずの相手と，一点物の中古品を取引するという不完備情報下でのオークションの現場で，ネットワークを使い取引に規律をもたらすことを狙ったものである。

第 3 章

組織のデザイン
——構造と管理の基本

《I　組織のデザイン》

3.1 組織の基本構造

トップ・マネジメントは，企業規模と事業の多角化の程度，自社が持つ経営資源，テクノロジーと専門性，マーケティングやセールスの方法，市場の変化のスピード，競争環境，企業文化，リーダーのスタイルなどから，最適と思われる組織のデザイン（organizational design）を考える。全社的な企業のミッションを基本に，総合的に判断し，戦略的に組織構造（organization structure）を決めるが，内外の環境変化に際し，継続的に組織変革も行う。

ビジネスを成り立たせるためには，様々な組織の機能（functions）が必要であり，組織構造は，意思決定や従業員の管理のため，事業展開を考えながら，機能を指揮命令系統に落し込む。例えば，メーカーには，研究開発としての R&D，調達・購買，設計・エンジニアリング，製造・生産，人事・総務，資金と財務経理，法務，セールスやマーケティング，広報などの機能が必要である。これらの機能を，市場の諸条件や顧客の要求などに対し，意思決定と業務の遂行のため，フォーマルな指揮命令系統（command line）として配置する。そこには，経営組織として，投資予算の配分と責任，人の管理と文化のマネジメント，知識の集積や情報の共有などの複雑な問題が絡む。

組織構造には基本的なタイプがあり，歴史的な経緯から，「機能別組織」（functional structure）」，「複数事業部制組織」（multi-divisional structure; M-form），「マトリックス型組織」（matrix structure）として 3 つに分類される。それぞれに利点と欠点があり，実際には，これらを組み合わせて作る複合形態（hybrids）が多く使われ，また，そこから派生した「ネットワーク型」がある。

機能別組織　第一に，「機能別組織」は，図表 3-1-1 のように，本社の CEO（headquarters）の下に，各機能（functions）でまとめられた部署が配置される。組織の基本として，企業を設立する際によく使われるが，メリットとしては，指揮命令系統が単純である。CEO は，機能別の部長を通じ指令を出すので，ラインを統括する機能から，業務の状況を把握し易く，予算と責任も明確であり，意思決定と全社的な対応が早い。また，機能別に人材が

■図表 3-1-1　機能別の組織構造

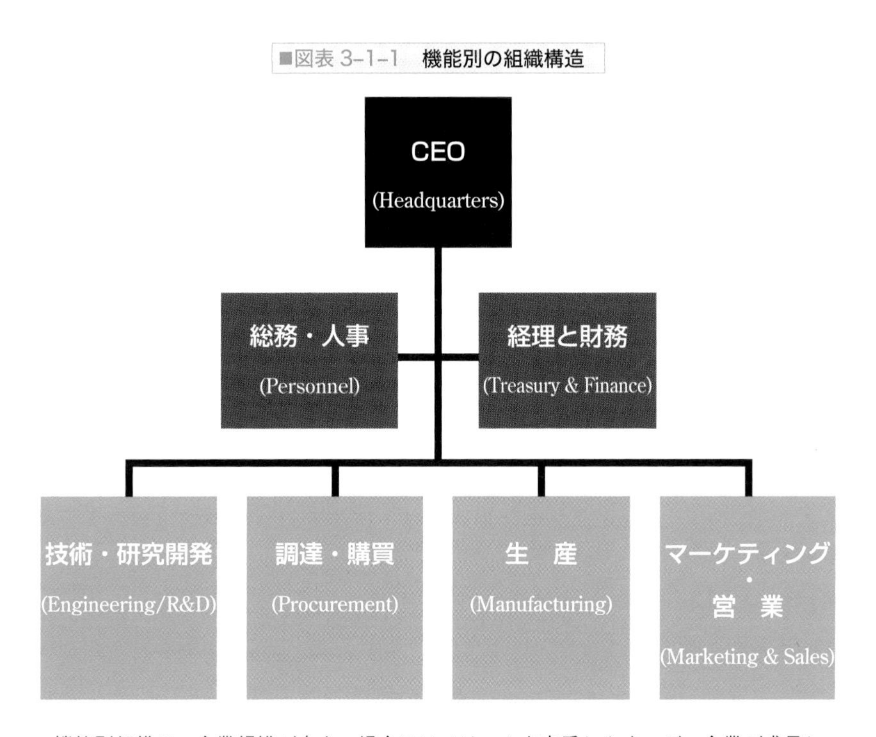

機能別組織は，企業規模が小さい場合にはメリットを享受しやすいが，企業が成長し，従業員規模，業容，商品やサービス分野が拡大し，業務が複雑になるのに従い，その欠点が大きくなる傾向にある。例えば，従業員数が数百人程度の企業であれば，CEO は，すべての従業員の名前を覚え，日々従業員が行う日常業務などをある程度直接に把握できるが，従業員数が数万人の企業ともなれば，日々の細かい取引やオペレーションを詳細に把握するには，CEO 個人の認知能力の限界（cognitive limitation；情報の非対称性；限定合理性；bounded rationality）がある。このような不完備情報（incomplete information）の下では，CEO は合理的な意思決定を行うことが難しく（March and Simon, 1958），次の事業部制への移行が現実的な選択肢となり得る。

集められ，R&D，セールスの顧客情報など，専門知識やスキルを機能別に蓄積しやすい。

欠点としては，専門性を軸として組織がまとめられているため，縦型組織であり，全社的な部署間の情報交換，知識の共有化や学習が進みにくく，社員の仕事に対する見方や情報の認知パターンが各部署固有のものに偏り，近視眼的になりやすい。

例えば，セールス部隊が顧客から得た市場ニーズに関する情報が，エンジニアリング部門の製品デザインに直ぐに反映されず，また，生産現場で工程の効率化の提案があっても，そのような改善案が，R&D 部門にうまく伝えられない場合などがある。特に，理数系のエンジニアが多い開発や技術部門，高いコミュニケーションのスキル（people skills）が求められるセールス部門，法務・経理などの管理部門などで，異なる文化（professional culture）が存在し，プロフィット・センターとしての販売関連の部署と，コスト・センターとしての管理部門の間に，政治的な対立が起こり易く，トップ・マネジメントの調整能力が求められる。

事業部制組織　20 世紀半ばまでには，機能別組織の企業規模拡大に関する難しさから，図表 3–1–2 のような，「複数事業部制」の組織形態が広く普及した。複数事業部制の利点としては，CEO は，全社的な 5 年程度の中長期の意思決定による戦略的な舵取り（strategic decision）を行い，1 年以内の短期の戦術的な意思決定（tactical decision）を各事業部に任せることで，従業員の監視を含め，不完備情報あるいは限定合理性の下での意思決定の問題を解決可能となる。その際，収益部門であるプロフィット・センター（profit center）としての「戦略ビジネス・ユニット」（strategic business unit；SBU）には予算と様々な権限が委譲され，各事業部長は，全社的な企業戦略に沿う形で，比較的短期の数値目標（objectives）や，顧客満足度など質的な目的（goals）を達成することを目指す。彼らには成功報酬や昇進の可能性などのインセンティブが与えられ，社内で事業部が競い合うことで，全社的に利益が最大化される。また，このように事業部レベルに，各ビジネスに関する戦術レベルの短期的な意思決定は委ねられているので，事業部内では意思決定が速くなり，情報の共有が容易であり，市場の変化への対応を速やかに行うことが可能となる。

■図表 3-1-2 「複数事業部制」の組織構造

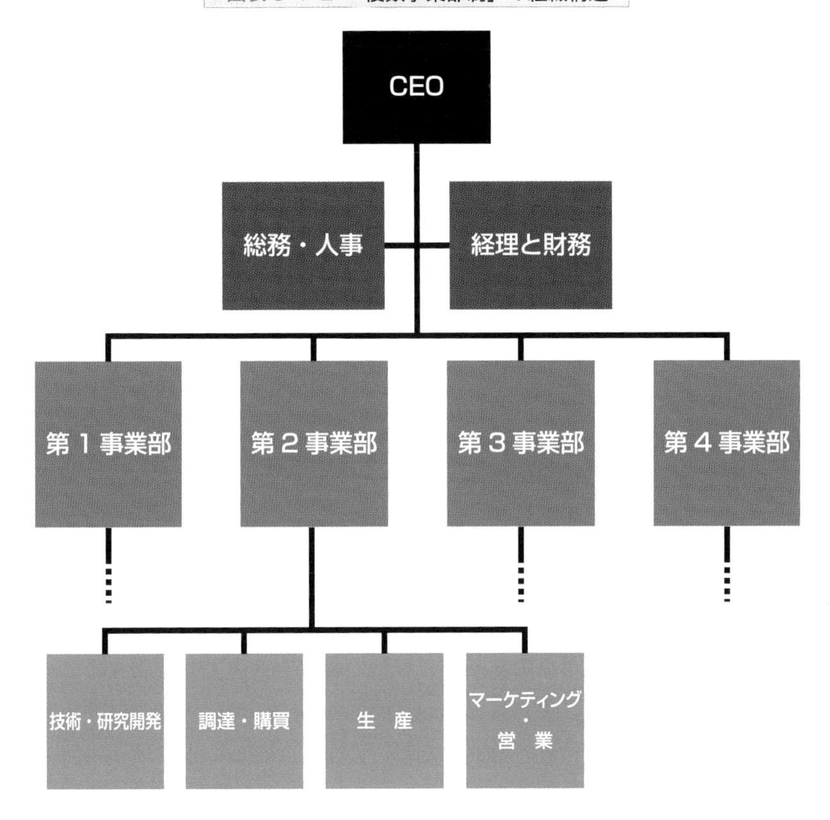

事業部制を採用する際の基本的な枠組みとして，①製品の違い（product），②市場のセグメントまたは顧客層（market or customer segment），③販売の地域差（geography or region）の３つから事業を考える。①を採用するのは，異なる分野の製品を持つ企業が，R&D，製造，販売，アフター・ケアなどに関して，ビジネスのやり方の違いが，組織を作る際に大きな意味を持つ場合である。②に関しては，企業が製品間の違いよりも，収入，性別，年齢，ライフスタイルなど，顧客のセグメントにより要求されるニーズの違いが，ビジネスに大きなインパクトを持つ場合に適している。③は，製品間の特質や顧客のセグメントによる違いより，地域差あるいは地理的な広がりから市場が作られている場合に採用されるものである。例えば，世界規模でビジネスを展開しようと考えれば，食品への文化的な嗜好，宗教的な制約，社会インフラやロジスティックスの問題など，地理的な制約がビジネスの展開に大きなインパクトを持つ場合がある。トップ・マネジメントは，自社が持つ各事業の特徴を深く検討し，３つの中から最も重要であると考える基準を選択する。

事業部制組織には Column 3–1–1 に挙げた，いくつかの欠点があるが，複数事業部制の巨大組織は，縦のヒエラルキーと多くの階層関係から，社内の調整に手間取ることが多く，部署間の関係が複雑で，全社的な決定に時間が掛かり，急激な市場環境変化への素早い対応が難しい。それは，20 世紀後半までのアメリカ経済のように，市場変化のスピードが緩やかで，大量生産方式（mass production）と，マス・マーケティングにより，消費を促す時代には，効率の良い組織形態であった。21 世紀に入る頃には，急激なデジタル化とグローバル化の中で，変化のスピードが速い「常に変化する市場」が出現し，消費者のニーズが多様化している中で，様々なビジネスを企業内に垂直統合（vertical integration）することで成長した複数事業部制の巨大企業は，「大型恐竜」として時代に取り残されることとなった。

マトリックス型組織　市場の変化に対応しにくい複数事業部制の欠点を克服すべく，1980 年代以降欧米の多国籍企業（multinational enterprise；MNE）などから採用されたのが，図表 3–1–3 のような，第三の形態である「マトリックス型」（matrix）の組織構造である。事業部制の組織形態を採用する際には，事業部を構成する基準を，①製品，②市場，③地域の 3 つの軸から選ぶが，マトリックス型組織では，第一義的に重要な縦の指揮命令系統としての事業の基準に加え，同等に重要な 2 つ目の基準を横串として通すことで，事業部間の情報や知識の共有化を図るものである。二方向から全社的な組織全体のコミュニケーションの活性化を図ることで，柔軟に市場環境に対応できる組織を作る狙いがある。

複合形態　組織構造の採用や変更に関する決定は，企業の内部の経営資源や管理に加え，企業のライフ・サイクルとしての発展段階，産業や市場の特徴など，外部環境にも影響される。現実には，3 つの組織構造のタイプを部分的に組み合わせて「ハイブリッド」な複合形態で使う場合が多い。

例えば，R&D，ファイナンス部門，バック・オフィスのオペレーションなどは全社で機能別に統合し，購買や調達，マーケティングなどは地域ごとの事業部として構成するなど，複合形態の組織が使われることもある。また，マトリックスに関しても，基本的に事業部制や機能別組織の形態を採用し，工場や R&D 部門の一部にマトリックス型組織を使うことも多い。［中野　勉］

Column 3-1-1 事業部制組織の欠点

事業部制組織の欠点としては，本社のトップ・マネジメントの下に複数の事業部が配置され，さらにこれら事業部レベルの下に，それぞれ部署ごとに機能別の組織が配置されるなど，全社レベルの戦略的な意思決定については，指揮命令系統として，ヒエラルキーの階層が多くなり，素早い対応が難しい。また，いったん予算と人材が入った事業については，撤退や退出を含め柔軟に対応することが難しく，深追いすることで，大きな事業の失敗を招く恐れもある。

さらに，各事業部に権限が移譲され，多くの機能を抱え込むと，「サイロ化」(silos)の問題として，事業部自体が独立した一つの会社であるかのような組織となり，関連する多くの営業所や工場などとのつながりが密になる結果，縦のヒエラルキーが強くなり，事業部間の横の交流や情報交換が疎外され，その調整に問題が多くなる。

また，R&D，技術部門やセールスなど，機能別組織では経営資源を統合して，全社的に集中投資することが可能であるが，これらの機能を，複数の事業部内に配置すれば，全社的な経営資源を分散することとなり，小規模投資による市場参入では，大きな市場シェアを獲得することは難しく，規模の経済の観点からも競合に対し不利になる。また，事業部間で無駄な経営資源の重複が生じ，全社的な投資の最適化の観点から非効率が問題となる。さらに，担当事業部長は収益を上げることが至上命題として求められる結果，自らの事業の収益性を重視するあまり，企業内の事業部間の政治的な派閥争いを含め，ビジネスの取り合いが生まれる可能性がある。

■図表 3-1-3 「マトリックス型」の組織構造

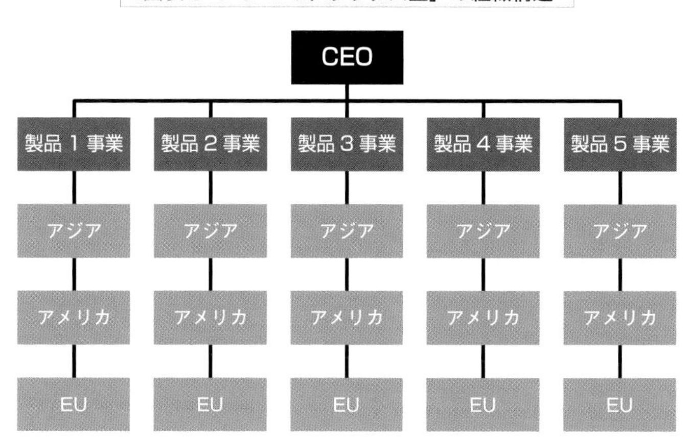

3.2 多角化と事業部制の発展

企業は，多角化（diversification）によりビジネスを拡大することができるが，CEO には，情報を入手できる範囲と，処理できる情報量の限界があり（限定合理性；不完備情報と意思決定の問題），多角化は認知の問題を伴う。CEO が，何万人もいる従業員の日々の業務を把握することは不可能である。

これに対するアメリカ資本主義の答えは，複数事業部制（multi-divisional structure or M-form）であった。その基本には，トップ・マネジメントが中長期の全社的な企業戦略（corporate strategy）を担いながら，短期の戦術的な意思決定（tactical decisions）は，予算と数値目標を与えた上で，各事業部に権限移譲するものである。

20 世紀半ばのアメリカでは，大量消費社会が生まれ，フォード，GM，デュポンなどの製造業から始まり，鉄道など交通網の発達とともに，東海岸から中西部に大規模な小売業が発展し，やがては西海岸へ広がりを見せた。その際，新規ビジネスに参入するには，新たな事業部を組織に加えることで，事業の多角化による成長を行うことが容易であった。巨大企業は，垂直統合を進め，資本主義経済は繁栄を謳歌し，事業の多角化が進む中で，1970 年代まで，複数事業部制は**アメリカ資本主義の「エンジン」**として，世界経済を牽引した。

技術の変化のスピードが速い産業においては，クリステンセン（Clayton M. Christensen）は，「イノベーターのディレンマ」（innovator's dilemma）として，特定のテクノロジーの応用技術から成功した大企業は，大きな先行投資を行う結果，新たな時代を作る革新的なテクノロジーが生まれると，時代に取り残されると説明した（Christensen, 1997）。ソニーのブラウン管テレビのトリニトロン技術，液晶テレビの初期をリードしたシャープ，2000 年前後の Apple への Windows からの攻勢，家庭用ビデオ・ゲームからソーシャル・ゲームへのシフトなど，変化の速い産業では，この現象が広く見られた。巨大化した企業は，階層性が強く，肥大化した縦割り組織の弊害を抱え込み，その後，シリコンバレーの ICT に代表されるフラット化，スリム化，分社化，オープン化などを志向する**「ネットワーク型組織」**への転換が，1980 年代以降に始まった。

［中野　勉］

Column 3-2-1 チャンドラーと中間管理職の役割

歴史家アルフレッド・チャンドラー（Alfred Dupont Chandler, Jr.）は，19世紀から20世紀のアメリカにおいて，東海岸から西海岸に大陸横断鉄道が伸び，内陸部に大都市が生まれ，商圏が広がっていく中で，製造業から商業やサービス業が発展した過程を研究し，多角化による複数事業部制の優位を歴史資料から論証した（Chandler, 1977）。

彼は，アダム・スミス（Adam Smith）が，市場の需給の調整機能を「神の見えざる手」（invisible hand）と呼んだ（Smith, 1776）ことに喩えて，中間管理職の企業内における事業部間の調整能力（coordination skills）を**「目に見える手」**（visible hand）と呼び，高く評価した。

Column 3-2-2 戦略と組織

企業経営における内外の環境変化は，CEOのリーダーシップの下で，全社的なミッションの明確化に始まり，企業戦略レベル（corporate level），事業レベル（business level），機能レベル（functional level）など，基本的には上から下へ，経営方針がより具体的なレベルに落とし込まれて行く。トップ・マネジメントは，これらの異なるレベル間のバランスや，異なるユニットの関係を調整しながら，組織のデザインとして，立案・実行・評価と修正を行いながら，組織を牽引する重責を担っているのであり，企業戦略に変化があれば，さまざまなレベルで指揮命令系統を変更させるため構造面の組織変更が必要となる。

Column 3-2-3 組織図とデザイン

組織をどのように作るのかは，マネジメント実務においては，システムとして戦略的にデザインすることを意味する。その根本には，欧米を中心とする組織社会学からの実証研究の長い積み重ねがあり，組織論（organization theory）は，それらの知見を体系化・理論化したものである。

具体的には，組織全体のフォーマルな指揮命令系統の構造の問題である。**組織図**（organizational chart）は，さまざまな機能や業務に権限を割り振り，それらを実行する部署の上下関係や横並びの関係を描いた縮図である。企業戦略と組織構造は深く関係している。

3.3 組織のデザイン——ネットワーク型組織

「ネットワーク型組織」は，特定の組織構造のパターンとして正確に定義されている訳ではない。それは，機能別組織，事業部制組織，マトリックス型組織などの基本的組織構造のデザインから，複合型の組織構造への試行錯誤が続き，情報化やグローバル競争が広がる中で，市場環境が大きく変化し，テクノロジーの進化のスピード，顧客ニーズへの柔軟な対応の必要性から，1980 年代に生まれたものである。

「ネットワーク型」は，一般的には，情報共有，意志決定のスピード，顧客対応への組織の柔軟性を高めることを目的に，企業内の縦の指揮命令系統としてのフォーマルなヒエラルキーに代えて，インフォーマルな横のつながりによるコミュニケーションに重点を置く。ヒエラルキーをできるだけ排除し，指揮命令系統の階層関係を減らすことでフラット化し，現場への権限委譲による分権化（decentralization）を進め，社員のタスクのオーバー・ラップと業務の有機的な横のつながりを試行する組織のデザインである。

21 世紀に入ると，グローバル化と情報化が加速する中で，市場をめぐる競争の激化から，フラット化，分権化，知識の共有化，市場変化への素早い（agile）対応の必要性は，スピードと柔軟性をキー・ワードとして高まった。同時に，企業のグローバルなヴァリュー・チェーンの中で，戦略的提携（strategic alliances）を組みながら，選択と集中により自社のビジネスを絞り込み，外注先やサプライヤーとしてのパートナー企業とのネットワークを使い，巨大多国籍企業が本社規模自体を縮小し（downsizing），ジョイント・ベンチャーにより，柔軟かつ速やかに，ビジネスの立ち上げを狙うネットワーク型組織への動きも加速した。

IT ベンチャーのアプリ開発などから広がったネットワーク型組織の考え方は，新型コロナ感染の流行により，デジタル化やテレワークが進む中で，一般企業にも，プロジェクト・ベースでのタスク・フォースや，アプリを使ったチームでの知識の共有など，スピード感を重んじ，メンバー間の共創を促す組織作りにも広く普及しつつある（**Column** 3-3-3（55 頁））。［中野　勉］

Column 3-3-1 ソフトウエア開発とプロダクト・チーム

「ネットワーク型」の組織は，市場環境の変化に対する，柔軟で素早い意思決定（agile；quick decision-making），情報共有がスムーズであることを特徴とする。例えば，下図に見られるように，**プロダクト・チーム**型組織（product team structure）は，比較的小規模のソフトウエア開発企業などに多く見られるが，何名かの，異なるプロダクトやプロジェクトをリーダーが統括する。これらのリーダーの下には，階層関係のない専門性の高いチームのメンバーが業務に従事する。チーム内のメンバー間の水平的で活発なコミュニケーションを理想とし，タスクは重複する部分が多く，専門知識やスキルの共有，アイディアのぶつかり合い，広範な意見の交換など，柔軟な発想と創造性を啓発することを企図する。

プロダクト・チーム型の組織構造図

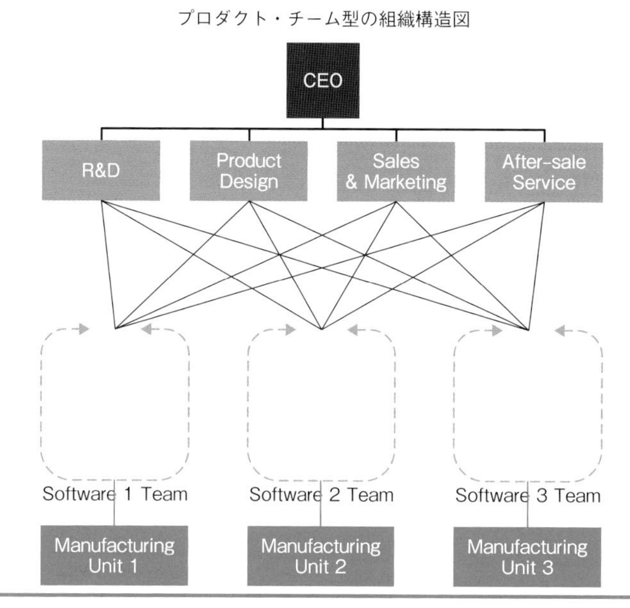

Column 3-3-2 プロジェクト型組織の起源

情報共有と，素早いビジネスの立ち上げを目的として使われるのが，**プロジェクト・チーム**である。「プロダクト・チーム」，「タスク・フォース」，オンラインでの「ヴァーチャル・チーム」などを含め，プロジェクト型の組織の歴史は実は非常に長く，例えば，イタリア・ルネサンス期の天才画家ラファエロ（Raffaello Santi）は，教皇ユリウス2世のためにバチカンの壁画を描いた際に，5人の弟子やその他の芸術家を使い，フレスコ画の工程を分業しながら仕上げた。

3.4 グローバル戦略と組織のデザインの進化

☞ *see also* 7.10

企業がグローバル展開を考える際に，組織構造には，一般的な進化のパターンがある。国内ビジネスだけしか持たない企業が，海外進出を考える際には，輸出部門や国際事業部の小規模での立ち上げに始まる。そして，多国籍企業として，本格的に海外市場に展開するなら，組織のデザインが重要となる。市場にアクセスする3つの基準がある。①製品（product）によるビジネスの展開の違い，②文化，制度，ライフスタイルなどに起因する地域性による消費者ニーズの違い（region），③年齢，性別，所得など，顧客のセグメント（market segment）による市場の違いである。例えば，製品の違いがグローバルな展開をするのに最も重要であれば，製品別にグローバルな事業部制を採用する。また，もし地域的な文化の違いが，その製品のビジネス展開に非常に重要であれば，地域別の事業部制を採用することとなる。

グローバル展開への組織構造の進化には，図表3-4-1のように大きく2つの経路がある。第一に，上側の経路のように，提供する製品が，グローバルな市場で同じような消費者を対象とするのであれば，地域性を無視して，製品ごとの事業部を作り，その製品・サービスを標準化することで，規模の経済を追い求める。第二に，下側の経路では，要求される製品・サービスやマーケティング戦略まで，文化やライフスタイルの違いにより地域差が大きい場合や，ロジスティックスの問題などから，市場により近いところで生産する必要がある場合など，製品やサービスを地域ごとにまとめて扱う事業部制を採用する（**Column** 3-4-1）。

巨大コングロマリットとして，事業部制組織の縦の指揮命令系統だけでは，グローバルなサプライチェーンの構築，情報の共有，企業内コミュニケーション，組織内の知識の蓄積などに関し，事業部間や地域間で問題が起こりやすく，対応策として生まれたのが，「マトリックス型組織」である。製品別及び地域別という2つの指揮命令系統によるグローバルなマトリックスとなる（マトリックス型組織の欠点については，**Column** 3-4-2 参照（57頁））。また，より柔軟につながりを活用しようとすれば「ネットワーク型」の組織に進化する可能性を持つ。

［中野　勉］

Column 3-3-3 ゴア社とプロジェクト型組織

現代のプロジェクト・チーム組織の先駆は，アウトドアやスポーツ・ウエアの素材ゴアテックス（GORE-TEX）で一世を風靡したゴア社（W.L. Gore & Associates）である。1990年代半ばのゴア社の組織には，部や課はなく，仕事は社員による発案で始まり，他の社員への呼びかけによりメンバーが集められ，数十人から200人程度のプロジェクトが行われた。プロジェクトは永続的ではなく，うまく行かなければチームは消滅し，事業化に成功すれば，独立した正式の組織となる。プロジェクト・チームにおいては，リーダーを中心に，メンバー間の水平的な関係によりコミュニケーションが行われる一方で，アドバイサーとしての企業を持つことが必要とされた。ゴア社は，多様な専門性を持つ人材を集めたプロジェクト・チームにより，医療，航空産業，素材，ファッションまで幅広い分野で，革新的な技術を開発することに成功した（Daft, 1998；若林, 2009）。

■図表 3-4-1　グローバルな「マトリックス型組織」への2つの進化の経路

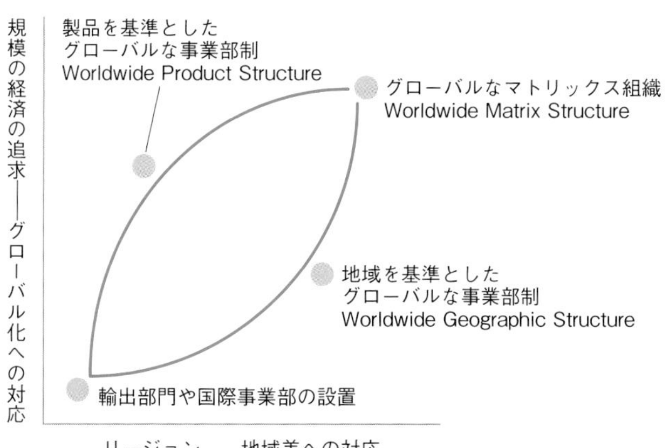

Column 3-4-1 クラフト・フーズ社

世界的な食品やスナック菓子のメーカーであるクラフト・フーズ社（Kraft Foods, Inc.）は，ビジネスを世界展開するために，地理的な生産や販売の利便性，食文化の違いによる地域差，顧客層の嗜好による違いから事業を分類せず，自社が数多く抱えるブランドの名前を生かしながら商品に共通する特徴を生かすため，製品ベースの商品群で複数事業部制の組織を作り国際展開を行った。

3.5　3つの組織管理手法──ルール，成果と文化

☞see also　4.7

組織のデザインとして，企業内には，フォーマルな組織構造としての指揮命令系統のヒエラルキーに加え，従業員を管理する仕組み（organizational control）と，調整機能（coordination）が必要である。トップ・マネジメントは，これらを多角的かつ複合的に応用する。

管理方法は3つに分類できる。第一に，成果による管理（outcome control）は，仕事の成果を報酬や昇進などに反映させる。グローバル化により，業績評価方法の多角化，職能や年俸制の導入など，多くの日本の大企業の人事制度には，終身雇用制と年功制から，KPI（key performance indicator）を使った管理が広まった。ジョブ型採用も広まる中で，計量化により客観的な判断基準を重視するが，成果重視の考え方は，社員間の競争を激化させ，個人の短期的な成果の追求など，職場の雰囲気や人間関係の悪化を生みやすい。定性的な評価を含め，上司との一対一での話合い（one on one），360度評価，チーム・ベースの評価とのバランスが見直されている。

第2に，規則による従業員の行動の管理（administrative control）は，就業規則などに明文化された組織のルールにより行う。ウェーバーの「官僚制の理論」に根ざすものであり，私生活の場と業務作業のオフィス空間を分け，規則を基に，公平な評価と対価として賃金を支払い，ヒエラルキーによる規律を求めるものである（Weber, 1968）。

最後に，文化による管理（cultural control）は，組織文化で従業員を管理するものである。産業や業種（business culture），職業の専門性（occupational culture），組織固有の文化（organizational culture）などがあるが，文化が従業員の仕事へのモチベーションに大きな影響を与えるとの理解の広がりは，1970年代の企業文化論（corporate culture）に始まる。組織論・組織行動の応用として，マネジメントは，規範（norms），儀式（ceremonies），儀礼（rituals），表象（symbols）などを使い，社員のモチベーションを喚起するのであり，表彰，朝礼やブリーフィング，制服や社員章，社歴の学習，チーム・ビルディング研修などが広く行われる。

［中野　勉］

Column 3-4-2 マトリックス型組織の欠点と文化の重要性

マトリックス型組織の欠点は，社員が，指揮命令系統が異なる2人の上司にレポートしなければならないことである。例えば，グローバル企業において，製品と地域を2つの軸としてマトリックス型組織（global matrix structure）が組まれる場合に，各地域のローカルな利益と，グローバルな製品担当マネジャーの利害の対立により，全社的な目標の統一と，地域への権限委譲や収益分配など，運用面の難しさがある。社員は，製品と地域をラインとして，2人の上司から矛盾する指令を受けることもあり，利益の相反や葛藤（conflict of interest）を抱え込む。その際に，CEOの強力なリーダーシップの下で，従業員が自ら率先して全社的なミッションやビジョンを実行しようとする，強い企業文化が存在すれば（“buy-in” the culture），現場の意思決定がスムーズになり，柔軟かつ文化的に頑強な組織として機能する。その逆の場合には，指揮命令系統の混乱から，マトリックス組織は機能不全に陥る。

Column 3-5-1 洗脳とエンゲージメント

ギデオン・クンダ（Gideon Kunda）の古典的な研究（Kunda, 1992）は，マネジメントが，いかにして，企業の文化を刷り込むことで，従業員を洗脳するのかを，アメリカのハイテク企業での参与観察から描いた。また，自動車メーカーGM（General Motors）の工場労働者であったベン・ハンパー（Ben Hamper）の回顧録（Hamper, 1992）は，1970年代に「カイゼン」への取り組みが，日本からアメリカの工場に導入された際に，表象的な優秀社員へのトロフィーの授与が，工場現場でのゲームとして，いかに労働者のモチベーションに変化を与えたかを告白している。

2015年頃から，ICTのテクノロジーの普及により，日本においても，クラウド・サービスのアプリを使い，社員のモチベーションを**エンゲージメント**として，計量指標化することが広く行われるようになった。モチベーションは，職場の人間関係など，複雑な社会的な状況により変化する。アプリとKPIに依存することには色々な問題があり，導入に際しては，マネジメントに広い社会科学の知識が必要である。

3.6 組織の調整機能

経営組織としての企業は，利益を上げながら，持続的な成功を求めて存続しようとする存在であり（going concern），そのためには，指揮命令系統と意思決定，権限の移譲と責任，予算の配分，人材管理などのマネジメントが重要である。現場においては，部門・部・課・チームなど，色々なユニット間で，複雑に利害が絡み合う中，競争と協力が繰り広げられる。業務に関しては，設計・生産・配送プロセスの工程やフローを，円滑に効率よく進めることが求められ，また，組織全体の知識や情報の共有を図ることが必要である。

競争と協力，そして，共創によるイノベーションのためには，組織内の様々な調整メカニズム（coordination mechanisms）が使われる。それらは，組織のフォーマルなシステムとしてのヒエラルキーを，インフォーマルな文化を活用し，組織のコミュニケーションの円滑化を図る役割も大きく，社員の帰属意識やモチベーションを高めるためにも重要である。また，硬直化しやすい社内の人間関係を組み換えることで，社内コミュニケーションを活性化させ，個人が持つ情報・知識を経営資源として活用しようとするものであり，問題解決能力，交渉力，協調性，リーダーシップなど，個人のスキルを高め，イノベーションを喚起する意味もある。

調整メカニズムには，経常的に設置されるものから，特別な目的のために期間を限定し組織されるものまである。例えば，インフォーマルなまとめ役としての統括官（integrator），つなぎ役としての仲介者やリエゾン（liaison），調整役（coordinator）や推進委員などの役割がある。また，フォーマルに招集されるものとしては，緊急課題に取り組むタスク・フォース（task force），各種委員会や分化会（ad hoc committee），さまざまな部署からメンバーが選抜されるプロジェクト・チーム（project team）などがある。

与えられる予算・裁量権・指揮権・責任を含め，その目的と役割は，フォーマルなものからインフォーマルな性格のものまで多岐にわたり，マネジメントはその調整目的，タスクの複雑さと重要性，時間的な緊急性などからこれらを機動的に使う。

［中野　勉］

■図表 3-6-1　マネジメントが使うフォーマル及びインフォーマルな調整メカニズム

管理・調整の様式	システムの名称	調整プロセスの フォーマル／ インフォーマルな程度
部署各々での共有された活動 (discretc shared activities)	機能別や事業部制などの組織構造 (organization structures)	よりフォーマルなプロセス (more formalized processes)
ヒエラルキーを通じた集権的なトップからの指揮命令 (centralized command control)	階層のヒエラルキー (formal hierarchy)	↓
事前に明確に決められた行動 (prescribed behavior)	マニュアル (manual)	
メンバーの責任の細分化・明確化 (defined discrete responsibilities)	ディシジョン・グリッド (decision grid)	↓
2つの指揮命令系統によるコンフリクトの組織内への持ち込み (internalized conflict between two command lines)	マトリックス (matrix structure)	↓
メンバーへの提案及び説得 (recommendation/persuasion)	インティグレイターやチーム・リーダー (integrator, liaison, and team leader)	
チームのメンバー間のコンセンサス作り (team consensus)	タスク・フォースと臨時の委員会 (task force and ad-hoc committee)	
メンバー間の情報の共有化と調整 (information sharing and coordination)	分科会や小委員会 (council and permanent committee)	よりインフォーマルなプロセス (more informal processes)
二者間の情報のやり取りと調整 (information exchange and coordination)	個人的なネットワーク (informal networks)	

(注)　調整プロセスとしては，上から下に行くに従いフォーマルなシステムから，よりインフォーマルなシステムとなる。
(出所)　Galbraith and Kazanjian (1978), p.72 を参考に作成。

第4章

文化，管理と制度化のダイナミクス

4.1 サブカルチャーと対抗性

初期の企業文化論が強調していたのは，会社が一丸となるような強い文化の効用と，そしてそれを創出・維持・変革していくことの大切さである。しかしながら，いかに際立った文化的特性で知られる企業であっても，一枚岩的な文化によって全てが同じ色に染め上げられているわけではない。また，マネジメント側にはそうした文化を随意に操作する力が備わっているとするのも，いささか安直な見方と言わざるを得まい。組織文化論が成熟度を増すにつれ，当初の議論には統合偏重，管理偏重という問題があったのではないかという反省がなされるようになった（図表 4-1-1）。

複雑で大規模な社会システムが下位システムの重層によって成り立っているのと同様，一般に文化もまた多様なサブカルチャー（subculture）を内包している。ここで全体システムの根幹となっているような文化を主要文化と言い，部分システム毎に独自な文化をサブカルチャー（下位文化）と呼ぶ。サブカルチャーはときに主要文化と対抗的な関係になる場合があるが，そうした状況を強調する際には支配文化–対抗文化という概念系が用いられる。若者サブカルチャー研究の代表格としては，例えばパンク・ロックが勃興した際の文化状況を検証したヘブディジ（Dick Hebdige）の作品や，クラバーたちによって生きられる世界を抉ったソーントン（Sarah Thornton）の著作を挙げることができるが（Hebdige, 1979；Thornton, 1995），そのいずれにおいても当該文化のはらむ対抗性のありようが探究されている（図表 4-1-2）。

企業組織の場合も，全体社会における各種のサブカルチャー，例えば職業文化や階層文化やジェンダー文化の影響をさまざまに被る。また会社の内側には，それぞれに色合いの異なる部門文化が存在している。製造系の部門と販売系の部門の文化の違いはよく問題となるところだろう。企業内に展開するこうしたサブカルチャーは往々にして対抗性をあらわにするが，それが無益なコンフリクトに終始するとはかぎらない（**Column** 4-1-1）。部門間の切磋琢磨によって会社全体の統合が増進したり，また思わぬ革新的なアイディアが生まれたりすることもある。社内のサブカルチャーに秘められた対抗的な力に関しては細心の配慮を払っておく必要があろう。　［山田真茂留］

■図表 4-1-1　組織文化への 3 つの視角

	統合視角 Integration	分化視角 Differentiation	分裂視角 Fragmentation
合意への指向	組織体全域での合意	下位文化内での合意	見方の多元性 (合意ナシ)
文化的表象間の関係	一貫している	一貫していない	複雑 (一貫か非一貫か不明)

(注)　マーティンは組織文化へのアプローチの仕方に関し，3 つの視角を挙げているが，このうち分化視角は組織における各種サブカルチャーの存在に注目するものである。
(出所)　Martin (1992), p.13.

■図表 4-1-2　若者文化の布置

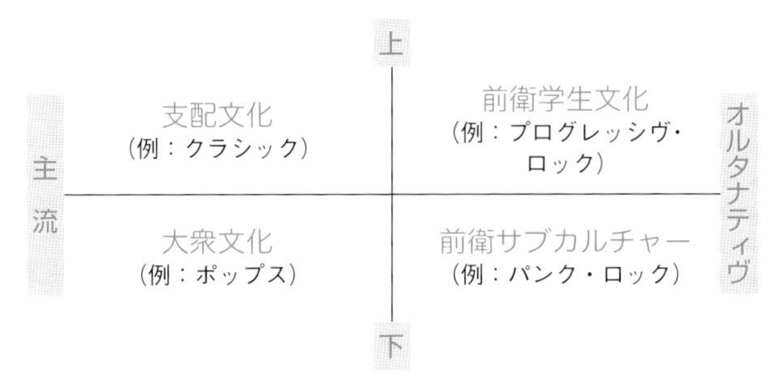

(注)　ソーントンのオリジナルの議論と図に若干の改編を加えたもの。例は 1970 年代の文化状況。それぞれの文化の間にはさまざまな対抗関係が看取される。
(出所)　Thornton (1995), p.97.

Column 4-1-1　部門間対立の問題

企業組織の内部には，製造対販売などといった部門間対立がよく見受けられるが，それは単なる機能的な問題ではなく，より深い文化的な問題となっている。部門が異なると，動き方，話し方，考え方までが違ってきたりするのである。また似たような部門同士でも対立関係は生じ得る。航空機メーカーに勤務する従業員に対してブラウン（Rupert Brown）が行った聞き取りに耳を傾けてみよう。「生産と開発という 2 つの派閥がおそらく協力できそうなたった 1 つのことだけを考えるべきだ……，みんな同じ船に乗っていて，みんなが苦しむことになるのだということを奴らがわかっていれば，の話だが。なぜかというと，現状は“俺たち”と“奴ら”なのだから」（Brown, 1988, 訳書 p.231）。なお，部門間の対抗性がいつも逆機能的とはかぎらない。組織内のサブカルチャーのうごめきには利点と難点がともに伏在している。

4.2 企業文化と組織文化

ディール（T. E. Deal）とケネディ（A. A. Kennedy）による『シンボリック・マネジャー』とピーターズ（T. J. Peters）とウォーターマン（R. H. Waterman, Jr.）による『エクセレント・カンパニー』が相次いで発刊されたのは1982年のことであった（Deal and Kennedy, 1982；Peters and Waterman, 1982）。ちょうどこの時代，日本企業の国際的競争力は大変高く，世界の経営者はこれに注目していた。合理的な組織構造を持つ会社であれば世界中どこにでもあるのに日本の会社が突出しているのはどうしてなのだろう。それは，日本的な企業が各々独自の文化を育んでいるからなのではないか。いや，独特の価値や規範が際立っているというのは，日本だけでなくどの国でも好業績で知られる超優秀な企業の多くに共通して見られる特徴なのかもしれない（図表4-2-1）。

こうしてにわかに企業文化（corporate culture）論ブームが時代を席巻することになる。そしてこれを学問的に彫琢したのが組織文化（organizational culture）論だ。組織文化論が取り上げる文化的な諸事象は，行動様式，遊び，儀礼，表象，信念，価値，規範などきわめて多岐にわたる。組織文化論の代表的な論者シャイン（Edgar H. Schein）によれば，組織文化は「人工物」「価値」「基本的前提」の3つの層から成るが，このうち最も目につきやすいのが表面的な人工物だ。しかしその下には価値が，さらにその奥には基本的前提が控えている（Schein, 1985；図表4-2-2）。オープンなオフィスレイアウトは人工物の水準に，横一線で頑張ろうという社是は価値の水準に，上司への進言をするのに何らストレスを感じない雰囲気は基本的前提の水準に，それぞれ対応していよう。

シャインが説くように，組織文化には大きく外的適応（組織目標の達成）と内的統合（成員間の連帯の醸成）という2つの機能が認められる。つまりは良質の組織文化によって業績が上がりやすくなり，また従業員間に凝集性がもたらされるというわけである。ただし，組織文化はときに硬直し，環境の変化についていけないなどといった問題を引き起こす場合がある。組織文化を探究するにあたっては，機能的な側面だけでなく逆機能的な側面にも留意しておかなければならない（図表4-2-3，4-2-4）。 ［山田真茂留］

■図表 4-2-1　人事関係での文化的な診断の例

■あなたの会社の文化に「属している」人たちのユニークな特徴を短く書き出すことができますか？　それが無理な場合，どうしてですか？
■採用基準は明確ですか？ それはどんな場合にも一貫して適用されていますか？
■管理職はあなたの会社の文化に入ってくる新人の採用にどれだけの時間を投入していますか？
■あなたは人々をどのくらいの頻度で異動させていますか？　そういった異動は容易だと感じていますか？
■会社の異なる部門を密接につなぐなど，文化的な目標の達成に向けてキャリアの動きの調整を図っていますか？

（出所） Deal and Kennedy (1999), pp.265–266.（抜粋）

■図表 4-2-2　文化の水準

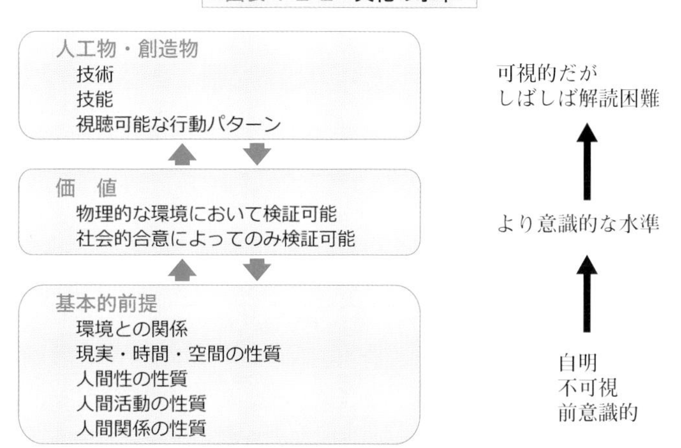

（注） 後年の版では表記法が違っているが，基本的な枠組みに変わりはない。
（出所） Schein (1985), p.14.（訳書 p.19）

■図表 4-2-3　組織文化の見方

＊組織文化は：

●歴史や伝統と関連している
●ある種の深さを持ち，把握と説明が難しく，解釈されるべきもの
●集合的で，集団成員によって共有される
●基本的に観念的な性質を有し，意味・理解・信念・知識や他の無定形なものと関係している
●厳密に合理的・分析的ではなく，総体的で共同主観的で情動的なもの

（出所） Alvesson (2002), p.6.

■図表 4-2-4　組織文化にアプローチする際の留意点

■組織文化が効力を発揮するのは状況による
■組織文化は意図せざる結果を生むことがある
■組織文化は慣性を持ち，ときに組織の活動を阻害する
■過度に柔軟な文化は組織や個人の拠り所にはなりえない
■管理者主導の文化的統制がいつも期待とおりの効果をあげるとはかぎらない
■組織文化はその中身やあり方いかんによっては倫理的に問題のあるものとなる

（出所） 佐藤・山田 (2004), pp.76–77.（抜粋）

4.3 組織慣性と官僚制の逆機能

組織慣性（organizational inertia）とは，組織がいったん作られると，そのメンバーが現状維持に甘んじ，新たな変革をしたがらない状況を指す。例えば，人事移動は，社員に新たなチャレンジの場を与え，経験を積ませることで，経営資源として成長させるマネジメントによる取り組みであるが，同時に，顧客とのなれ合い，企業内の人間関係の硬直化や不正を避ける意味もある。ところが，個々の社員からすれば，人間関係が良好で，苦労して覚えた仕事がうまくいっていれば，安定した顧客との関係を後任に譲ることに抵抗感を持つ場合もあり得る。組織には，このように変革を求めたがらない保守性が制度化されやすい傾向がある。

組織慣性が生まれる背景には，組織の内的な要因と外部の環境によるものがある。前者については，上記の例のように，組織内で既得権を持つメンバーが権利を手放したがらない。また，様々な作業のプロセスが，日々のルーティンとして組織内に制度化されると，その規範やルールの安定化から，変更することは簡単ではない。外的な要因としては，いったん事業として，予算と権限が与えられ，プロジェクトに人員を張り付ければ，そのビジネスが成功しなければ，責任者は様々なステークホルダーから責任を問われかねない状況に陥るため，マネジメントは事業の継続を重視するあまり，大きな失敗を抱え込むことがある。トップ・マネジメントは，経営組織には，常にこのようなルーティンの制度化による保守性と権力への葛藤があることを肝に命じ職務に取り組まなければならない。

パーキンソン（Cyril Northcote Parkinson）は官僚組織が作られると，その肥大化は避けられず，官僚は実際に必要ではない仕事を作り出し，無駄が多い官僚組織の維持自体のために努める傾向が強く，組織自体が非合理的なものに変質すると，問題点を指摘した。そして，このような状況で，政治家が情報収集や整理のために官僚に依存すれば，民主主義は機能しなくなると主張した（Parkinson, 1955，パーキンソン，1996）。

［中野　勉］

Column 4-3-1 官僚制の逆機能

マックス・ウェーバー（Max Weber；Weber, 1968）やアンリ・ファヨール（Henri Fayol；Fayol, 1919）に代表される「官僚制」（bureaucracy）の理論は，職場の就業規則（rules）や作業の標準化（standard operating procedure；SOPs）により，労働者を直接的に管理することで，作業効率が上がり，組織に規律が生まれるというものである。その際，明快な基準よる人の評価，仕事量に応じた公平な賃金や昇進，労働者の就業時間と仕事の規律，作業の標準化によるタスクの管理などを行えば，効率のよいマネジメントが可能となると考えた。

ウェーバーが，官僚制の効率性のメリットを理論化したのに対し，マートン（Robert King Merton）は，「官僚制の逆機能」として，規則万能主義，責任回避と自己保身，秘密主義，保守性，画一的傾向，権威主義，縦割りのセクショナリズムなど，組織の制度化の弊害を指摘した（マートン，1961）。ルーティンにより，組織が肥大化すると，組織内のコミュニケーションがうまくいかなくなり，保守性が問題となる。組織の作業の効率性を求めて，いったん規範やルールが作られると，官僚はルールを順守することで，コンプライアンスにより組織を守ること自体が重要となる。そのため，外部のステークホルダーに対する説明責任を軽視し，内部の政治的な派閥争いなどが起こり，ルールとその解釈自体が独り歩きを始めるのである。

Column 4-3-2 コンティンジェンシー理論と組織慣性

コンティンジェンシー理論は，外部の環境に適応するために，組織の様々なプロセスを細分化し，求められる市場環境のスピード，知識や技術レベル，組織構造，人員や投資額などについて検討を重ねた上で，その環境に適応できるデザインとして再統合するべきであると主張した（Lawrence and Lorsch, 1967）。したがって，外部環境により，状況に適した組織のデザインは異なるのもとなるのであり，マネジメントには，唯一の完璧な答えは存在しないと考える（it depends）。しかしながら，現実には，組織慣性の概念が示唆するように，組織の環境変化への対応としての柔軟性は極めて低く，その適応能力は限られたものである。

また，組織エコロジーまたは組織生態学（population ecology）の理論（Hannan and Freeman, 1977）は，組織慣性により，組織の柔軟性は極めて低く，環境変化に多くの組織は適応できないため，外部環境自体が，適合する組織のタイプを，母集団レベルで選別すると考えた。そして，こうして選ばれた組織が生き残り，進化をすると考えた（Carroll, 1984；Hannan and Freeman, 1989）。これらの理論は，多くの組織が新規に創業する中で，環境変化に対する硬直性から，市場の淘汰が起こり，適合する企業のみが生き残る（selection and retention）と考える。このような学術的な立場から，1970年代以降企業の外部環境と生存率との関係について，組織の属性に焦点を当て，計量的な実証研究が盛んに行われた。

4.4 規範と逸脱

社会諸科学の多くにおいて，価値や規範は社会の存在を根本から支えるものと考えられている。価値とは望ましさについての観念のことだ。そして，その価値の共有をベースとして築かれるインフォーマルならびにフォーマルな行為のルールが規範である。価値や規範は，その強度や共有度にばらつきが見られるものの，一般に文化なるものの根幹を形作る。そしてその文化は社会と相即不離のものとなっている。

このような関係性がそれなりの信憑性を伴って成立していれば，社会秩序はひとまず安定的だろう。しかし，社会の基盤たる文化が衰耗していたり，文化的な目標を達するに足る制度的な手段が欠如していたりなど，文化と社会の間に齟齬があり，そのため諸主体の利害が適切に調整されず，欲望ばかりが肥大化するといった問題が起こることもある（図表 4-4-1）。これがアノミー（anomie）と呼ばれる状態だ（Merton, 1957）。

暴走族のことを思い浮かべてみよう。勤勉に勉強して働くという近代的な価値規範に反している点で，暴走族の行動はアノミーないし規範からの逸脱の典型と言うことができる。暴走族は主要文化から遠く隔たったところにあって，社会への対抗性を露わにしているのである。ただしここにおいて，暴走族の手になるサブカルチャー（下位文化）が成員たち自身に対して課す拘束力はきわめて強い。その意味で彼らは規範から自由であるどころか，強力な規範的磁場の中にいる（佐藤，1984；図表 4-4-2）。

逸脱が常に破壊的ないし非生産的とはかぎらない（*Column* 4-4-1［71 頁］）。支配的な文化とは全く異なるサブカルチャーの中から，あるいは組織内・集団内で外れの方に位置する人たちの中から予期せぬ斬新な発想が出てくる場合も少なくない。組織研究における印象管理論の中には，逸脱ギリギリの振る舞いによって世間の注目を集める戦術の効用について探究するものがある。また社会心理学におけるマイノリティ・インフルエンスの研究は，マジョリティならぬマイノリティが社会を動かす可能性に焦点を当てていて刺激的だ（Moscovici et al., 1969；BOX4-4-1）。一匹狼ないしはぐれ者の集団には，組織や社会を活性化させる潜在的な力が秘められている。［山田真茂留］

■図表 4-4-1　個人的適応様式の類型

〔適応様式〕	〔文化的目標〕	〔制度的手段〕
Ⅰ　同　調	＋	＋
Ⅱ　革　新	＋	－
Ⅲ　儀礼主義	－	＋
Ⅳ　逃避主義	－	－
Ⅴ　反　抗	±	±

（注）＋は承認, －は拒否, ±は既存の目標・手段を拒否したうえでの新しい目標・手段の提唱。同調以外にも各種の適応パターンがあることに注意しておこう。同調以外は逸脱だが, 逸脱にもそれなりの意味がある。

（出所）Merton（1957）,（訳書 p.129）.

■図表 4-4-2　暴走族に見る様式化された非日常性

日常	vs	非日常
秩序	vs	無秩序
従順な	vs	反抗的な
制御された	vs	制御されぬ
社会的な	vs	反社会的な
安全	vs	危険
愛他的な	vs	快楽的な
計画された	vs	自発的な
仕事	vs	遊び
大人	vs	青年
スポーツチーム	vs	ギャング

（注）佐藤によれば, 暴走族は非日常性を強く志向しながらも, けっして秩序や制御を峻拒しているわけではなく, その意味で上の対比は部分的に再考を要するという。「暴走族活動とそのシンボリズムは, ……一種の体系性をもつ様式によって秩序づけられ, コントロールされているのである」(p.268)

（出所）佐藤（1984）, p.266.

BOX4-4-1　マイノリティ・インフルエンス

「客観的に見て青色の刺激が用いられるが, 実験集団では 6 人のうち 2 人の被験者（実験者の共謀者）がこれを “緑” と回答する。このマイノリティの行動が一貫している場合, 実験集団における “緑” の回答数は統制集団に比して著しく多いものとなった。この回答の変化は, 単なる言葉上の合意のことではなく, 色彩弁別検査に表れているように, 彼らの知覚様式の変化にまで関わっている。」

（注）ここで大事なのはマイノリティの行動の一貫性である。彼らの行動が一貫していないと, マジョリティへの影響は小さなものに留まる。

（出所）Moscovici et al.（1969）, p.365.

4.5 集団の過剰とグループシンク

人は集団に属し，他者と協働することで，社会的自我を伸ばし，連帯意識を味わい，存在論的安心を得，一人では叶うことのないさまざまな成果を挙げることができる。集団の効力は絶大だ。しかし集団的なまとまりが過剰になると，諸個人の自律性は圧殺され，集団が持っていた良さが一瞬にして失われてしまう。イジメにせよ過労死にせよ，大抵の場合その背景には歪んだ集団の姿が見え隠れしている。

ある集団が他の集団との間で競争的な関係に入っていくと，集団間の差異性ならびに集団内の同質性ばかりが際立つようになる。また，そうした傾向がさらに先鋭化することで，それぞれの集団の独自な特性を示すプロトタイプ性は，各集団内の平均的なところではなく，むしろ相手集団から遠い方の端に寄ったものとなっていく。そして，このようなダイナミクスのもと，人々は集団経験を積むことを通じて，自分たちの態度をより極端なものへと転じがちになる。これが集団極性化（group polarization）と呼ばれる現象だ（Turner, 1987：7章）。

他集団の脅威が差し迫るなか，極度の緊張感に襲われながら内集団の結束が過度に強調され，反対意見が瞬時に封殺されるほどに全会一致の幻想が支配的になり，その結果，当の集団が誤った決定に至ってしまうような思考様式のことを，ジャニス（Irving Janis）は「グループシンク（groupthink: 集団思考）」と名づけた（Janis, 1971；図表4-5-1）。ベトナム戦争をはじめとするさまざまな危機的場面で，大統領とそのブレーンたちは集団思考に陥っていたという。そこでは脅しまがいの言動が飛び交ったりもした。グループシンクにおいて強く効いているのは，濃密な人格的関係が醸し出す心的プレッシャーだ。しかし，これとは別に非人格的なルールが強調されることで，集団規範への過剰同調がもたらされる場合もある。官僚制的に過ぎるメカニズムのもと，成員たちが極端に機械的な振る舞いをしてしまうというのはその典型だろう。通常なら社会生活を支える基盤となるはずの人格的な関係と非人格的なルールが病理的な集団性を導くことのないよう，十分な注意を払っておかなければなるまい（図表4-5-2，**Column** 4-5-1（73頁））。［山田真茂留］

Column 4-4-1 大洗町の「緊急避難命令」

東日本大震災の日，茨城県大洗町では防災行政無線から「緊急避難命令」という言葉が何度も発せられた。住民の中にはこれに驚いて高台への避難をいち早く決した人も少なくなかったという。当時の小谷隆亮町長は次のように語る。「これまでもしばしば地震のたびに津波注意報・警報が出され，早く避難しなさいと呼びかけてきたが，結局『なんにもなかった』で終わっていることがほとんどだった。だから『今回も大丈夫だろう』と思われては避難が遅れるという思いが強かった」(井上，2011, p.39)。

法律的・行政的には「避難指示」が最上級の表現であるなか，あえて「避難命令」という言葉を用いたのは，もちろん逸脱的な行動で，これは非常に勇気のある決断だったはずだ。規範への同調が大事なケースはもちろん多いが，他方そこからの逸脱が奏功するときもある。状況に応じたその見極めこそが肝心だろう。

■図表 4-5-1 グループシンクの発生

グループシンク（集団思考）

“合意への要求が他の行為選択肢の現実的評価を不可能にするほど支配的になった際に人々が陥る思考の様式”

・過度に緊密な協働
・同一の価値の共有
・危機的状況におけるストレス

集団凝集性の高さ

〔グループシンクの徴候〕
①傷つきにくさ
（過度の楽観性）
②合理化
（都合のよい解釈）
③道徳
（集団の有する道徳の無批判の受容）
④ステレオタイプ
（事象に対する定型的な見方）
⑤圧力
（反対意見を持つ者に対する圧力）
⑥自己検閲
（反対意見を持つ者による自己抑制）
⑦満場一致
（不安を除去するための合意の幻想）
⑧監視
（不都合な情報の流入の阻止）

（出所） Janis（1971）.（議論を要約して提示）

■図表 4-5-2 堅固な集合的信念が抗事実的に持続・発展する過程

① 強い信念 ⇒ 行動
② 信念と行動へのコミットメント
③ 〃 の実証可能性
④ 〃 の反証
⑤ 〃 の社会的支持

（出所） Festinger et al.（1956），（訳書 p.23, 279）.（議論を要約して提示）

いつの世にも世界の破滅を予言するカルトが現れるが，その予言が外れてもなお，団体の活動は継続し，そればかりかさらにメンバーが増える場合も少なくない。それは，それまで当の集団に注いできたエネルギーがあまりに膨大なため，信じてきたところと矛盾するような事実をなかなか受け入れることができないからである。そこで成員たちは，以前よりも一層熱心に布教を行うことを通じて，自分たちの正しさを確証しようと試みる。「もし，その信念体系の正しいことが次第に多くの人々に納得されるとすれば，結局のところ，明らかにそれは正しいに違いないのである」(訳書 p.36)。

4.6 制度化と予期せぬ展開

組織の制度化プロセスの研究には，長い歴史がある。初期の制度論（institutionalism）の古典として，フィリップ・セルズニック（Philip Selznick）による，「世界大恐慌」（Great Depression）からの復興計画として，フーバー・ダム建設プロジェクトの研究（Selznick, 1949）や，ロベルト・ミヘレス（Robert Michels）による政党組織（political parties）の保守化・肥大化プロセスを描いた古典（Michels, 1962）がある。これらは，制度はひとり歩きし，思いもよらない方向に「予期せぬ展開」（unintended consequences；Merton, 1936）を招くことがあり，組織化過程の危うさとともに，その方向を変えることがいかに難しいものであるかを実証した。

セルズニックは，1930年代に始まったアメリカ政府の経済復興プロジェクトである，ダムの建設のために設立された「テネシー・バレー復興公社」（Tennessee Valley Authority）を詳細に記述した。需要の創出のため，ダム開発により経済復興を実現しようという当初の公社の設立目的により，理想主義に燃える多くのリベラルな若者が全米から採用されながら，プロジェクトは，地元の林業の利権や政治的な圧力から，当初の目標から逸脱し，地元の利益を優先するように変化して行った。

また，ミヘレスは，政党とは，民主主義を求めて結成されても，少数のリーダーにその運営を任せることで，常に少数が多数を支配する寡頭政治となるものであり，リベラルな思想を持つ人々が集まりながら，組織が巨大化するに従い，非民主的な巨大官僚組織が制度化されると主張した。最もリベラルな組織でさえ，制度化により理念が歪められるのであるなら，一般的な組織の理想からの逸脱は避けられないものであると説明した。

1970年代には，新制度学派（new institutionalism）が登場する。その主張は，組織は，市場からの３つの圧力（forces）によって，制度化されるというものである（DiMaggio and Powell, 1983）。組織は市場経済の中で活動することで同型化され（isomorphism），ライバルの戦略を模倣し（mimetic），法的な強制（coercive）を受ける結果，多くの組織が効率性や合理性を求め，ベスト・プラクティスに向かい，特定の方向に収斂する（conversion）。　　　　［中野　勉］

Column 4-5-1 グループシンクの回避

1985年，市場環境の変化にともない，インテルはメモリの会社からCPUの会社への一大転換を遂げた。それが可能だったのは，経営陣がグループシンクに陥らず，抵抗勢力からの反発を恐れずに，組織アイデンティティの変革を決断し，それを社内の隅々まで伝える努力を惜しまなかったからである。「メモリ市場からの撤退というインテルの決定は，グループシンクの回避の実例である。この会社は明らかに，社会的アイデンティティの維持に関わるグループシンクの主要な諸要素が顕在化した状態にあった。この会社はポジティヴな社会的アイデンティティないしイメージに対する集合的脅威に直面していたのである。……しかし他の多くの集団とは異なり，インテルはグループシンクに屈しはしなかった。役割代替ならびにアイデンティティ変容のプロセスでもって，この会社は自らの課業の方向転換を図り，経済的な活力を取り戻したのである」（Turner et al., 2003, p.136）。

Column 4-6-1 組織中枢の切離しと制度の破壊

新制度学派によれば，市場からの効率化への圧力の中で，現実の組織の中枢部分には，実は効率的なシステムのない活動実態が多く，マネジメントは組織と外部環境との間に遮蔽物としてクッション（buffer）を置き，効率性を求める外部環境から，組織を切り離すこと（de-coupling）により，非効率な中枢部分を守ろうとする。実際に効率よく経営されているかどうかではなく，組織を外部から見た際に，合理的で，効率が良いと評価されることが重要であり，市場における正統性（legitimacy）を得ることが戦略となる。こうして組織は，合理的なものであるという神話化されている作り話のもとに（rationalized myth），同じような組織のデザインが，社会的に制度化され，広がることになる（Meyer and Rowan, 1977；Meyer, 1994；Scott, 1995）。

これら組織の正統性と制度化については，例えば，組織構造としての複数事業部制の制度的な広がり（Fligstein, 1985），金融バックグラウンドの経営トップの台頭によるM&Aの流行（Fligstein, 1990），認証システムとしてのISOの普及（Helms et al., 2012），社会運動の制度化からの広がり（Rao and Kenney, 2008）などがある。

新型コロナの感染流行は，日本の組織において，資本主義の根幹としてきた，仕事の効率性や規模の経済などが，「新たな日常」においては得られない可能性を持っており，デジタル化の中で，諸制度の破壊により，組織の大変革を迫っている。

Column 4-6-2 制度論の組織論への貢献

初期の制度論が，官僚制などにより組織が特定の方向に制度化され一人歩きし始めると，その方向を変えたりすることが極めて難しく，コントロール不能となる可能性があることをフィールドワークから示したのに対し，新制度学派の大きな貢献は，その理由を3つの制度化の圧力として理論化したことである。また，実際のマネジメントやオペレーションの効率性より，外部からみた場合に，組織が効率的であるという正当性を持っていることが重要であることを指摘したことである。

4.7 表象と儀礼

クルマにはメーカーのエンブレムが輝いている。それは，そのクルマに乗っている人の気持ちを高揚させるだろうし，当のメーカーに勤めている人たちの誇りにもなる。さらにそれは，見てすぐにわかるということで，走る広告塔という意味合いをもはらむ。クルマのエンブレムはけっして個々の車両やその所有者を指し示す象徴ではない。それは個人的ではなく集合的なアイデンティティの表象そのものだ。

入学式や入社式といったイベントは，日常的な勉学や業務とは若干違った雰囲気を醸し出す。そこで強調されるのは，当の集合体に一緒に所属することになったという，その同一性（集合的アイデンティティ）にほかならない。それは近代的な通過儀礼の典型と言うことができよう。

表象（representation）と儀礼（ritual）が人間社会を根幹から支える普遍的な基盤であることをいち早く強調したのは，フランス社会学の創始者デュルケム（Émile Durkheim）であった。彼はその原初的な形態を，オーストラリアの部族社会に見る（Durkheim, 1912）。民族学的資料をひもとき，原住民社会におけるトーテミズムのありようについて丹念に検討したデュルケムは，聖と俗との観念的な区分ならびにそれにまつわる集合的な表象と儀礼の重要性に眼を向けた（BOX4-7-1）。デュルケム的な見方からすれば，前近代であれ近代であれ，宗教なるものは強烈に社会的であり，また社会なるものは宗教性を色濃くまとうということになる。

社名やブランド名を表すロゴやそれを中心としたCI（Corporate Identity）の実践の効果に思いを馳せれば，現代においてもトーテム的なものが大きな力を発揮しているというのは明白だろう。また企業組織では，ルール破り物語，大物物語，出世物語，馘首物語，転勤物語，ミスに対する上司の対応物語，障害克服物語など多様な物語が語られる（Martin et al., 1983）。さらに通過儀礼，高揚儀礼，降職儀礼，闘争削減儀礼，再生儀礼，統合儀礼といった各種儀礼も随所に確認できよう（Trice, 1985）。諸々の表象や儀礼には，集合体としての組織を維持したり，更新したり，活性化させたりする大きな力が秘められている（図表4-7-1，*Column* 4-7-1）。

[山田真茂留]

BOX4-7-1　トーテムの意味

「それは氏族の旗である。それは，各氏族が互いに区別するための徴であり，その人格性の可視的な印である。そして，この印は，人・畜類または事物の何かの資格で，氏族の一部をなすすべてのものを含んでいる。したがって，それが同時に神と社会の象徴であるとすれば，神と社会とは一つでないであろうか。……氏族の神・トーテム原理は，したがって，氏族そのもの以外ではありえない。」

（出所）Durkheim（1912），（訳書上巻 pp.372-373）．

■図表 4-7-1　カンノンからキヤノンへ

Canon

精機光学研究所が 1934 年に世に出したカメラの試作機が「KWANON（カンノン）」であった。そこから発展した会社がキヤノンである。Canon のロゴは数次にわたる変更を経ているが，上に掲げたものは 1956 年以来のものである。

（出所）　キヤノンのホームページを参照。（global.canon/ja/corporate/logo/）（2020 年 12 月 23 日アクセス）

Column 4-7-1 ● 社員からの贈りもの

デルタ航空の社員たちは，経営側が不況の際もなお彼らの雇用を継続したことに感謝し，自分たちでお金を集め，会社に対してボーイング 767 を一機，寄贈している。このプレゼントは「The Spirit of Delta 号」と名づけられ，1982 年 12 月 15 日に贈呈式典が盛大に催された。デルタ航空はその後，経営破綻や大型合併を経て，社風をだいぶ変えてはいるものの，この物語は会社の博物館（The Delta Flight Museum）のホームページに誇らしく掲げられている。

（出所）　https://www.deltamuseum.org/exhibits/exhibits/aircraft/b-767-the-spirit-of-delta

4.8 コミュニケーション——意味づけと組織化

近世以降，工業化，都市化，情報化により，社会のシステムが加速度的に複雑化していく中で，社会は様々な問題を抱えながらも，根本的に崩壊していない。これについての社会学からの説明は，人々の日常のインタラクションを通じ，コミュニケーションが組織化（organizing）され，社会の秩序が維持されていると言うものである。このように，マイクロ・レベルでのインタラクションのプロセスが，いかに人々を結び付け，集団や組織の文化を生み出すのかを考えることは，経営組織の戦略マネジメントを考える際に多くの示唆を与える。

コミュニケーションと認知に関して，社会科学には，大きく2つの対立する理論と実証分析の流れがある。第1に，オーギュスト・コント（Comte, 1896）の「実証主義」（positivism）は，19世紀に，科学としての社会法則の探求を提唱し，社会学理論と実証研究の間をつなぎ，今日の計量分析の基礎を作った。第2に，これに対峙する形で，エドムント・フッサール（Edmund G. A. Husserl；Husserl, 1970（1936））やアルフレッド・シュッツ（Alfred Schütz；Schütz, 1967）に始まり，現象学（phenomenology）の流れから発展したのが，定性分析である。それは，あらゆる現象を，個人の主観的な認知と解釈，そして，集合的な意味づけ（sense-making）のプロセスから捉える（*Column* 4-8-2）。実社会において，客観的な事実とは，実は，人々の意識（consciousness）のフィルターを通じて主観的に認知され，現象学における間主観性（inter-subjectivity）により，文化的な日々の「生活世界」（lifeworld）において共有され，「現実」として再構成されているに過ぎず，そのプロセスを研究するのが社会科学であるという主張である（social construction of reality；Berger and Luckmann, 1966）。

Column 4-8-3が説明するように，対面からオンラインへのデジタル・トランスフォーメーション（DX）によるソーシャル・メディアの時代においても，これらの知見は，企業内のコミュニケーション，CSRやIRなどに関するステークホルダーとのコーポレート・コミュニケーション，消費者との価値の共創などに関して，多くの示唆に富む古典理論である。　［中野　勉］

Column 4-8-1 意味づけと組織

象徴的な行為の解釈について，認知のフレーム（framing）は，価値観に深く関わるものである（Goffman, 1967；Goffman, 1974）。コミュニケーションは，現象の対象として，個人が主観的に認知し，言葉や概念で表現したものが，集合的に解釈され，意味づけられ，集団で共有されることで成立する。このように集団における規範（social norms），儀礼（rites and rituals），儀式（ceremonies），掟（codes），不文律（unwritten rules）など，複雑な文化が組織化される。組織化は，行為の解釈や，集合的な意味づけにより行われるのである（Weick, 1979；Weick, 1995）。

Column 4-8-2 定性分析の流れ

ミード（George Herbert Mead；Mead, 1964）やハーバート・ブルーマー（Herbert George Blumer；Blumer, 1986）の「シンボリック相互作用論」（symbolic interactionism）は，個人のインタラクションにおける，人々の行為の意味の象徴的な解釈を重視した。そして，アービング・ゴフマン（Erving Goffman）による「ドラマツルギ」（Dramaturgy）の理論は，パブリックなスペースでの会話において，個人は，戦略的なプレゼンテーションとして，社会的に決められた筋書きのある「演劇」を演じているに過ぎないと考えた（Goffman, 1959）。さらに，20世紀後半に台頭した参与観察による分析では，「分厚い記述」により，定性的に文化を描き出そうとするシカゴ学派や，ハロルド・ガーフィンケル（Harold Garfinkel；Garfinkel, 1967）らによる「エスノメソドロジー」（ethnomethodology）は，行為の状況的，表象的な意味を深く研究し，会話や言語のパターンを探り，コミュニケーションの構造から社会現象を考察するディスコース・アナリシス（discourse analysis）や，会話分析（content analysis）へつながった。

Column 4-8-3 ソーシャル・メディアとコミュニケーション

SNS の時代に商品やサービスを提供する企業にとって，ブランドを構築し，忠誠心の高い固定客を獲得するためには，テレビ広告，店舗の店頭での接客，紙媒体での広告に加え，消費者とのコミュニケーションとして，ホームページやインフルエンサーを使ってのイメージ戦略が重要となった。消費の現場では，口コミの波及効果を狙い，オンラインと店舗運営を O2O（online to offline）または OMO（online merges with offline）として連携させる必要があり，今後 ICT や AI の技術を活用しながら，どのように行為の「意味づけ」をして行くのかが，多くの企業にとって，DX への経営戦略の課題である。

4.9 新制度学派の展開

組織分析において非常に大きな影響力を持つものとして新制度学派（new institutionalism）というものがある。新制度派組織論にはさまざまなヴァリエーションが認められるが，あえてひと言で言えば，諸々の集合体がうごめく組織フィールドにおいて働いている制度的環境の力を重視し，それによって各々の組織が同型化していくプロセスの分析に主たる関心を置く組織研究の一潮流ということになろう。功利主義的な説明を越え，文化的・制度的な領域へと分け入ってく姿勢に関しては旧制度派も新制度派も同じだが，旧制度派が共有価値に基づく規範的秩序を重視するのに対して，新制度派は共有認知に基づく事実的秩序に注目する。また主として組織体水準の掘り下げが得意な旧制度派に対して，フィールド水準の探究に邁進するのが新制度派という違いもある（図表 4-9-1）。

組織論における新制度学派の始まりとされるのは，1977 年の秋に相次いで発表されたズッカー（L. G. Zucker）の論文ならびにマイヤー（J. W. Meyer）とロウワン（B. Rowan）の論文の 2 つである（Zucker, 1977；Meyer and Rowan, 1977）。ズッカーの研究の根幹をなす実験は，光点の移動距離の判断に関し，前の人（実験者と共謀しているサクラ）が答える過度に高めの数値に後の人がどれだけ引きずられてしまうかを測定したもので，その結果，制度化の水準が高いほど同調性は高まるということが判明した（図表 4-9-2）。またマイヤーとロウワンの研究は，組織の合理性のはらむ神話的・儀礼的な側面を強調するものであり，そこでは，実際に組織が合理的な実践をしているかどうかよりも，組織は合理的だとする制度的な信念に従って活動している（ように見える）かどうかの方がよほど大事だという議論が繰り広げられている（図表 4-9-3）。

この 2 つの論文は，ミクロ・マクロという焦点の違いこそあるものの，いずれも行為主体（個人主体・集合体主体）が制度化されたルールに対して無意識的・儀式的に随順する姿を浮き彫りにしている。ちなみに，自明視された制度というのは，現象学的社会学の主要な探究課題の一つだ。実際，新制度派組織論にはこの潮流との親縁性を明示するものが少なくない。この関連でさらなる理論的な発展が期待されるところである。 ［山田真茂留］

■図表 4-9-1　組織論における旧制度派と新制度派

	旧制度派	新制度派
慣性の源	既得権	正当性原理
構造の強調点	非公式構造	公式構造の象徴的役割
組織の埋め込み先	地域コミュニティ	フィールド，セクター，社会
制度化の場所	組織	フィールド，社会
組織のダイナミクス	変革	持続
功利主義批判の証拠	意図せざる結果	非自省的活動
認知の主要形態	価値，規範，態度	分類，ルーティーン，台本，図式
秩序の認知的基盤	コミットメント	習慣，実践的行為

（注）旧制度派と新制度派の対照表を一部簡略化して提示。
（出所）DiMaggio and Powell（1991），p.13.

■図表 4-9-2　制度的影響

	個人的影響条件	組織条件	オフィス条件
第 1 世代	6.53	9.44	10.51
第 2 世代	5.31	8.77	10.00
第 3 世代	4.58	8.25	9.79

自動運動効果現象を用いた同調性に関する実験。被験者は光点の移動距離の判断を行う。普通だったら平均 4.16 インチという答えが出るような状況において，実験者の共謀者が 12 インチ程度の答えを出し続けた際，後続の人たちがそれにどれほど引きずられてしまうかを見る。ズッカーのこの実験では個人的影響・組織・オフィスという 3 つの条件が設定されているが，実験の結果，より制度化された状況にあるほど，当初の高い数値への同調の度合いは高く，また世代を経てもその影響が低減しにくいということが判明した。
（出所）Zucker（1977），p.736.

■図表 4-9-3　制度的な正当化の効力

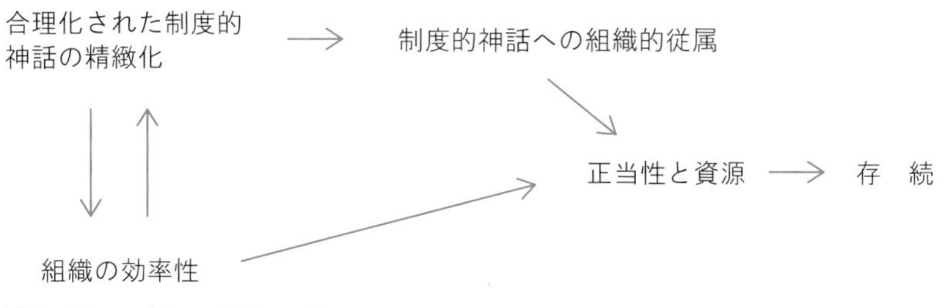

（出所）Meyer and Rowan（1977），p.353.

4.10 制度ロジック

各々の組織は，より広い制度的な領域の中に埋め込まれている（図表 4-10-1）。国家，政治，市場，家族などは全て制度だ。そして，それぞれの制度には固有のロジックが働いている（Friedland and Alford, 1991）。民主的な国家・政治では国民を代表する意思決定の仕方が問題となり，開放的な市場では制約のない効率的な交換が賞揚され，近代的な家族では成員間の情緒的な配慮が大切にされる。これら複数の制度ロジックの間には，ときに共振し，またときに反発し合う多様な関係性を認めることができよう。

新制度派組織論の主要なアイディアの中に，技術的環境（technical environments）と制度的環境（institutional environments）というものがある（Scott and Meyer, 1991）。技術的環境とは，市場における交換を中心とし，有効性や効率性が重視される環境のことを指す。これに対し制度的環境とは，社会的な支持や正当性を調達するため，各種のルールや要件への随順が重要となるような環境のことだ（図表 4-10-2）。ただしここで制度的環境というときの制度とは狭義のそれであり，それに対置されている技術も市場もより広い意味での制度のうちに入るということには注意が必要だろう。また，業界ごとに技術的環境と制度的環境それぞれの強弱に違いは見られるものの，いかなる組織にも技術的な効率性と制度的な適切さの双方への配慮が求められているというのは間違いない。

制度的なプレッシャーの強さのため，同一フィールドの中にある諸々の組織はしばしば同型化する。ディマジオ（P. J. DiMaggio）とパウエル（W. W. Powell）は制度的同型性のタイプとして，上位制度が定めた規制に従うことによる強制的同型性（coercive isomorphism），他社の実践を真似することによる模倣的同型性（mimetic isomorphism），専門職や似たような人員が多くの組織に散らばることによる規範的同型性（normative isomorphism）の 3 種類を挙げた（DiMaggio and Powell, 1983）。ただし，諸々の組織を各種制度領域に対して黙従するだけの存在と見るのは性急に過ぎよう。組織にも，またそれを構成する諸個人にも，それなりに自律的な振る舞いをする余地が残されている。制度はけっして変えられないものではない（***Column*** 4-10-1，図表 4-10-3）。 ［山田真茂留］

■図表 4-10-1　新制度派組織論の基本的な枠組

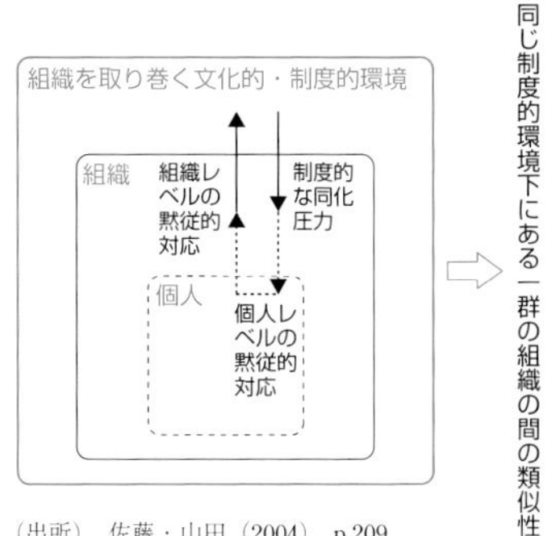

（出所）佐藤・山田（2004），p.209.

■図表 4-10-2　技術的環境と制度的環境

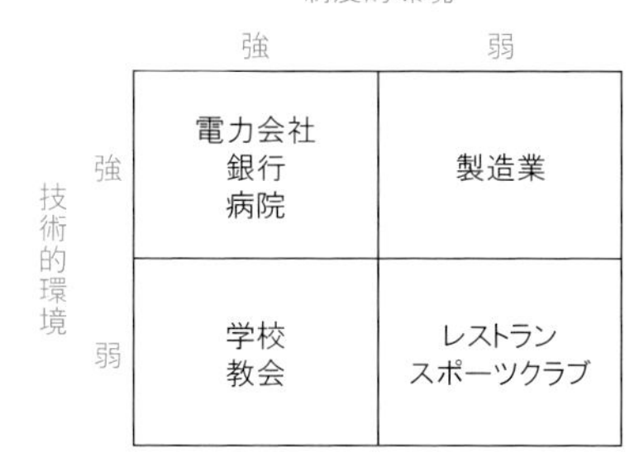

（出所）Scott and Meyer（1991），p.124. 元の図式を若干簡素化して提示。なおオリジナルはスコットによる枠組。

Column 4-10-1　制度ロジックの二面性

神道式の結婚式とそれに伴う披露宴は，高度に制度化された様式を誇っている。それに携わる神道界ならびにブライダル業界の各組織は，関連法規を遵守するのはもちろんのこと，それぞれの組織フィールド固有のやり方に従う。しかし庶民において神前結婚式という伝統は，けっして古いものではない。それは明治 30 年代に始まり，そして戦後爆発的に広まったものだ。この制度はさほど古くない過去に意図的に創られ，そして育てられてきたものにほかならない。それは制度的企業の試みの典型と言うことができよう。

フリードランド（R. Friedland）とアルフォード（R. R. Alford）は制度ロジックの二面性について次のように述べる。「ルールやシンボルはときに内面化され，そしてほぼ全ての関与者の従属を帰結するが，しかしときには諸々の個人・集団・組織によって操られる資源にもなる」（Friedland and Alford, 1991, p.254）。制度は諸主体にとっていつも足かせであるとはかぎらない。それは場合によってはイノベーションへの足がかりにもなるのである。

■図表 4-10-3　システム的統制と自律的構成

	合理的選択論	価値統合モデル・組織文化論	新制度派組織論
統制・黙従	効率性至上主義	文化中毒	制度的盲従
構成・自律	利害に基づく交渉	価値への関与	因習や規則の構成・再構成

（注）代表的な社会理論 3 つを対比した表。「統制・黙従」はシステム的な力に従う様相を，また「構成・自律」は自発性・主体性を発揮する様相をそれぞれ示している。制度による影響を強調する新制度派組織論の場合も，個人主体や集合体主体の自律的な構成力を否定するものではけっしてない。

（出所）山田（2017），p.132.

4.11 組織アイデンティティ論

アイデンティティ（identity）とは当該の主体が何ものかであること，すなわち同一性のことである。自分は自分だという本質的な認識がアイデンティティの奥底には横たわっているが，「自分は～です」と自己紹介するときのように，何らかの対象によって自己を定義するというのも一般的なやり方だ。同一化の対象となる事柄は，組織への所属であったり，そこでの地位役割であったり，個人的な特徴であったりする。A 社の社員で，B 課の課長を務めており，野球観戦が趣味ですといった自己規定の仕方がそれだが，この主体を個人ではなく組織に置き換えれば，わが社は X という業界に属し，Y という主力商品で知られていて，家族的な社風が特徴ですといった表現になるだろう。アイデンティティのありようは，個人の場合も組織の場合も，存在の根幹に大きく関わってくる（BOX4-11-1，4-11-2）。

組織アイデンティティ（organizational identity）の研究潮流としては，まずは社会心理学における社会的アイデンティティ論系統のものがある。これは自集団と他集団の差異化を集団の存立根拠とする視角で，そこから組織研究への応用が盛んになされてきた（図表 4-11-1，4-11-2）。また，これとは独立にアルバート（S. Albert）とホウェットン（D. A. Whetten）が経営学独自のものとして創始した組織アイデンティティ論もある。彼らは組織アイデンティティの規準として，中心的性格（central character），特異性（distinctiveness），時間的持続性（temporal continuity）の 3 つを掲げた（Albert and Whetten, 1985）。

ただし，長続きする独自の中核的な組織アイデンティティを素朴に賞揚するのも問題だ。新制度派組織論が説くように，各組織は通常，関連業界のロジックに従い，目立たず，横並びになることを通じてある種の正当性を調達する。またいずれの組織も，核となる業態やその存続ばかりに執着していると，変転する環境に対して不適応をきたしかねない。組織をめぐる環境は，昨今，外的にも内的にもますます多様で，かつ流動的なものになってきた。そうしたことを十分に考慮したうえで，ではどのようにしたら魅力的な組織アイデンティティを創出・維持・更新することができるのか。これが今，それぞれの組織に鋭く問われている。

[山田真茂留]

BOX4-11-1　自我アイデンティティと自己イメージ

「子ども時代を通して身につけられる同一化群の中から有意義なものを選択的に強調し，自己像（複数）self-images を次第に一個の同一性 an identity に向かって統合してゆく課題を達成するものは，自我以外のどんな内的な働きでもない。」

（出所）Erikson（1959），p.147.（訳書 pp.195-196）

BOX4-11-2　組織アイデンティティの働き

- 共有価値の形成・維持・変革
- 成員の自己評価の向上
- 安全性･連帯性･全体性に関わる感覚の形成
- 合意・信頼・協力の強化
- 他の組織との競争意識の増進
- 組織の魅力の増大
- 動機づけ･参加意欲･忠誠心の増進
- 成員の互換性感覚の形成
- 全体的利害にのっとった行動の賞揚

（出所）佐藤・山田（2004），pp.108-109.

■図表 4-11-1　組織的文脈におけるアイデンティティ

自己の抽象化の水準	内　容	サム	サムのチームの人々			サムの組織の他の人々			他の組織の人々		
人間的	人間存在としての自己	○	○	○		○	○	○	○	○	○
社会的	組織成員としての自己	○	○	○		○	○	○	○	○	○
社会的	チームの一員としての自己	○	○	○		○	○	○	○	○	○
個人的	個人としての自己	○	○	○		○	○	○	○	○	○

□＝自己　□＝比較対象の他者（非自己）

（出所）Haslam（2001），p.47.

■図表 4-11-2　組織アイデンティティの全体像

組織アイデンティティ
〈総体としてのわれわれ〉

集合的
自己カテゴリゼーション
＝“われわれ”
という純粋意識

→
←

組織文化
＝“われわれ”の中身
・成員要求
・成員結合
・共有目標
・共有価値　など

存在の独自性
（抽象的）
〈主語としてのわれわれ〉

表現の独自性
（具体的）
〈述語としてのわれわれ〉

（出所）山田（2017），p.153.

第5章

組織行動
——ミクロから集団への組織論

《I　モチベーション》

5.1 モチベーションとは

組織で働く個人の業績もしくは職務成果は，AOM フレームワークを用いると，P（performance: 業績）←A（ability: 能力）×M（motivation: モチベーション）×O（opportunity: 機会）となる。このモデルから，モチベーションは，それのみで個人業績が決定するわけではないが，業績を左右する重要な要因であることが分かる。A と O がともに高い状態すなわち「適材適所」が実現している場合，モチベーションが高ければ高いほど，組織が人材を最大限に活用して業績を高めているといえる。では，そもそもモチベーションとは何か，どのように理解すればよいのだろうか。

モチベーションとは，覚醒（arousal），注意（attention），方向性（direction），強度（intensity），持続（persistence）という次元を持った心理プロセスであると定義できる。まず，覚醒という次元が含まれていることから分かるとおり，モチベーションは生理的な反応を伴う。「アドレナリンが出てきた」というような表現があるが，血流がよくなって心臓の鼓動が速くなるとか，中からエネルギーが湧き出てくるような状態である。これは，本能的もしくは感情的プロセスとも考えられる。

次に，モチベーションは注意や方向性を伴った認知プロセスでもある。人間は，目標を設定してその実現に向かって行動する生き物である。そういう意味で，明確な目標があると，その目標に注意が集中し，その目標の実現という方向に向かった態度や行動が誘発されるわけである。さらに，モチベーションには強度や持続性の違いがある。モチベーションが低いというのは，強度が不足している状態である。また，持続性がないと，やる気のあるときとない時のムラができてしまったり，最初は頑張っていても途中で勢いをなくしてしまったりするということになりかねない。

このようにモチベーションを多次元的に理解すると，モチベーションを単に「やる気」として漠然と理解するよりも，モチベーションに関わる問題が生じたとき，どの次元に問題があり，どうすれば解決できるのかを考える際に役立つ。

[関口倫紀]

Column 5-1-1 モチベーション問題の診断と改善方法

モチベーションは個人の業績もしくは職務成果（performance）の原動力となるため，組織メンバーにモチベーションの問題があると考えられるときは，以下のようなステップで適切に問題を診断し，対応策を練ることが求められる。

① それは本当にモチベーションの問題なのか

組織メンバーが業績不振に陥っている際，以下の式に照らし合わせ，それが本当にモチベーションの問題なのか，あるいは他の要因（能力不足や機会の欠如）にあるのかを適切に診断する。

職務成果・業績の基本公式	
P ← A×M×O	P：職務成果・業績（performance） A：能力（ability） M：モチベーション（motivation） O：機会（opportunity）

② モチベーションのどの次元に問題を抱えているのか

モチベーションは多次元的な心的プロセスであるため，業績不振の原因がモチベーションの問題に起因すると診断された場合は，下の図を参照に，どの次元に問題があるか特定する。

③ 問題次元に即した理論の特定と対応策

問題となっているモチベーション次元に深く関連する理論を特定する。

モチベーション次元	問題の内容	対応する理論の特定
覚醒	なんらかの生理的な要因が絡んでいる可能性など	精神衛生，生理学，感情に関する諸理論など
注意・方向性	適切な目標が定まっていない可能性など	欲求理論，期待理論，目標設定理論など
強度・持続	仕事に集中できない環境になっている可能性など	強化理論，内発的モチベーション，性格に関する理論など

④ 対応策の計画・実施とその効果測定・改善策の検討

特定された理論を用いて，対応策を検討する。具体的な対応策を練る時は，個人の内在的な特性，個人をとりまく環境，あるいはその両方を変える方法を考える。

個人の興味関心と担当職務とにミスマッチが生じているため注意・強度・持続に問題がある（やる気にムラがある）

配置転換・職務転換により興味関心と職務とのマッチングを図ったうえで適切な目標を与え，その効果を半期後などに測定する

具体的な対応策の例

5.2 欲求理論

モチベーション理論の中でもとりわけ歴史が古いのが欲求理論（need theories）である。人間を含む多くの生き物は，内部で欲求を作り出し，それを満たすために行動するという特性を持っている。このような基本原則に基づいて組織で働く個人のモチベーションを理解するための様々な欲求理論が提案されてきた。欲求理論の多くは，人間には，生命維持に必要なものを求めるという，動物に近い欲求から，他の動物にはないより人間らしい欲求があり，それらが階層的になっているという考え方に基づいている。

マズロー（Abraham Harold Maslow）の欲求階層理論（hierarchy of needs theory）では，人間の欲求を低次なものから順番に，生理的（physiological）欲求，安全（safety）欲求，社会的（social）欲求，尊厳（esteem）欲求，自己実現（self-actualization）欲求という5段階に分け，低次の欲求が満たされると，そのすぐ上の欲求が顕在化すると説く。例えば，生命維持に必要な食事や睡眠などの欲求が満たされれば，安全な場所，家に住みたいという欲求が生じ，これらが満たされると，他者と交流したい，友達を作りたいという欲求が，それも満たされれば，他者から認められたい，尊敬されたいという欲求が生じる。これらがすべて満たされた後に最終的に発現するのが自己実現欲求で，生きるうえでの意義などが，満たしたい欲求として顕在化される。これらの欲求が満たされるような機会が与えられればモチベーションが向上する。

ハーズバーグ（Frederick Herzberg）の二要因理論（two-factor theory）では，欲求が満たされる度合いを示す満足と不満足を連続した1次元であるとはとらえず，ないと不満足であるが，豊富に提供されるからといって満足度を向上させるものではないもの（職場の物理的環境など，どちらかといえば低次元の欲求を満たすもので，衛生要因：（hygiene factors））と，ないからといって不満足というわけではないが，豊富に提供されればされるほど満足度が増すもの（動機付け要因（motivators）：仕事のやりがいなど，どちらかといえば高次元の欲求を満たすもの）とに分類する。より高いモチベーションを期待するのであれば，衛生要因を満たすことのみならず，動機付け要因を増加させることが重要だと考えられる。

［関口倫紀］

Column 5-2-1 欲求理論で紐解く日本的経営

アベグレン（James Christian Abegglen；アベグレン, 2004）は，戦後の高度経済成長を支えた日本企業の経営の特徴を，「終身雇用」「年功序列」「企業内組合」による三種の神器として表現した。なぜ，日本的経営が成功したのかを，そして，それがなぜ近年になって機能不全に陥ったと思われるのかを，マズローの欲求理論を用いて考えてみよう。

① 生理的欲求や安全欲求の充足

終身雇用や年功序列は，従業員に対して長期的な安定雇用と勤続年数とともに漸増する安定した給与水準を半ば保障するものである。これはとりわけ戦後の貧しい時代において，欲求理論でいうところの低次の欲求すなわち生理的欲求や安全欲求が十分に満たされない環境においては，従業員にとって大きな魅力になったに違いない。

② 社会的欲求や尊厳欲求の充足

日本的経営は，企業組織を家族的な共同体として機能させるための基礎となった。社内における従業員同士の仲間意識や運命共同体という意識を高めることで，社会的欲求を充足させる機能を有していたと考えられる。また，共同体内でお互いに切磋琢磨し尊厳しあう風土を作り上げることや，年功的に社内での地位が上昇していくことは，尊厳欲求の充足にもつながったであろう。

③ 日本的経営の現代における問題点と方策

経済的に豊かになった現在，多くの従業員にとって低次の欲求がすでに満たされているならば，上記に挙げたような日本的経営の機能は従業員のモチベーションをさらに高める方向には寄与しないと考えられる。よって，より高次の尊厳欲求や自己実現欲求を満たすような環境を提供することが求められる。

例えば，成長しているという実感が得られる仕事は，従業員の成長欲求（尊厳欲求の一部）を満たすことになるため有効であろう。また，顧客から直接感謝されるような，やりがいのある仕事は，自己実現欲求を満たすことにつながるであろう。これらの仕事や職場環境を企業が作り出すか，仕事の自由度を与えることで従業員自らが工夫を凝らして仕事をやりがいのあるものに設計しなおす（ジョブ・クラフティング）といった方法が有効であると考えられる（Wrzesniewski and Dutton, 2001）。

5.3 強化理論・期待理論

多くの動物と同じく，人間は快楽を求め，不快を避けようとする。この基本的な原理に基づいた理論が，強化理論（reinforcement theory）である。「アメとムチ」という言葉に代表されるように，快楽をもたらす報酬を与えることで望ましい行動を助長し，不快をもたらす罰を与えることで望ましくない行動を抑制できると考えるのが強化理論の骨子で，動物を用いた研究の結果得られた法則性が，人間にも強く当てはまることを示す理論である。強化理論で実践に活用が可能な重要なポイントは，報酬（reward）や罰（punishment）を与えるタイミングで，強化スケジュール（schedules of reinforcement）と呼ぶ。例えば，望ましい行動が発現したら直ちに報酬を与えるといったように，行動とその結果（報酬や罰）が時間的に連続していればもっとも効果がある。忘れたころにご褒美がもらえるというような方法では効果がない。もっと重要なのは，報酬や罰の与え方にランダム性を加味することで，常に報酬や罰を与えるのと同等の，あるいはそれよりも強い効果が期待されるため，報酬や罰の量を節約することができることである。

一方，期待理論は，人間の認知プロセスにより焦点を当てた理論である。簡単に言えば，自分が努力した結果，望ましいものが得られると期待できるときにモチベーションが高まるという考え方である。ブルーム（Victor Harold Vroom）の VIE（Valence-Instrumentality-Expectancy）理論では，ある仕事やタスクに努力を注ぎ込むと，それがどれだけ成果につながるかの主観的確率（expectancy）と，その成果がなんらかの報酬に結びつくかの主観的確率（instrumentality）と，その報酬が自分にとってどれくらい魅力的か（valence）の掛け算として人間の認知プロセスをモデル化し，この掛け算が大きいほど努力をする，すなわちモチベーションが高まると考える。

強化理論も期待理論も，行動したあとの結果あるいはその予測がモチベーションに影響するという点では類似している。しかし，強化理論は人間の内面的な心理を重視せず，あくまで行動と結果の関係に焦点を当てるのに対し，期待理論では，人間がどのように考えるかという内部の認知プロセスに焦点を当てた理論であると言える。

[関口倫紀]

Column 5-3-1 強化理論を活用した従業員行動マネジメント

職場において，従業員の行動になんらかの問題があり，それを望ましい行動に修正し定着させたい場合，ABC モデルと強化理論を組み合わせると解決策が導き出しやすい。ABC とは，Antecedent（先行要因）—Behavior（行動）—Consequence（結果）の略である。従業員の問題行動には，それを誘発するような先行要因（職場環境など）があり，その結果として問題行動が起きる。そして問題行動が本人にとって望ましい結果をもたらすと，その行動が強化されて定着してしまうことを示す。

A（先行要因） → B（行動） → C（結果）

ABC モデルを用いて問題行動が定着するメカニズムが理解できたら，先行要因を取り除くことや，行動後に望ましい結果を与えないようにするなどを通してそのメカニズムを破壊することで問題行動を消去し，望ましい行動を定着させるための新たな仕組みを整えることにつながるだろう。

Column 5-3-2 ギャンブル性を利用したモチベーション向上策

強化理論は，適切に活用すれば低コストで高いモチベーションを生み出すことも可能である。例えば，下図の上段に示されるように，望ましい行動が行われるたびに定期的に報酬を与える（図では 2 回に 1 度）場合に，その行動が強化されることが予想されるが，下図の下段のように，ある程度ランダム性を導入して報酬を与えても同じように行動を強化することが期待できる。しかも，下段の場合は報酬に必要なリソースが少なくてすむため，費用対効果としては優れているといえるかもしれない。

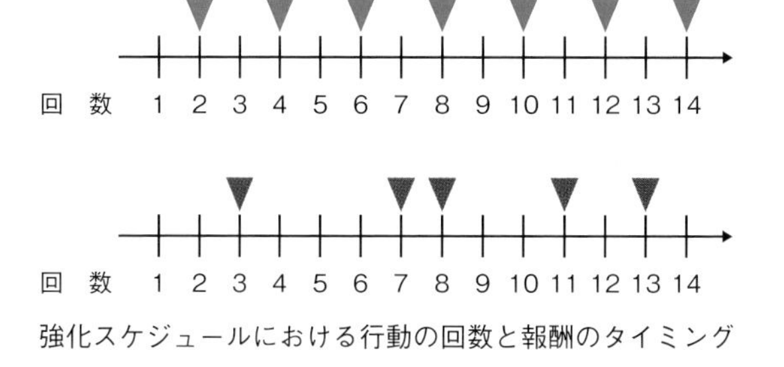

強化スケジュールにおける行動の回数と報酬のタイミング

5.4 内発的モチベーションと外的報酬

人間のモチベーションには，外からの報酬や罰などによって誘発される外発的モチベーション（extrinsic motivation）と，そのような外的報酬などがないのにも関わらず，内側から湧き上がってくる内発的モチベーション（intrinsic motivation）に分けることができる。外発的モチベーションが「欲しいものが貰えるから，あるいは，何かを避けたいから頑張る」という類のものであるのに対し，内発的なモチベーションは「仕事自体が楽しいから頑張る」といった類のもので，言ってみれば内的報酬によって引き起こされたモチベーションであると言える。

実は，外的報酬を与えると内発的モチベーションが下がってしまうという興味深い研究結果を，過去にデシ（Edward L. Deci）らの研究グループが発表した。デシらによる子供を実験対象として行われた研究では，子供をランダムに2つのグループに分けて玩具で遊んでもらい，遊んだあと片方のグループにのみ報酬（お菓子）を与えた。そうすると，報酬を与えた子供たちについては玩具の興味をなくしてしまった（内発的モチベーションが低下した）というのである。認知的評価理論（cognitive evaluation theory）という理論を用いると，外的報酬を与えられた子供たちは，報酬をもらうために玩具で遊んでいると解釈したために玩具への関心をなくしてしまったのに対し，外的報酬をもらわなかった子供たちは，玩具で遊ぶ理由を，それが楽しいからだと解釈したために内発的モチベーションが下がらなかったと理解できる。

この興味深い発見は，大きな論争を巻き起こし，外的報酬を与えても内発的モチベーションが下がらない場合もあることを主張する研究もでてきた。

現在では，認知的評価理論を発展させた自己決定理論（self-determination theory）に基づき，外的報酬であっても，人間が持っている3つの基本的な欲求（自律性（autonomy），有能感（competence），人間関係（relatedness））を満たす場合には内発的モチベーションが下がるわけではないという解釈がなされている。

［関口倫紀］

Column 5-4-1 ● フロー経験のメカニズム

内発的モチベーションと深く関連した概念に，「フロー経験」がある。フロー経験とはチクセントミハイ（Mihaly Csikszentmihalyi）が提唱した概念で，さまざまな職業に携わる人々が活動中に経験する「流れているような感覚」を伴う至高経験や幸福感を指す。下図に示されるように，活動の困難さ（挑戦度）の度合いと，自分の能力を発揮できている度合いによって様々な心理状態が生じるが，両方とも高いとき，すなわち，自分の能力を十二分に発揮しながら挑戦的な活動に取り組んでいる状態のときにフロー経験が生じやすい。

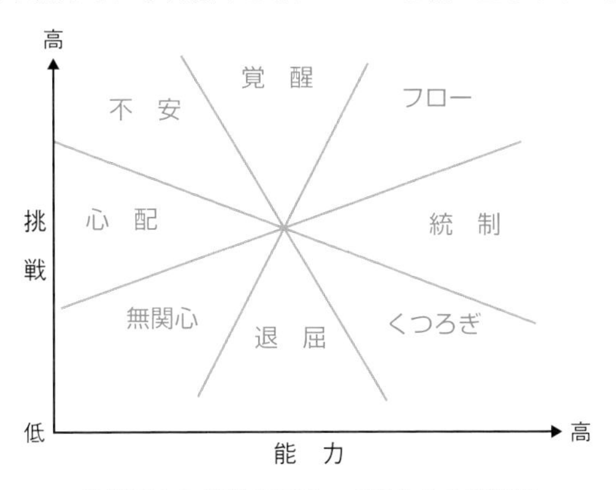

発揮能力と挑戦度の違いで異なる心理経験

（出所） チクセントミハイ・ナカムラ（2003）を参照して作成。

Column 5-4-2 ● 内発的モチベーションの副作用

一見すると，内発的モチベーションは高ければ高いほど望ましいと思うだろう。しかし，内発的モチベーションが高すぎるときは副作用が生じる可能性がある。通常，人々が行う職務は複数のタスクから成り立っているが，シン（J. Shin）とグラント（A. M. Grant）によると（Shin and Grant, 2019），あるタスクに対する内発的モチベーションが非常に高い場合，その対比において，別のタスクを退屈に感じてしまうがゆえに，そのタスクのパフォーマンスが下がってしまうことがありうる。「過ぎたるは猶及ばざるが如し」という格言が示すとおり，他のタスク遂行とのバランスを考えるのであれば，内発的モチベーションは高すぎることなく，適度に高いことが理想的なのかもしれない。

5.5 目標設定理論・自己効力感

人間は，将来の目標を設定し，それを実現するために頑張ることができる生き物であり，ここが他の動物と大きく違う人間らしい特徴だと言える。この考え方を基軸とした目標設定理論（goal-setting theory）は，モチベーション理論の中でも効果が高く実務に応用しやすい理論である。ロック（Edwin A. Locke）とレイザム（Gary P. Latham）によって確立された目標設定理論の基本原則は，(1) 具体的な目標ほど，曖昧な目標に比べると業績（職務成果）が高まる，および (2) 高い目標ほど，低い目標と比べると業績（職務成果）が高まる，というものである（Locke and Latham, 1990）。ただし，この2つの原則が働くための条件があり，それらは (1) 本人がその目標を受け入れ，目標の実現にコミットすること，および (2) 途中で目標の達成度合いに関するフィードバックが得られることである。

つまり，どんなに達成が困難な目標であったとしても，いったん本人がそれを受け入れ，実現のために歯を食いしばって頑張るならば，たとえ最終的に目標が実現しなかったとしても，業績や職務成果はそのような目標を設定しなかったときよりも高いはずであること，そして，途中で自分がどの位置にいるかのフィードバックが得られなければ，目標を実現するためにあとどれくらいの努力が必要なのかなどの見通しを立てることができないため，モチベーションが高まらないということを示しているのである。

目標設定と関連するものに自己効力感（self-efficacy）という概念がある。自己効力感とは，特定の仕事やタスクで成果を出すことができる自信を示しており，過去の成功体験，他者からの観察学習，説得や暗示，感情的な要因などによって高まると考えられる。バンデューラ（Albert Bandura）によると，自己効力感が高い場合，仕事やタスクに対する自信が高いため，自ら高い目標を立てたり，困難な目標を受容したりしやすくなると考えられる。そのように高い目標が立てられれば，目標設定理論が示す通り，実際に高い業績や職務成果が期待できると考えられるのである。それによって業績や職務成果が高まれば，自己効力感がさらに高まるため，自己効力感と目標設定との好循環が生まれるであろう。

［関口倫紀］

Column 5-5-1 SMART目標

目標設定理論の実践に活用する上で覚えやすいのが「SMART目標」(下図)である。目標を与えるとき，以下のSMARTの要素を入れることが，業績を高めるうえで望ましいことを示している。目標設定理論が示すとおり，具体的かつ測定可能で高いが実現可能な目標は従業員の注意，方向性，強度，持続力といったモチベーションの諸次元を高め，業績の向上に寄与する。締め切りの存在は生理的な覚醒度を高め，目的との関連性は本人のモチベーションや行動の方向性が会社の目標や戦略の方向性と一致することを促す。

S：具体的（Specific）

M：測定可能（Measurable）

A：高いが実現可能（Attainable）

R：目的との関連性（Relevant）

T：締切の存在（Timebound）

Column 5-5-2 ロックとレイザムによる高業績サイクル

目標設定理論の発展に大きな貢献を行ったロックとレイザム（Locke and Latham, 1990）は，下図のような高業績サイクルのモデルを提唱している。このモデルによれば，高くて具体的な目標と本人の高い業績期待や自己効力感がモチベーションを高め，その結果として高業績が実現する。その際に適切な報酬を与えることによって満足度を高めれば，本人の組織や仕事へのコミットメントとさらに高い目標設定が見込まれる。これがポジティブなサイクルとして機能すれば，パフォーマンスが向上し続けると考えられる。

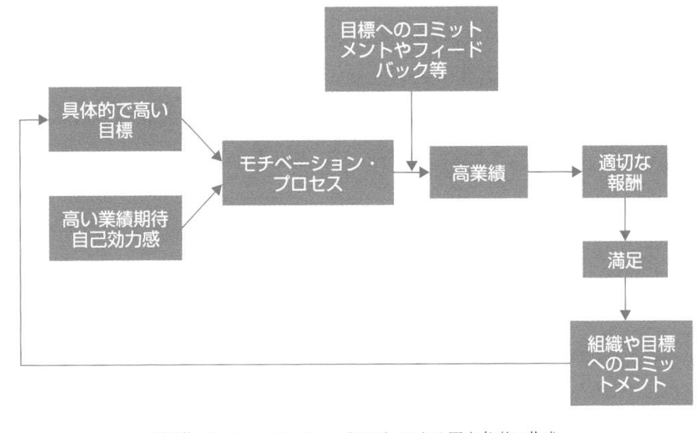

（出所） Locke and Latham（1990）による図を参考に作成。

5.6 フィードバックと評価タイミング

企業は，社員の普段の業務での働きぶりに対する評価や感謝を伝えて，社員の働き方を動機づけたり変えたりする取り組みを行っている。

従業員の成果や活動に関しての評価や感謝を伝えるフィードバックは，現在の業績評価（performance appraisal）で重要視されるようになってきた。人事評価において，評価のフィードバック（feedback）は，「従業員に対して，彼らの業績についての情報を提供」することである（Bauer et al., 2018）。

企業が，多様なフィードバックを進める目的は，帰属意識の向上，社員の定着，社員のやる気の刺激，業務活動の品質改善，顧客満足度の向上など様々である。頻繁なフィードバックは，社員の業績向上に影響する。そして，スティールらは，理論的に，ある活動の評価を適切な早いタイミングで行う方がやる気が高まるという見方を提示した（Steel et al., 2006）。評価フィードバックや報酬付与のタイミングが遅すぎると，社員による評価のディスカウントが行われて，かえってやる気をそぐのである。

だが，フィードバックをただ頻繁に行えばよいものではない。フィードバックの回数を増やしても内容が悪いと，3つの否定的な反応を社員から巻き起こす可能性がある（Stone and Heen, 2014）。まず不正確さを感じると，内容の誤りの疑いや，不公平感を持たれることがある。第二に，不適切な立場の人がフィードバックすると職場関係が悪くなる可能性がある。第三に，自分を批判されたと思うと組織へのアイデンティティを感じなくなるだろう。そのために，質の高いフィードバックを行ったほうがよい（Bauer et al., 2018）。具体的な工夫としては，信頼できる情報に基づくこと，具体的で使いやすいフィードバックであること，適切なやり方で行うこと，よい面だけでなく悪い面も行うこと，従業員を支援する資源がある，そしてフィードバックを受け取ることを促進する環境作りなどがある。

さらには，現代のゲーム世代の社員に合わせて，仕事のゲーム化（gamification）を導入して，動機付けを活性化する見方も出てきている。

〔若林直樹〕

Column 5-6-1 実際の企業におけるフィードバックの例

定期的な人事評価を行った際に，上司が面談等を通じて，個々の社員に対してその評価の結果や内容，会社からの期待についてフィードバックし，評価の公平さや納得性を高める努力をしているところは多い。それだけではなく，社員が何か達成したり貢献したりした場合に，昇進昇給以外の形で，評価や感謝を伝える取り組みが組織活性化として行われている。例えば，東京の IT 企業サイボウズは，人事部感動課を設置し，給与や人事評価面以外でも，従業員の日常の取り組みを見て，ポジティブな取り組みをしたら，その従業員に感謝のメッセージを伝え，モチベーションを高めようとしている（『日経ビジネス』2015 年 6 月 29 日)。このように，企業の中には給与や昇進だけではなく，普段の働きに対して細かく従業員の働きをチェックし，表彰，イベント，SNS，メッセージなどを通じて，評価や感謝をフィードバックして，やる気を高め，組織の活性化を図る動きが見られる。さらには，多面的評価の 360 度評価の一環として上司だけではなく，同僚や部下，他部門の社員，そして取引先からもフィードバックすることも行われることがある。

Column 5-6-2 フィードバック文化

一般には，一定期間（1 年や半年など）の間にあげた業績と働き方について，評価者である上司が，個別面接で，会社の評価の内容や報酬内容と，期待，そして能力開発の必要性などについて話し合い，従業員の納得を高めることが行われる。だが，それ以外にも，会社の方から様々なフィードバックの機会が作られている。表彰，イベント，パーティー，社内報での紹介，ソーシャルメディアでのメッセージなどを与えることで，様々な形で，より日常的に，従業員の働きについての評価や感謝についてのフィードバックが行われている。さらには，社内で，従業員と経営者がフィードバックを気安く与えられる**「フィードバック文化」**（feedback culture）を作るのがよいとされる。

Column 5-6-3 仕事のゲーム化

カーデイダー（M. T. Cardador）らは，仕事のゲーム化により，次の 2 つの動機付けのメカニズムが生まれるとする（Cardador et al., 2017)。一つには，リアルタイムに他の社員も含めて個人の業績達成を見える化することである。もう一つは，仕事の達成状況に応じて，内容をステージ毎に難易度を上げたり，報酬内容も変化させたりする工夫である。

例えば IBM はあるプロジェクトで，そこでの達成業績に応じた多様なバッジで表彰している。

5.7 ワーク・エンゲージメントと組織の動機付けの視点

経営者が持つ，社員のやる気に対する見方が個人から組織へと変わってきた。社員が会社の仕事に対して創造性を出して熱心に取り組みかつ疲弊しない心理状態が重要視されるようになってきた。

従来の社員の動機付けの見方は，社員個々人の持つ内面の心理状態の高揚を捉えていたので，会社の仕事へのやる気ではなく，個人のやる気で終わる可能性がある。そこで，実務家から社員が会社での役割行動遂行や業績向上に対する動機付けの高さの視点であるワーク・エンゲージメント（work engagement）への関心が高まった。米国ギャラップの国際調査を始めコンサルティング企業などの調査で，これが，生産性，販売業績，顧客満足度，創造性の向上につながるとされる（Bakker et al., 2010）。したがって，ワーク・エンゲージメントは，組織から見たやる気の捉え方である。

ワーク・エンゲージメントは，社員が仕事に対して持続的で積極的に関わり情熱的で粘り強く取り組む心理状態である（島津，2014）。バッカー（Arnold B. Bakker）らは，ポジティブな感情を持ち達成感に満ちた仕事に関わる心理状態であり，それは活力，熱意，没頭を特徴としている（Bakker et al., 2010）。こうした心理状態は一時的な高揚感ではなく，仕事に対して，持続的に取り組み，活力に満ち，熱心な貢献を行い，創造性を発揮して，自己回復力の高い心理状態とされる。ユトレヒト大学の測定指標では，これらの三要素を重視している。ただ，社員が仕事にやたらと熱心に関わり，家庭生活や社会生活を顧みないことは，ワーカホリック（workaholic：仕事中毒）やバーンアウト（burnout：燃え尽き症候群）になる（Bakker et al., 2010）。ワーク・エンゲージメントの議論は，仕事には熱心に関わるが，仕事中毒や燃え尽きにつながらない要因を考えている。ワーカホリックの社員は，強迫観念から働き，自分のメンタルヘルスと社会生活を犠牲にし，意外と業績が低い。それに対して，エンゲージメントの高い社員は精神的にも健康で，社会生活も良好である。また，社員が仕事に対するエネルギーが弱くなり，冷笑的な態度を取り，効力感が低いとバーンアウトになる。社員の健康や幸福のためにも，エンゲージメントの概念は注目されている。 ［若林直樹］

Column 5-7-1 ワーク・エンゲージメントの効果とそれを高める要因

社員がワーク・エンゲージメントを持つと，大きく5つの効果がある(Bakker et al., 2010)。第一に，高い従業員は会社から与えられた仕事上の役割に取り組み，個人の業績に大きな影響を与える。第二に，役割外の業務遂行にも熱心に取り組む。第三に，ポジティブな感情を持っているので，状況を幅広く捉えたり，柔軟に考えたりする。第四に，ある人のエンゲージメントの高さは他人のエンゲージメントの高さに影響する。その点，従来の動機付けの見方は，個人にとどまり，組織に広がる側面は重視していない。第五に，エンゲージメントしている従業員は，やりがいのあるキャリアを築きやすい。

ワーク・エンゲージメントを高める要因には，大きく2つある（島津，2014)。第一に，「仕事の資源」と言われる内発的動機付けと外発的動機付けを高めるような個々人の仕事に関わる特徴である。具体的には，上司・同僚の支援，仕事の裁量の広さ，仕事へのフィードバック，コーチング，多様な課題，訓練機会が多いことである。第二に，個人の資源と言われる個人が内面に持つ心理的資源である。具体的には，社員が持つ自己効力感の高さ，組織に認められた自尊心，楽観性の高さである。

Column 5-7-2 ワーク・エンゲージメントの国際比較

国際比較調査によると，日本の社員のワーク・エンゲージメントは，低い傾向にあり問題視されている（島津，2014)。確かに，日本人は，仕事への情熱や感情を表に出さない文化的特性が強い。けれども，メンタルヘルス問題，仕事改革そして日本人社員の国際的な競争での位置を考えると，ワーク・エンゲージメントの活性化が必要とされる。

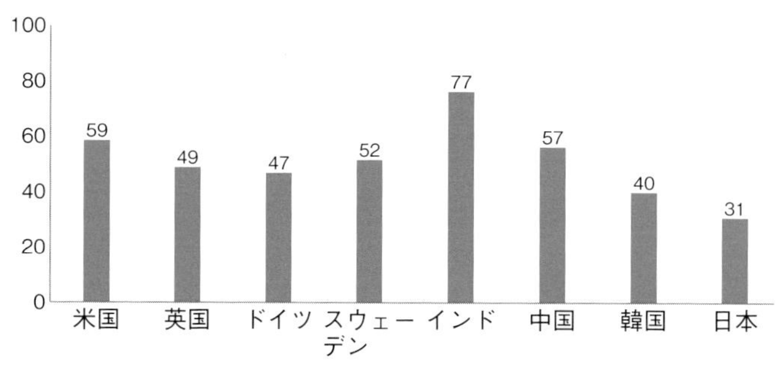

IBM グループでのエンゲージメントの国際比較

（出所） IBM (2012)

《Ⅱ　リーダーシップ》

5.8 リーダーシップとは

リーダーシップ（leadership）は，集団や組織を運営する上で必要不可欠な要素だと言えるが，そもそもリーダーシップとは何だろうか。例えば，リーダーシップとマネジメント（management）はどこが違うのか。唯一の答えはないが，リーダーシップ研究者のコッター（John Kotter；Kotter, 1987）は，「マネジメントとは複雑性に挑むもの。リーダーシップとは変化に挑むもの」といい，ベニス（Warren Bennis；Bennis, 1989）は，「マネージャーは正しい事をやる人。リーダーは物事を正しくやる人」と述べた。一般的には，リーダーシップは，集団や組織の先頭に立ち，人々を束ね，進むべく方向性を指し示すことで陣頭指揮を取るというイメージがあるだろう。しかし，リーダーそのものに焦点を当てるのみでは不十分である。そこで，リーダーシップを「組織やチームの目標の実現に向けたリーダーとフォロワーとの相互的な社会プロセス」であると捉えることにしよう。そうすることにより，リーダーシップとは，単にリーダー個人の問題ではないということが明確になる。

リーダーシップ研究の変遷を概観すれば，上記の定義の適切性が理解できる。初期のリーダーシップ研究は，リーダーの資質（traits）やリーダーの行動（behavior）といったもののみに焦点を当てていたが，そのような研究では，集団や組織の成功につながる確固たる証拠を見いだせなかったからである。その後，リーダーシップの状況適合理論（contingency theories）が生まれ，リーダーを取り巻く状況とリーダーシップスタイルとのマッチングが重要であることが示されるようになった。さらに近年では，フォロワー（follower）がどのようなリーダー像を持っているのかが重要だとするリーダーシップの暗黙理論（implicit theory of leadership）や，フォロワーの特徴や行動がリーダーシップの効果に影響を与えるとするフォロワーシップ理論（followership theory）なども現れるようになった。このように，リーダーとフォロワーの両方の特徴を理解し，さらに大きな文脈も考慮に入れながら，両者間の相互的な社会プロセスに焦点を当てることが，集団や組織の成功につながる要素を理解する上でより役立つと考えられるのである。　　　　［関口倫紀］

Column 5-8-1 リーダーの物理的な立ち位置の文化差

左頁で紹介したリーダーシップの暗黙理論が示す通り，フォロワーの持っているリーダー像がリーダーシップの効果に影響を与えるとするならば，そのリーダー像には文化差があると思われる。つまり，優れたリーダーといったイメージは国や文化によって異なるということである。メノン（Tanya Menon）ら（Menon et al., 2010）は，アメリカ（西洋）とシンガポール（アジア）の被験者たちに対して，下図のようなものを見せ，どの魚がリーダーらしく見えるかを尋ねた。

リーダーは誰か

（出所） Menon et al.（2010），Fig. 2 を参考に作成。

その結果，両国の人々も，集団の先頭にいる魚をリーダーと認識することが多かったが，シンガポールの人々のほうが，集団の後ろにいる魚をリーダーと認識する人の割合が多いことが分かった。このことから，アメリカに代表される欧米での典型的なリーダーのイメージは，権力を有して集団の先頭に立ち，集団が進むべき道を切り開いていくという姿勢ないしは行動であるのに対し，アジアの人々の多くが持っているリーダーのイメージは，後方に立って集団を背後から見守るというものであることがわかる。アジアは欧米に比べると集団主義で，人間関係を重視する文化的背景を持っているため，集団の様子に気を使うリーダー，あるいは家族の父親として集団全体を見守るリーダーというイメージを持っていることが伺われる。

5.9 リーダーシップ資質論と行動論

グループやチームの成果を生み出すリーダーシップとは何かに関する社会科学的な研究において最も古典的なものが，リーダーシップ資質論（trait theories）とリーダーシップ行動論（behavioral theories）である。リーダーシップ資質論は，優れたリーダーとはどのような特徴を持っているのかに関する「資質（traits）」に着目したもので，多くの研究において，例えば，カリスマ性（charisma），情熱（passion），勇気（courage），外向性（extraversion），誠実性（conscientiousness），身体的特徴（physical characteristics），知的能力（intelligence）など様々な属性が指摘されてきた。

一方，リーダーシップ行動論は，優れたリーダーは具体的にどのような行動を行っているのかに着目したもので，アメリカのオハイオ州立大学の研究グループで行われた研究と，ミシガン大学で行われた研究が代表的である。両研究は，優れたリーダーによる行動は大きく分けて2種類あり，1つはタスクそのものに関する行動（構造づくり（initiating structure），生産性志向（production-oriented）行動），もう1つはグループやチームの人間関係に関するもの（メンバーへの配慮（consideration），従業員志向（employee-oriented）行動）だと結論づけた。この両方とも高いのが望ましいリーダーだということになる。日本においても，三隅二不二によるPM理論が生み出され，P型（パフォーマンス重視）とM型（メンテナンス重視）という行動が特定された。

リーダーシップの資質論と行動論は，優れたリーダーとは持って生まれた資質で決まってくるのか（先天的なもの），それとも実際に行う行動で決まってくるのか（後天的に学習可能）という，相反する前提に基づいているため，どちらの立場をとるのかでリーダーシップを高めるための施策が変わってくる。前者の場合，資質によるリーダーの選抜が最も重要となり，後者の場合は，教育訓練によって必要な行動を身に着けてもらうというリーダーの育成が最も重要となる。残念ながら，資質論も行動論も，特定された要素がグループやチームの業績につながるという確固たる証拠は見いだせなかった。その理由は，リーダーの特徴のみに焦点が当てられ，リーダーが活動する状況要因が考慮されなかったからである。［関口倫紀］

Column 5-9-1 アウトサイトの原則

リーダーシップ行動論の考え方では，研究で特定された2つの次元の行動を身に着けることで優れたリーダーになれることが示唆されたが，イバーラ（Herminia Ibarra；Ibarra, 2015）の提唱するアウトサイトの原則は，何よりもまず実際にリーダーとなって行動することが重要で，そうすることで本人がしなければならない行動が明らかになり，その行動を通じてリーダーシップが身につくという考え方である。左図に示されるように，リーダーとして行動すれば，環境が変わり，自分の視野や世界が広がるため，リーダーとしての成長が可能になるのである。

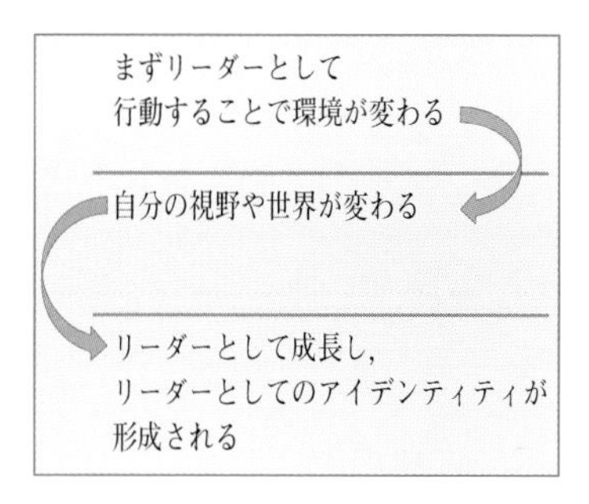

アウトサイトの原則

仕　事

・リーダーとしてこれまでとは異なる仕事をする必要が出てくる

ネットワーク

・社内の人間関係を超えたネットワークづくりを行う必要が出てくる

自分自身

・リーダーとしてこれまでとは異なる自分自身のアイデンティティを再定義する必要が出てくる

アウトサイトの原則の三要素

（出所） Ibarra（2015）を参照して作成。

右図のとおり，アウトサイトの原則は「仕事」「ネットワーク」「自分自身」の3つの要素で構成される。まず，リーダーになると，これまでとは異なる仕事をする必要があることが分かる。例えば，時間の使い方を変える，戦略的に考えビジョンを掲げる，人々を巻き込み導く，担当外の仕事への関与や社外活動への参加を増やすなどの必要がでてくる。次に，リーダーになると，これまでとは異なる人的ネットワークを築くことが必要だと分かる。そのため，より多くの時間を社外で過ごし，社外ネットワークづくりを行う必要が出てくる。さらに，リーダーになれば，これまでとは異なる自分自身のアイデンティティを再定義することが必要だと分かる。ロールモデル（見本）となるリーダーを見つけ，その人の振る舞いを真似るなど，リーダーらしく振舞うための実験を繰り返していくと，だんだんと，自分にあったリーダーとしてのスタイルが形成される。それが内在化されると，リーダーとしての自覚やアイデンティティが形成されるのである。

5.10 リーダーシップの状況適合理論

リーダーが特定の資質や行動特性を有してさえいれば，どのような場面においても優れたリーダーシップを発揮してグループやチームの業績を高めることができるわけではない。このように，状況によってリーダーシップの効果性が変わるはずだという前提でつくられたのが，リーダーシップの状況適合理論（contingency theories）である。これまでに様々なリーダーシップ状況適合理論が提唱されてきたが，多くの理論に共通しているのは，リーダーシップ行動論で特定された2つの行動次元（タスク志向（task-oriented）と人間関係志向（relationship-oriented））をどのように組み合わせれば最も効果が高まるかが，状況によって異なると考える点である。例えば，フィードラー（Fred Fidler）の状況適合理論では，リーダーには得意な行動と不得意な行動があるので，リーダーシップスタイルはタスク志向と人間関係志向のどちらかが優位な場合を想定し，タスク構造，部下との関係，リーダー職位の権限といった要素で把握された場合の困難な状況もしくは易しい状況では，タスク志向型のリーダーがよい業績を生み出し，中程度の困難さの場合には逆に人間関係志向のリーダーがよい業績を生み出すことが示された（Fiedler, 1967）。

また，ハーシー（Paul Hersey）とブランチャード（Kenneth H. Blanchard）の状況適合理論（situational leadership theory：SL理論）では，部下の成熟度に着目し，部下の成熟度が低い場合，タスク志向型を前面に押し出した指示型（telling）リーダーシップが最も効果的で，部下の成熟度がやや上がると，タスク志向型と従業員志向型の両方の行動が高い説得型（selling）リーダーシップが最も効果的だと説く。さらに部下の成熟度が上がると，従業員志向型を前面に押し出した参画型（participating）リーダーシップが最も効果的で，部下の成熟度が最も高い場合には，両方の行動も少ない権限移譲型（delegating）リーダーシップが望ましいと説く（Hersey and Blanchard, 1977）。

リーダーシップの状況適合理論から導き出される重要なポイントは，リーダーと状況とのマッチングである。例えば，状況に最も適合したリーダーシップスタイルをとるリーダーを選抜する，リーダーの持つリーダーシップスタイルに合致するように状況を変化させる，などである。 ［関口倫紀］

Column 5-10-1 リーダーシップのパス・ゴール理論

モチベーションの期待理論を取り入れたパス・ゴール（path-goal）理論は「優れたリーダーは，メンバーが目標を達成するために，目標に到達する道筋を明確に示す人であるという」考えに基づいた状況適合理論である。下図に示されるとおり，この理論ではリーダーシップスタイルを4つに分類する。

パス・ゴール理論におけるリーダーシップスタイル

スタイル	リーダーの行動
指示型	メンバーに期待する役割を明確にし，タスクのスケジュールをきちんと組み，タスクを遂行するための具体的な指示を出す
支援型	友好的で，メンバーのニーズに配慮する
参画型	メンバーと相談し，メンバーの意見を意思決定などに取り入れる
達成指向型	困難でチャレンジングな目標をメンバーに課し，メンバーに最大限の実力の発揮を期待する

（出所） Robbins and Judge (2009), p.431 をもとに作成。

期待理論によれば，努力がパフォーマンスや魅力的な報酬につながる期待が高いほど，努力の度合いが大きくなるが，効果的なリーダーシップは，フォロワーにとって努力からパフォーマンスや報酬に向かうパス上にある障害を取り除くことで，フォロワーの期待を高め，努力を引き出すことできるとする。

パス・ゴール理論の構成

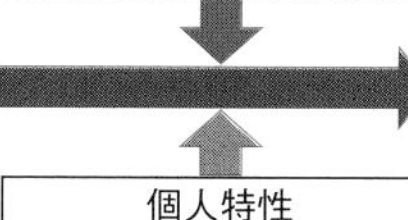

（出所） Robbins and Judge (2009), p.431 をもとに作成。

上図が示すとおり，リーダーシップ行動が結果につながる度合いは，環境要因と個人特性の組み合わせで変わる。例えば，タスク構造が曖昧で高ストレスな状況では，どのように業務を遂行すれば業績につながるかを明確に示すことができる指示型リーダーシップ行動が効果的だと考えられる。一方，タスク構造が明確で，どのように遂行すれば業績が高まるのかも分かりやすい状況では，人間関係や心理的な側面がフォロワーの期待を高める障害になっている可能性の方が高いため，フォロワーへの配慮を中心とする支援的リーダーシップ行動が効果的だと考えられる。フォロワーの能力が高く経験も豊富な場合には，指示型のリーダーシップ行動は不必要な要素を含むので効果が低いと考えられる。

5.11 リーダーと部下との相互作用

リーダーシップの交換理論（Leader Member Exchange：LMX）は，実際の上司部下の交流関係の実態の分析に強い関心を持っている（Kreitner and Kinicki, 2012）。これは，グリーエン（Geoge Bear Graen）らが最初に提唱したリーダーシップモデルであり，ホマンズらの社会的交換理論を基盤に，リーダーと部下との相互作用関係の分析を発展させた（Graen and Uhl-Bien, 1995）。つまりこの理論は，リーダーと部下の垂直的な二者関係に焦点を当て，リーダーが部下達と積極的な相互作用を行い，積極的な関係を構築しているとの見方である。そして，リーダーとその部下の関係については，相互作用の頻度や内容の深さによって2つのタイプに分ける。1つは，内集団交換（in-group exchange）とされ，リーダーと頻繁に相互作用している部下との関係で内輪意識が高いものである。こうした関係にある上司部下の協力関係は，相互に影響しあっており，相互信頼を高め，親密に結びつき，相互に支援をしあい，運命共同体の意識が強い。部下もチームへのアイデンティを高める。

もう1つが，外集団交換（out-group exchange）と言われ，リーダーとの相互作用が少ない部下との関係である。これは外様意識につながる。部下はリーダーとの相互の影響は少なく，相互信頼も低く，疎遠な結びつきで，相互に助け合うこともなく共同体の意識が弱い。もっぱら公式的な制度やルールで統制する関係になる。

リーダーと部下の関係や相互作用の強さは，部下の業績や態度などに大きく影響する。頻繁に相互作用し，内集団交換の関係にある部下たちは，求められた役割も果たし，職務満足度や業績も高くなることが認められる（Chen et al., 2007）。そして，当然ながら，組織コミットメントも高くなる傾向もある。さらには，高い相互作用の関係にある部下たちは，組織の存続や発展のために，役割外の行動を行う「組織市民行動」も積極的に行うようになる（Ilies et al., 2007）。そして，密接な相互作用を行うリーダーと部下たちの間で構築する社会ネットワークの内部では，強い相互の信頼や支援，影響の関係が見られ，組織にとってプラスとなる行動をするグループが生まれる。

[若林直樹]

Column 5-11-1 フォロワーシップ論

実際の職場でのリーダーは，部下との関係を見ると，全ての部下と同じように交流せず，部下によって異なる人間関係を形成し，異なる影響を与えている。だが，伝統的なリーダーシップ理論は，リーダーの影響力についてあくまでもリーダーの性格や資質，行動からのみ分析しただけで，現実の部下との関係の内容は一律同様であるとして，余り重視してこなかった。ただ，上司がある部下と仲が良かったり，疎遠であったりするのは現実であり，それがリーダーからの影響に違いを与え，部下の行動成果に違いをもたらすことも多い。

「フォロワーシップ（followership）」論は，リーダーのフォロワーである部下がリーダーの行動に対して影響することを示した。松山一紀によれば，部下がリーダーとの関係において，フォロワーのとる役割を理解すると，組織の目的達成に対してリーダーの考えを理解しながら「指示命令に効果的に従い」組織に貢献する行為を展開する（松山, 2018）。ただ，フォロワーの影響は，リーダーとの関係のあり方で異なる。

Column 5-11-2 リーダーシップの交換理論の射程と意義

リーダーシップの交換理論は，直接の相互作用のあり方を重視するので，チームでのリーダーシップ形成の過程をうまく説明する。リーダーが，チームを発展させるために，部下の直接関係の構築を行い，リーダーシップを機能させる。さらに，部下とのネットワークの発展を進めるとより大きな範囲で影響力が行使できる。リーダーと部下の関係ネットワーク構造とその効果も検討しつつある。ただ，間接的な相互作用が多い大規模組織のリーダーシップの議論には限界を持っている（小野, 2016）。

この理論の実践的な意義は３つある（Kreitner and Kinicki, 2012, 484）。第一に，リーダーが個々の部下との関係発展に日常的に取り組み，影響を与えることの重要性を指摘した。第二に，リーダーが無意識に，似たような属性を持つ部下と交流しがちとなり，グループを作り同質化を進めてしまうことに気づかせた。つまり学閥のような同質的な派閥形成とそれによる無意識な多様性の抑制の弊害である。第三に，管理職やチームリーダーに対して，自分の部下との関係について，常に反省し，疎遠な部下との関係について配慮することを意識させた。

5.12 変革型リーダーシップ

古典的なリーダーシップ理論は，小集団的な環境下でのリーダーと部下との直接的なやり取りを前提とするものが多かったのに対し，現代的なリーダーシップ理論の特徴は，大きな組織を牽引する偉大なリーダーシップ，ビジョンを描いて多くのフォロワーの気持ちを惹き付けるようなリーダーシップなど，必ずしも部下との直接的なやり取りを前提としないものが増えてきたことである。そのようなリーダーシップ理論の代表例が，変革型リーダーシップ（transformational leadership）である。

変革型リーダーシップの理論は，リーダーがビジョンや目標を強調し伝播することによってフォロワーの意識を変革することに焦点を置いた理論である。一般的に，フォロワーには自分にとって利益があるかどうかという損得勘定が頭にあり，自分が得するのであればリーダーに従うという側面もある。それに対して変革型リーダーは，フォロワーの短期的な自己利益追求志向を，長期的な集団利益優先志向に変革し，さらに通常レベルの期待を超えた高い成果を生み出すよう，フォロワーを刺激し，鼓舞するプロセスを強調する。このような視点から，変革型リーダーシップの要素としては，「ビジョンの特定と構築（identifying and articulating a vision）」「適切なモデルの提示（providing an appropriate model）」「集団目標の受容促進（fostering the acceptance of group goals）」「高い業績期待（high performance expectations）」「個別サポート（providing individualized support）」「知的刺激（intellectual stimulation）」などが特定されている。

変革型リーダーシップは，さまざまな職種において，そして経営トップから中間管理層までの広い範囲において効果的なリーダーシップであると考えられている。近年の研究では，リーダーシップの状況適合理論で見てきたようなリーダーシップはフォロワーとの直接的なやりとりが中心となるため，交流型リーダーシップとして捉えられ，変革型リーダーシップと対比される。しかしこの両者は対立するものではなく相互補完的であり，交流型リーダーシップの上位にさらに変革型リーダーシップが加わることでリーダーシップの効果が大きくなると考えられている。

［関口倫紀］

Column 5-12-1 インスパイア型リーダーは WHY から始める

シネック（Simon Oliver Sinek；Sinek, 2009）は，平凡なリーダーと優れたリーダーとは，コミュニケーションの仕方がまったく逆であるという。例えば，キング牧師やスティーブ・ジョブズなどの優れたリーダーのコミュニケーションの特徴は，「WHY: なぜ，何のために（目的，理念，信念）」から始まり，「HOW: どうやって」そして「WHAT: 何を」という順番で話すことである。平凡なリーダーが，「WHAT: 何をするのか」から始め，HOW，WHY と話を進めてしまいがちであるのと対照的である。人々は「何をするのか」に動かされるのではなく，「なぜ」「何のために」「思い入れ，信念，使命，情熱」などに動かされるという特徴に沿ったコミュニケーションの方法である。

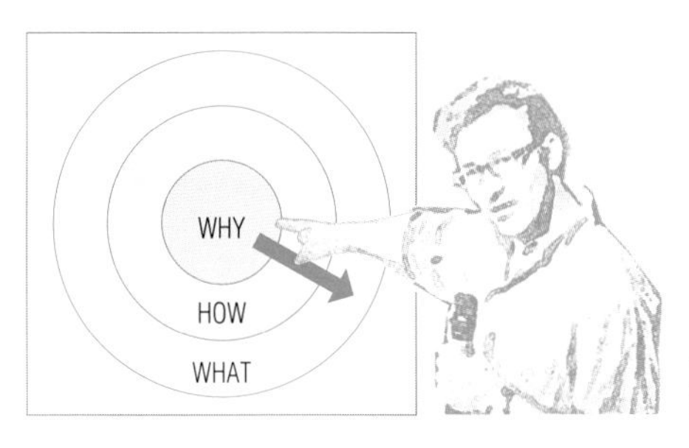

インスパイア型リーダーは
WHY から始める

（出所）シネックが 2014 年に行った TED Talk に基づいて作成。
（https://www.ted.com/talks/simon_sinek_how_great_leaders_inspire_action/transcript?language=ja）

シネックが論じるインスパイア型リーダーは，心に響くビジョンを描くことで多くのフォロワーの気持ちを惹き付けようとする変革型リーダーシップと通じるところがある。

5.13 共有型リーダーシップ

リーダーシップ論において，従来から根強い優秀な特定の個人が主導権を持って決定し上意下達するリーダーというあり方は，ビジネスや社会の変化の中で最善ではないと考えられるようになった。

他方で，近年，リーダーが部下や同僚と組織の目標達成に関する意思決定や責任を共有し，彼らの持つ能力や知識，個性を引き出すように意思決定や活動への参加や支援をはたらきかけるモデルに関心が持たれている。つまりリーダーからの統制だけではなくフォロワーの支援に焦点が当てられるようになった。こうしたフォロワーとの関係を中心としたリーダーシップ論として，参加型，共有型，支援型，フォロワー志向型などの従業員視点のリーダーシップが議論されている。

こうしたリーダーシップの見方は，従来の支持型や支配型のリーダーシップと異なる（図表 5-13-1）。従来のものは，リーダー中心の視点をとり，上下の統制関係を重視し，個人主義的な価値観を基盤としている。ともすれば，リーダーの利己的な行動や考え方を当然と考える。これに対して，フォロワーとの関係を重視する共有型や参加型のリーダーシップは，リーダーの利他的な行動や考え方を重視している。レモン（Grace Lemmon）らによれば，そもそもリーダーは，組織や社員の能力の発揮や成長を推進するような利他的な動機を強く持つ（Lemmon and Wayne, 2015）。こうしたリーダーは，職場やチームでの水平的な調整を積極的に行い，コミュニティづくりを重視する。

こうしたリーダーシップの典型が共有型リーダーシップ（shared leadership）である（*Column* 5-13-1）。これは比較的対等な関係を持ち，チームにおいてリーダーと部下が情報を共有し，責任を共有しながら，意思決定し活動を進めるリーダーと部下達の行動スタイルである。パース（Craig L. Pearce）らは，これを「組織や集団の目標を達成するために互いに指導しあうことを目指す集団の中で，そこに参加する人々がダイナミックに相互に影響し合う」相互作用過程と定義する（Pearce et al., 2002）。元々は自己管理型チームの業績を上げるメカニズムの研究から発展してきた。

さらに，多発する経営者や管理職の不祥事のために，リーダーの行動や態

■図表 5-13-1　共有型リーダーシップの特徴

	共有型，支援型リーダーシップ	従来の指示型リーダーシップ
研究の中心	従業員視点	リーダー視点
リーダー動機	利他的	利己的
重視する関係	横の水平的調整	上下の統制的関係
価値観	コミュニティづくり	個人主義

Column 5-13-1 共有型リーダーシップの背景

共有型リーダーシップが求められる経営環境の特徴としては，現代の先進国の企業活動の転換がある。つまり，標準的な製品やサービスの大量生産供給から顧客志向で個別対応重視が進み，労働集約型から知識集約型への産業変動が見られる。それにより 3 つのタイプの組織の構造転換が進んだ（Kreitner and Kinicki, 2012）。

第一に，プロジェクトチームを基盤とする組織活動が主となり，チームに参加する社員や関係者の能力や貢献を引き出し，チーム全体で業績を上げることが求められている。

第二に事業活動がイノベーション志向となり，リーダーだけではなく，多くの社員の自発的な創造性の発揮と貢献が求められる。

第三に，コンサルティングビジネスや研究開発企業のように高い専門能力を持つ社員や関係者を活用する知識生産型のビジネスが増えてきた。このために，部下や同僚が，専門性，自律性，創造性を発揮することを促すリーダーのあり方が重視される。

度の個人中心性，利己性，独善性への批判が高まってきた。経済広報センター調査でも経営者が自己中心的な態度・発言をすると，消費者や市民は，彼らの企業イメージに悪化させる。したがって，経営者の会社や社会に貢献する利他主義の意識が期待される。また多くの従業員も，自分の利益だけしか考えない経営者には，愛想を尽かすだろう。

こうした利他主義の考え方に立つ支援型リーダーシップのモデルの代表が，サーバント・リーダーシップ（servant leadership）である（Kreitner and Kinicki, 2012）。このモデルは，ロバート・グリーンリーフ（Robert K. Greenleaf）が主張した，リーダーが自己の利益追求よりも社員への支援や他者に対する配慮を優先するモデルである。つまりここには，指示型や支配型ではリーダーが部下に支えられるのと異なり，リーダーが部下達の行動を支援する逆の発想が見られる（図表5-13-2）。サーバント・リーダーシップの特徴としては，従業員，顧客，社会に対し，①彼らの意見を聞き，②共感をし，③癒やしを与え，④己を意識し，⑤説得を行い，⑥概念的に考え，⑦未来の予測をし，⑧奉仕の精神を持ち，⑨人の成長にコミットし，⑩コミュニティづくりを行っていく点が挙げられている（Greenleaf, 1970）。パリス（Denise Linda Parris）らによると，サーバント・リーダーシップは，組織の活動に対して様々によい効果をもたらす（Parris et al., 2013）。社員の組織市民行動（組織への役割外での貢献）の促進，部下の創造性活性化，従業員の幸福感促進等だけではなく，経営品質高度化や経営視点の長期化の効果が見られる。

だが，日本企業の社員は，国際比較調査GLOBEによると，欧米と比較すると，共有型リーダーシップをあまり好まない傾向にある（House et al., 2014）。さらには，組織のリーダーと部下のコミュニケーションについての国際比較を見ると，日本の社員は，上司の話す時間が長いのが53％であり，部下の話す時間が長いとする29％よりも比率が高い。国際的には部下の話す時間が長いの方が多く，米国59％，国際平均45％である。日本は上司中心で，上意下達の傾向が強い（コーチ・エイ『組織とリーダーに関するグローバル価値観調査2015』）。日本では，共有型や参加型のリーダーシップの定着や機能には，上司や部下の訓練や実践の工夫が必要である。　[若林直樹]

Column 5-13-2 サーバント・リーダーシップへの注目

利他的リーダーシップへの関心が高まってきた理由は，倫理的なものだけではない。知識創造，サービス生産，研究開発を行う企業にとって，社員達から自主的で創造的な取り組みを引き出すことができると，競争力の源泉となるからである。

1970年代に経営者の不正を批判したグリーンリーフが提唱したサーバント・リーダーシップの考え方は従業員第一主義を掲げ，その代表である。企業経営者は，私利の追求を抑え，現場の社員に対して自発的に生き生きと働くように奉仕する「サーバント」であるべきとする考え方だ。特に，会社の役割が，顧客に良い製品やサービスを提供するのと同じように，社員に意義のある仕事を提供するべきだと主張する。そして，社員の成長や組織の発展を促す行動をとるべきとする。こうしたリーダーシップ文化は，サウスウェスト航空やスターバックスなどの顧客志向的な企業の経営者に見られる。

■図表 5-13-2　部下を支配・指示するリーダーから支援するリーダーへ

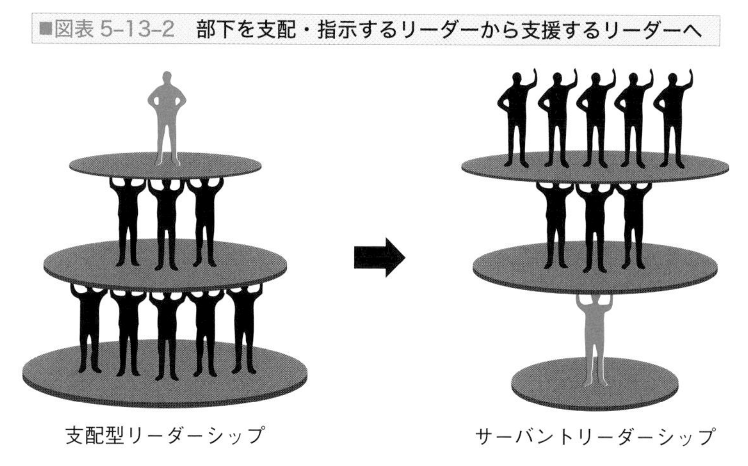

（出所）日本サーバント・リーダーシップ協会（https://www.servantleader.jp）

《Ⅲ　集団のダイナミクス》

5.14 個人・組織・集団

場所や空間を共有する人の集まりを「集合」(collective) と呼び，永続性や深い人間関係はない。継続的な人間関係が存在する場合が「集団」(group) であり，多くの場合に，共同体としての何らかのコミュニティが存在する。

戦略マネジメント (strategic management) を関係性の視点から考えると，経営組織は人のコミュニティであり，それは，階層関係であるフォーマルなヒエラルキーを基本としながら，人々のインフォーマルな関係から成り立つ。組織には，このように様々な下位集団 (sub group) が存在し，固有の文化を創り出す。そこでは，メンバーに関するうわさ話や物語，逸話，各自の役割についての認知，会議やミーティングでの「台本」(script)，日々の仕事のルーティンなどが共有される。

経営組織には，不文律として，目に見えない組織の「掟」があるのであり，個々の社員の行為は，その慣習や文化的な伝統から様々な制約を受け，また，集団のグループ・ダイナミクスは，個々の社員のモチベーションに大きな影響を与える。

組織管理の基本には，大別すると，社員の業績評価，仕事を進める上での様々な規則，そして，組織の文化による社員のモチベーションの管理がある。トップ・マネジメントは，フォーマルな契約として明文化された就業規則と，業績評価に結びついた昇進，ボーナス制度などにより，社員の管理を行うことは言うまでもないが，これらに加え，大切なのは文化による管理である。例えば，儀礼や儀式としての朝礼，ミーティングでのメッセージやスピーチ，優秀社員の表彰，パーティや交流会，研修やアウティング活動，イントラネットによる広報など，マネジメントは，様々な機会を駆使し，組織の情報共有とコミュニケーションを活性化させながら，個人・集団・組織のダイナミクスの中で，組織固有の文化を作り，社員の仕事へのモチベーションを高める努力を続けることで，企業の持続的な成長を図る。 ［中野　勉］

Column 5-14-1 ネットワークの歴史的な変質

20世紀初頭，ゲオルク・ジンメル（George Simmel）は，ネットワークの概念のない時代に，近代社会を「個人が重層的に所属することで交差する様々な集団の集まり」（a web of group affiliations）と概念化した。また，個人を，社会の構成員としてのレベルと，様々な集団としてのネットワークのレベルからの二重性（duality）で捉えた。彼は，「社会は個人から出現し，人々の集まりの中から個人が生まれる」（Society arises from the individual and the individual arises out of association）と言った（Simmel, 1955）。

ジンメル（Simmel, 1955）は，中世のヨーロッパ社会においては，人々はキリスト教教会を生活のよりどころとし，個人は血縁を基本とする第一次の主要な関係である家族などの準拠集団（primary group）に依存していた。血縁関係，地縁関係，友人関係など狭いコミュニティの中で，メンバーが同心円に重なることで，いくつものネットワークが同心円状（concentric）に地域と強い結びつきを持っていた。

ルネサンス期以降に，知識人の集団が出現し，その後，副次的な集団（secondary group）として，職場内の人間関係，仕事上の対外的な人間関係，職業上のギルドなどの集団，政治的な団体，社交クラブ，知的なサロンなど，様々な人々の集まり（associations）が生まれた。これらは，経済的，政治的，または，知的な興味などの異なる目的を持つ。産業革命以後には，多くの人々が農業を離れ，都市における労働者として，農村のコミュニティの強い人間関係の結びつきを離れ，特定の目的を持った，さまざまなネットワークに重層的に所属し（intersecting or overlapping）生活するようになった（Simmel, 1955）。

中世ヨーロッパにおける同心円のコミュニティ・ネットワーク

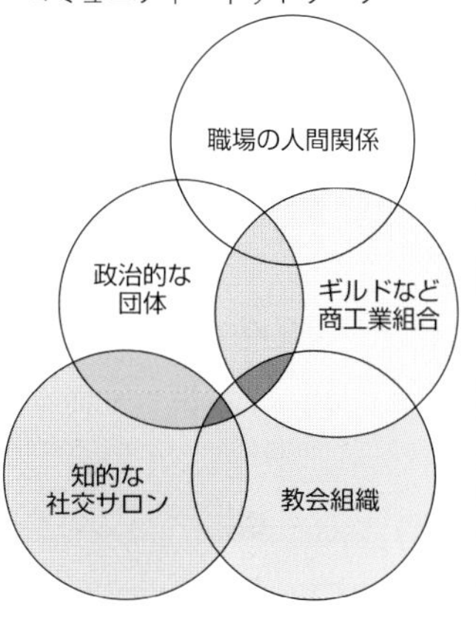

近代社会以降の重層的な交わりによるネットワーク

Column 5-14-2 組織とコミュニティ研究

シカゴ学派と呼ばれるロバート・パーク（Robert Park）や，アーネスト・バージェス（Ernest Burgess）らは，20世紀半ばに，大都市の中心部（inner city）における地域コミュニティの崩壊や，都市の近代化により生まれた貧困層の存在など，さまざまな社会問題の研究（Park et al., 1925）を，ネットワークの視点からフィールドワークとして行った。さらに，ピーター・ブラウ（Peter Blau）やジェームズ・コールマン（James Coleman）は，数学的な手法を取り込みながら，官僚組織におけるインフォーマル・グループの研究（Blau, 1955）や，ネットワークにおけるノードの数と集団の個人への影響力との関連を研究し（Blau, 1977），社会の規範やルールがどのようにして生み出され，集団の中に現れるのかを，個人とネットワークの関係から説明しようと試みた（Coleman, 1958）。

その基本的な考え方は，文化や制度は，ネットワーク全体の中で，ノードのつながりの密度の高い部分，すなわち，結合性（connectivity）や凝集性（cohesion）が高い，ローカルなクリークから生まれるというものである。

5.15 集団とイノベーションの普及

イノベーションの普及は，伝播のプロセス（diffusion of innovations）として，横軸に時間，縦軸に普及率を取ると，一般的に，図表5-15-1のようなS字曲線（S-shape）となる。それは，当初はなかなか普及せず，ある時点（tipping point threshold）を境に，「ネットワーク効果」で急速に広がり，やがて普及率は頭打ちになる（Valente, 1995）。そこには，個人がつながる様々な社会集団によるネットワークのダイナミクスの原理がある。

個人への集団の影響力と，社会現象としての流行をイノベーションの伝播として捉えると，ネットワークの原理には，いくつかのパターンがある。第一に，普及は，多くのつながりを持つ，人気のあるノードが集まるネットワークの中心部分（core）への，直接のコンタクトにより広まる（Coleman et al., 1957）。例えば，SNSのインフルエンサーによる宣伝が，ファッションの流行に大きく寄与する場合などがこれにあたる。

第二に，直接にノード間のつながりはなくても，同値性あるいは共起性により普及が広まる場合もある。ノード間に直接のつながりはなくても，いくつものネットワークを跨いで，同じようなつながりの構造を持つノードは，同値性（equivalence）高い社会集団であると考えられる（Burt, 1987）。それらは，各々のネットワークで同じような位置・役割を持っているので，似たようなな情報へのアクセスがあり，現象の認知の仕方，思考方法とそのプロセス，行動のパターンが似る傾向にある。それらは刺激に対して，同じように反応することから，様々なネットワークを跨いで，これらのノードが同じような行動を起こすことで，特定の社会現象の同時発生的な普及が始まり，流行が作られる。これを共起性（homophily）と呼ぶ。

第三に，ネットワークの中心にいるノードは，社会の集団の規範に強く縛られるため，新たな行動を起こすことが難しく，イノベーションは，周辺部（periphery）から伝播する場合がある（Boorman and Leavitt, 1980）。周辺部でローカルなハブとなっているいくつかのノードが，一斉に動き出すことで，ある時，雪崩のように，周辺から中心に向かい大きな流行を作り出す場合がある。

［中野　勉］

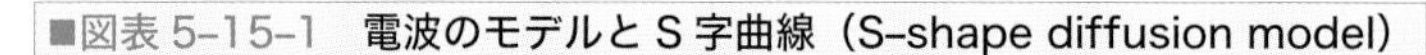

■図表 5-15-1　電波のモデルと S 字曲線（S-shape diffusion model）

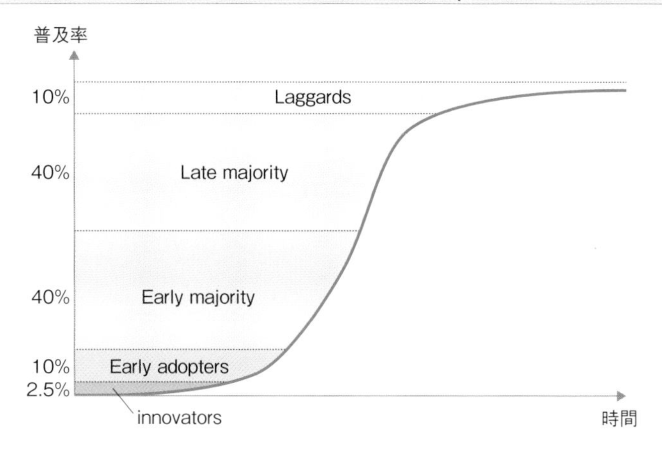

Column 5-15-1 共起性と流行

共起性は，個々のノードは直接にはつながっていなくても，同値性の高い色々な下位集団が，大きな社会現象を作り出す可能性を説明する。例えば，1980 年代の日本のバブル期の不動産投資，2000 年頃からの世界的な IT バブル，2008 年「リーマン・ショック」により崩壊した金融デリバティブの流行，液晶テレビやスマートフォンの急激な普及，SNS やソーシャル・ゲームの広がり，世界的なファスト・ファションの流行などを作り出したメカニズムなどが考えられる。

Column 5-15-2 ロング・テールと BOP ビジネス

グラミン銀行のマイクロ・ファイナンスや，ベネズエラの音楽教育の「エル・システマ」は巨大な社会的なプロジェクトに成長した。

2000 年代に，ユニリーバは，小分けした洗剤やシャンプーのインドの農村における販売に成功した。これは，欧米のコングロマリットが**最貧層市場**（base of the pyramid）で初めて大成功したケースである。ユニリーバは，60 万の貧しい村々に存在する家族関係，姻戚関係，主婦の地域の友人関係，子供達と学校の教員との関係などのネットワークを使っており，イノベーションを起こしたのは，**ロング・テール**としての貧困層の無数のノードである。集団の共起性から，コミュニティーの生活のためのネットワークを，情報伝達ネットワークに転換したものであり，地域に深く根ざした**ソーシャル・キャピタル**（social capital）を，戦略的に金融資本（financial capital）に変換し，大成功を収めたビジネス・モデルである。

5.16 現代型チーム

現代のビジネスの特徴として，絶え間ない技術革新（technological innovation）や製品ライフサイクルの短縮化などによって環境の不確実性（uncertainty）や複雑性（complexity）が高まり，グローバルレベルでのビジネス競争環境が激化していること，グローバル化の進展で国境を越えたヒト・モノ・カネの移動が過去と比べて容易となり，世界中の拠点や人々が協働して仕事をする環境になっていること，それに関連して，情報通信技術の発展により，空間や時間の制約を受けることなく仕事をすることが可能になっている点などが挙げられる。このような現代ビジネスの環境を反映して，企業や組織におけるチームの姿も変貌を遂げつつある。現代型チームの特徴を一言で言えば，多様性（diversity）を有し，ダイナミックかつ流動的で，時には場所や時間を選ばず臨機応変に仕事の内容，メンバー構成や役割を変更することが可能なチームである。

クロスファンクショナル（cross-functional）チームは，企業の様々な部門，様々な役職からメンバーを選抜し，部門横断的なチームを組成することによって企業経営全体にかかわる複雑な課題に取り組もうとするものである。定常的に設置される場合もあるが，多くの場合，時限付きかつ特定の課題に取り組むためのプロジェクトのような形で組成されることも多い。セルフマネジメント（self-management）チームは，正式なリーダーを設置せず，メンバー全員でチームの仕事の内容や方向性などについて自己管理を行いながら任務を遂行していくチームである。このようなチームでは，状況に応じてリーダーシップをとるメンバーを変えるなど，メンバー全員でリーダーシップを共有するという意味でのシェアード・リーダーシップが生じることが多い。

バーチャル（virtual）チームは，情報通信技術を駆使することによってメンバー同士が物理的に同じ場所で仕事をすることなく任務を遂行するようなチームである。チームの作業を遂行するのに時間と場所を選ばないというメリットがあるため，しばしば国境を越えてグローバルに展開される。地球の反対側の地域同士でメンバー組成を行えば，24時間を仕事に使えるようになるというメリットもある。　　　　　　　　　　　　　　　　　［関口倫紀］

Column 5-16-1 国境を越えたチーム運営の鍵を握るチームメンタルモデル

グローバル・バーチャルチームに代表されるように，IT などを用いたコミュニケーションツールを駆使して国境を越えたチーム運営を行うケースが増えている。その際，異なる母国語，異なる文化背景をもった人材が共同作業することによるコミュニケーション上の問題が生じる可能性が高くなる。このような環境下で効果的なチーム運営を行う際に鍵を握るのが，チームメンタルモデル（team mental model）である。チームメンタルモデルとは，チームメンバー間で共有された，チームを取り囲む文脈や環境，業務に関する知識や進め方などに関する認識を指す。チームでメンタルモデルが共有されていないと，業務内容や業務の進め方などについての共通認識がないため，地理的にも離れたメンバー間でコミュニケーション上の問題が生じる可能性が高まる。

日本とスリランカのソフトウェア開発チームにおいて
共有されるに至ったチームメンタルモデルの構成要素

ソフトウェア開発プロセスに関するもの	・業務フロー ・開発フェーズごとの所要期間 ・ビジネス分析の方法 ・文書化の方法
その他	・メンバー間の職務分担の方法 ・情報共有の範囲と方法 ・コミュニケーションの方法

戎谷　梓ら（Ebisuya et al., 2017）は，日本とスリランカという地理的に離れた２つのチームの共同作業によるソフトウェア開発チームで生じたコミュニケーション問題について調査を行い，チーム全体のメンタルモデルが共有されることで問題が解決に向かったと報告している。その際，日本とスリランカ間のコミュニケーションの橋渡しをする人材（ブリッジ人材）が重要な役割を果たしたことも指摘している。

5.17 交渉術

ビジネスや組織のマネジメントを成功させる上で，交渉力は欠かせない。交渉（negotiation）とは相手との駆け引きであるから，駆け引きの上手な方が勝つというイメージがあるかもしれない。だが，それは必ずしも交渉の本質を正しく認識しているとはいえない。交渉とは，お互いが協力して，片方のみでは実現できない目的を達成するための「共同作業」である。意見や利害の対立がある場合に，それらは，双方にとってハッピーな解決策につながる鍵であると捉え，交渉相手を味方だと認識し，相手と上手につき合い，共通の利益を実現するために異なる意見や利害を活用することが肝要である。

とはいえ，必ずしも協力的ではない相手と駆け引き型の交渉をしなければならないこともあるだろう。これを，限られた資源の分配をめぐっての駆け引きという意味で，分配的交渉（distributive bargaining）と呼ぶ。分配的交渉を成功させるためのコツは，できるだけ自分の内情を相手に知られないようにするとともに，相手がどこまで妥協が可能なのかの情報を入手し，その妥協点で交渉が成立するように取り組むことである。ただし，分配的交渉では，自分が勝てば相手が負けるというゼロサムの構図になっているので，分配的交渉で成功したとしても相手とは長期的に友好な関係を築くことは難しいことを認識しておく必要がある。

一方，交渉相手と協力しながら分配可能な資源を増やしていくことを目指すのが統合型交渉（integrative bargaining）である。統合型交渉では，自分と相手との Win-Win な関係を目指すため，自分にとっても相手にとっても望ましい交渉結果が得られる可能性が高まる。統合型交渉を成功させるためのコツは，自分と相手との信頼関係を構築し，お互いが持っている情報をすべて開示することで，お互いが満足できるようなクリエイティブな解決策を粘り強く探ることである。相手が自分を裏切る恐れがある場合は，情報を開示することは危険であるため，相手との信頼関係の構築は必須である。また，視野が狭いままで駆け引き型の交渉に陥ることを避けるため，複数の案件を組み合わせたり，相手との利害関係の不一致をうまく利用するなどの工夫が必要である。

［関口倫紀］

Column 5-17-1 ハーバード流交渉術

「ハーバード流交渉術」は，フィッシャーとユーリー（1989）による交渉学の名著で，駆引き型交渉から脱却し，統合型交渉を成功させるための論理的かつ実践的な指南書である。ハーバード型の原則立脚型交渉は以下の 4 点に集約できる。

① ヒト：人と問題を分離せよ
② 利害：立場でなく利害に注目せよ
③ 選択肢：行動について決定する前に多くの可能性を考え出せ
④ 基準：結果はあくまでも客観的基準によるべきことを強調せよ

まず，人と問題を分離することにより，交渉相手に対する好き嫌いの感情を排し，お互いにとってベストな解を見つけ出すことに集中することが可能になる。また，お互いの利害や意見の相違に注目することで良い解決策を思いつくことができる。例えば，自分が A よりも B のほうに価値がある（A>B）と思っており，相手はその逆（A<B）だとするならば，これは利害や意見の相違であるが，だからこそ，自分が相手に B を与え，その見返りに相手から A を受け取るという交換をすればお互いがハッピーになれる。そして，時間やリソースが許す限り選択肢をできるだけたくさん考えつき，そこから客観的基準で選んで決定するのがお互いの利益を最大化するために最も合理的だといえる。

5.18 組織内のパワーとポリティクス

パワー（power：権力）やポリティクス（politics：政治）は，どちらかというとネガティブなイメージを伴う言葉であり，権力や政治によって組織が腐敗するというような表現もなされる。とりわけ「リーダーシップ」というポジティブな響きのある言葉と比べるとその違いが明確である。しかし，組織をマネジメントするリーダーは，パワーを適切かつ効果的に扱うことで組織を動かし，組織内のポリティクスに適切に対処することで組織内の腐敗を防ぐことが求められる。

パワーもしくは権力は，「他人を自分の思いどおりに動かすことができる能力」だと定義される。パワーは「能力（capacity）」なので，それを保有している者がパワーを「行使」すると，実際に人が動く。パワーの特徴は，自分と相手との関係において，相手が自分に依存しているほど自分のパワーが強く，逆に自分が相手に依存しているほど相手のパワーが強いという関係が成り立っていることである。よって，依存関係を生み出すことでパワーを獲得することができる。パワーの定義自体にはそれを利用する目的は問われないため，不適切にパワーが行使されることもある。例えば，セクハラ（sexual harassment）は，パワーを保有しているものがそれを行使することで相手に性的嫌がらせをする行為である。

組織におけるポリティクスもしくは政治は，「パワーを行使することで組織内の意思決定に影響を与えようとする行為」だと定義される。組織内には少なからずとも価値観や利害関係が異なる個人やグループが存在しているため，とりわけ組織内での意思決定の基準が曖昧な状況においては，特定の個人もしくはグループが，パワーを行使することによって，自分たちに有利になるように意思決定に影響を与えようとするのである。例えば，次期社長のイスをめぐって，利害が対立する副社長どうしが自身の派閥を組むことによってパワーを増大させ，その力で社長人事に影響を与えようとする。組織内のポリティクスが激化すれば，組織のメンバーの注意を業務や顧客からそらし，組織の運営が不効率になってしまうことを理解し，過度にポリティカルな組織にならないよう運営を工夫する必要がある。 ［関口倫紀］

Column 5-18-1 パワーの源泉 (sources of power)

パワーは，それがどこから生じるのかによって，以下の通り公式的な 3 つのパワーと，個人ベースの 2 つのパワーに分類される。

公式的なパワー (formal power)

- 制裁パワー (coercive power)：従わない場合に制裁を加えることができる資源や権利を有していることから生まれるパワー。相手は，制裁を恐れるので従わざるをえない
- 報酬パワー (reward power)：従う場合に報酬を与えることができる資源や権利を有していることから生まれるパワー。相手は報酬を目当てに従うことになる
- ポジション（正当性）パワー (legitimate power)：組織上，命令を下す権限を持っているポジションに就いており，直属の部下など下位の者が命令に従う義務があることから生じるパワー

個人ベースのパワー (personal power)

- 専門家パワー (expert power)：専門知識を有していることから生まれるパワー。相手は，物事を動かしたりするのにその専門性が必要な場合には従わざるをえない
- 同一性（準拠的）パワー (referent power)：相手から好かれ，尊敬され，羨望されることから生じるパワー。相手は自分のようになりたいという憧れを持っているため，依頼されればすすんで従う

Column 5-18-2 組織内政治と印象操作

組織で働く人々は多かれ少なかれ組織内政治とうまく付き合う必要がある。このような目的で行われる行為に印象操作 (impression management) があり，以下のような種類がある。

- 服従 (conformity)：相手に認められるよう積極的に服従する
- 好意 (favors)：相手に認められるよう好意的なことをする
- 言い訳 (excuses)：自分が苦境に立たされないような説明をする
- 謝罪 (apologies)：積極的に謝罪することによって相手から許しを請う
- 自己顕示 (self-promotion)：自分の長所が優れていることを示し，自分の短所は小さく見せようとする
- 強調 (enhancement)：自分のしたことが価値あることだと強調する
- お世辞 (flattery)：自分が相手に好意を持っていることを示すためにお世辞をいう
- 例示 (exemplification)：自分がどれだけ頑張っているかということをわざわざ示す

（出所） Robbins and Judge (2013).

5.19　ハラスメント

職場におけるセクシャルハラスメント（セクハラ）やパワーハラスメント（パワハラ）が大きな問題となっている。ハラスメントは，組織や職場において権力を有している従業員が，その権力を利用して弱い立場の従業員を攻撃したり相手に嫌がらせをしたりする行為を指す。とりわけ，上司が部下に対して管理上で部下を攻撃するような行為を，侮辱的管理（abusive supervision）と呼ぶ。従業員がハラスメントの対象となれば，被害者の心身を損なうだけでなく，職場全体が荒廃する可能性がある。ハラスメントや侮辱的管理は，人格等に問題がある特定の人物のみが行う行為だと捉えがちだが，自分自身は倫理的に問題がないと思っている人物であっても，ハラスメントや侮辱的管理を行う可能性を認識しておく必要がある。また，なぜそのような行為に及ぶのかのメカニズムを，本人の属性のみならず，組織や職場の環境までも考慮して理解することが大切である。

私たちは通常，倫理上望ましくない行為を行わないように自己制御（self-control）している。これは，理性的に考える人間の認知機能である。一方，私たちは，動物のように感情に赴くまま衝動的に行動してしまう可能性を持っている。これが発動してしまうと，他者を攻撃したり嫌がらせをしたりするといった行為につながりかねない。すなわち，健常な人であっても，常にハラスメントの加害者になってしまう潜在的な要因を抱えていると考えたほうがよい。

本人の属性以外にハラスメントを引き起こす要因となりうるのは，職場における不公正性（unfairness）やストレスである。例えば，職場でのストレスが高まれば，精神的な疲労感が増し，自己制御を司る認知機能が働かなくなってくる。そうなると，ついカッとなったときに部下を強く責めたり攻撃したりしてしまうというような衝動的な行為に及びやすい。職場の不公正性による不満が蓄積されれば，どこかの段階でそれが爆発するかもしれない。その場合も，自己を制御しようとする認知機能が働かなくなり，感情の赴くままに行動してしまうことでハラスメントに至るリスクが高まるのである。

[関口倫紀]

Column 5-19-1 日本の職場におけるハラスメント

下のグラフは，厚生労働省が発表した個別労働紛争解決制度での総合労働相談件数の推移を示している。グラフからわかるとおり，ハラスメント（いじめ・嫌がらせ）に関する相談件数が年々増加しており，日本の職場においてハラスメントの問題が過去と比較して深刻になりつつあることを示している。

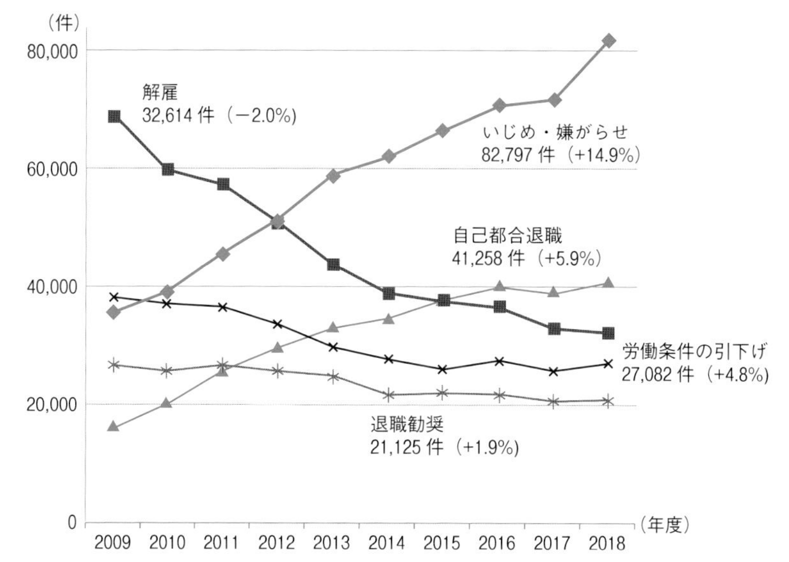

（注）（　）内は対前年度比。
（出所） 厚生労働省（2019）

日本の職場でハラスメントの問題が深刻化している背景には，近年における職場環境の変化があることが示唆される。金子雅臣（金子, 2019）によれば，リストラが至上命令となっている職場ではリストラ要員とされる人たちに向けられた退職強要などのパワハラが問題になり，パート，アルバイト，派遣，契約社員といった非正規雇用労働者の多い職場ではそうした人たちに向けられた差別的な処遇や言動が問題となり，成果主義や業績主義を強める職場では，過度な競争意識が職場の協調性を失わせ，相互の足の引っ張り合いでパワハラが表面化する。

第 6 章

人材マネジメント

6.1　雇用原理と人的資源管理
6.2　人材教育
6.3　評価制度と報酬制度
6.4　職場での能力開発とメンタリング，コーチング
6.5　ジョブ・デザイン
6.6　ダイバーシティ・マネジメント
6.7　離職と定着のマネジメント
6.8　採用・組織社会化

6.1 雇用原理と人的資源管理

企業による雇用の原理（employment principle）と人的資源管理（human resource management）のあり方は密接に関連しており，日本企業による人的資源管理の特殊性の多くは，雇用原理の違いからもたらされたものである。日本を除く世界の多くの地域では，企業はあらかじめ設計された職務をベースに従業員を雇用する。これを指して，ジョブ雇用と呼ぶ。ジョブ雇用の元では，職務記述書（job description）によって職務内容が明確に定義され，それを遂行する見返りに職務ベースの報酬を得るといった約束が企業と従業員で交わされる。

一方，日本企業では，入社時に担当職務を明確に規定せず，入社後も担当職務を明確化しないケースが多く，職務と報酬の結びつきも希薄である。これは，日本企業が担当職務ベースではなく，企業組織のメンバーとして雇用をし，必要に応じて担当職務を柔軟に変更することを前提としている点で，メンバーシップ雇用と呼ぶ。メンバーシップ雇用では，企業は定年を迎えるまで従業員に安定的な雇用を提供する見返りに，従業員は企業の指示にしたがって配置転換や職種変更などを受け入れるという約束が交わされる。

欧米の企業は，ジョブ雇用が基本であるため，採用はあらかじめ存在する職務や新たに創設した職務に空席がある場合に，それを埋めるために行う。事業構造の転換や不況などで担当職務の必要性がなくなれば，その職務を行っている従業員は一時解雇（layoff）などの人員削減の対象になりかねない。そのようなケースが生じた場合，従業員は外部労働市場を通じて他社に転職することになる。

メンバーシップ雇用が中心である日本企業の場合，人材採用は新卒一括採用がメインであり，新年度に企業のメンバーとして採用した後には，長期的視点から若手を育成することで将来的な活躍を期待する。長期安定雇用（long-term employment）を志向しているため，不況時や事業構造の転換時にも，人材の配置転換などを活用し，人員削減を避けようとする。そのため，従業員にはあらゆる職務に対応可能なゼネラリストに育ってもらうことを期待するのである。

［関口倫紀］

Column 6-1-1 日本と欧米の雇用管理と個人のキャリア

下図が示すように，日本の企業においては，採用の多くを新卒採用に頼っている。伝統的な日本的雇用では，メンバーシップ雇用として採用された新人は，企業内でのジョブ・ローテーションによって複数の部署や職種を経験しながら組織の階層を昇進していくことで，社内の様々な業務や事情に精通したゼネラリストとしてキャリアを積むのが一般的であった。一方，職務や職位の定義がより明確で，外部労働市場からの採用が一般的に行われる欧米企業では，働く個人は専門性を身に着けることを志向し，特定の職種を維持したまま，場合によっては転職を含めることで，スペシャリストとして特定の職種での階層を昇進していくことでキャリアを積むのが一般的である。欧米では，日本企業のように新卒採用が中心というわけではなく，かつ企業内で部署や職種を変更するジョブ・ローテーションは一般的ではない。

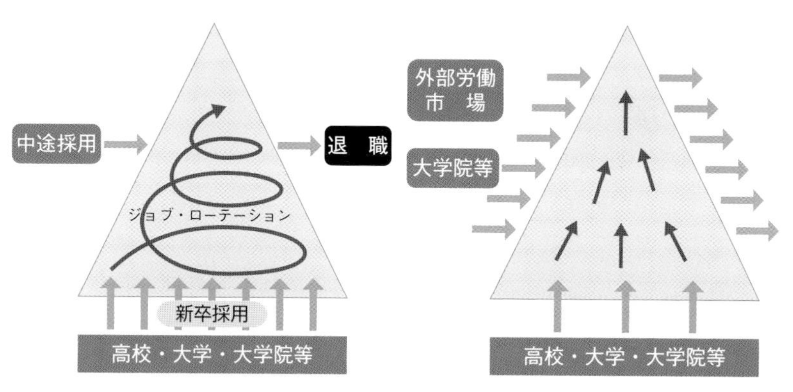

日本の雇用管理（左）と欧米の雇用管理（右）の比較

6.2 人材教育

企業が雇用する人材を通じて持続的に競争力を強化・維持していくためには，戦略的な視点から人材の能力を向上させる人材教育が欠かせない。人材教育は，システマティックな形で行われるのが望ましいが，その基本となる考え方が，以下に示すようなプロセスを繰り返していくインストラクショナルデザイン（instructional design）である。

まず，①ニーズ分析（needs analysis）フェーズでは，企業における現在および将来の人材教育ニーズを把握する。人材教育ニーズは，戦略・組織レベルで中長期的に必要な中核能力は何か，企業内の様々な業務に必要な知識，技能，能力は何か，現在もしくは将来雇用する人材が新たに身に着けるべき知識，技能，能力は何かなどの視点から分析し，現在の状況とあるべき姿とのギャップを把握し，ギャップを埋めるための人材教育方針を策定する。

そして，②設計（design）フェーズでは，人材教育方針に従って，体系的な人材教育の仕組みを設計する。その際，学習内容を構造化し，それぞれについて到達目標を設定し，教育効果の測定方法も設計する。次の③開発（development）フェーズでは，OJT や Off-JT を含め，具体的な教材開発や，教育の方法を開発する。これには，集合研修（レクチャー，ケーススタディ，エクササイズなど）や，集合研修以外（ビジネス・シミュレーションや e-learning など）が選択肢に含まれる。また，講師を企業外から招くのか，企業内で調達するのか，どれくらいの頻度で行うのか等を検討して開発する。

④実施フェーズ（implementation）では，開発された人材育成の仕組みを運用し，必要に応じて軌道修正を施す。そして最後の⑤評価（evaluation）フェーズにおいて，設計・開発され実施された人材育成の仕組みがうまく機能しているかどうか，教育効果の測定を通じて把握する。その際，戦略的な視点からは，企業全体として，人材育成が中長期的な企業競争力に貢献しているか，そして直近における利益や生産性などに寄与しているかどうかを評価するのが望ましい。これらの評価結果を踏まえ，①のニーズ分析を再度行う。このように①~⑤のフェーズからなるサイクルを回していくことで，企業における人材育成の効果を高めていくことができる。 ［関口倫紀］

Column 6-2-1 受入出向を通した企業理念の海外への浸透

多国籍企業の経営では，自社の経営理念を海外子会社にまで浸透させ，企業全体としてグローバルに統一感を維持していくことが重要である。経営理念のグローバルな浸透を実現するためには，国境を越えた理念浸透の担い手となる人材の教育が欠かせない。そのため，日本においても，海外子会社の優秀な現地人材を教育目的で日本に受け入れ出向（inpatriation）させ，本国で数年間勤務させることによって経営理念の理解を含めた能力開発を促進し，海外子会社への帰任後に本社の経営理念を海外に浸透させるうえで主導的な役割を果たしてもらおうとする教育プログラムを運営している多国籍企業が出てきている。

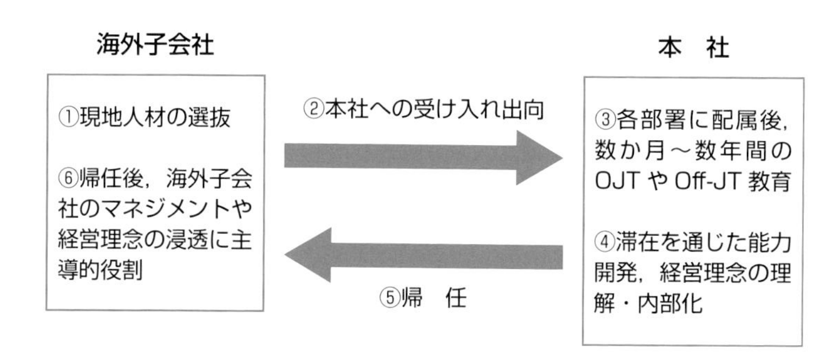

海外子会社の人材を本国に受け入れて教育する際，海外子会社人材の多くは，期待と不安が入り混じった中で異国としての本国への適応に苦慮することになる。関口倫紀ら（Sekiguchi et al., 2019）の研究によれば，受け入れ出向させた人材に対して①成長を促す挑戦的な職務を与えること，②メンタリングを通じた心理的・社会的サポートを行うこと，の2つの要素を強化すると，本人の主体的な活動や企業への帰属意識を高め，経営理念の内部化を促進するという結果が得られている。

6.3 評価制度と報酬制度

従業員の働きぶりを査定する評価制度（performance evaluation）は，企業の人事制度の要である。評価制度には複数の目的がある。第一に，昇進や報酬決定，配置転換など，人事に関する意思決定の資料として用いることである。第二に，各従業員の長所や短所を把握することで人材育成に役立てることである。第三に，企業としての目標や従業員に求める行動や成果などを伝えたり，従業員に評価結果をフィードバックしたりすることを通して業務に関するコミュニケーションを促進することである。第四に，昇進や報酬，レイオフなどに関する従業員との紛争が生じた場合に，従業員の当時の働きぶりに関する会社側の根拠資料として用いるための記録を残しておくことである。これらの目的が満たされるよう，そして公正な評価が実現するよう，評価制度を設計することになるが，設計の際に考慮すべきポイントとしては，評価の頻度（年1回か，数か月に1回など），評価者（上司など，360度評価の場合は同僚や部下も），評価項目（業績，能力，態度など），評価基準および尺度（絶対評価，相対評価など），フィードバック（評価シート，面接など）が挙げられる。

労働の対価として従業員に支払う報酬については，まずトータルな報酬が金銭的報酬（基本給（base pay），インセンティブ（incentives））と，非金銭的報酬（福利厚生（benefits））に分類され，さらに，金銭的報酬については，異なるタイプの報酬を組み合わせることで設計される（固定給と歩合給など）。基本給は仕事の対価としての性格が強く，欧米では仕事の価値に基づく対価（職務給），日本では勤続年数や能力（勤続給，職能給）で支払われることが多い，職務給では，企業内で職務評価を行い職務ごとのポイントを計算し，それが給与の決定に用いられる。インセンティブは，従業員の努力を引き出す目的で設計される報酬で，企業の業績に応じたボーナス，個人業績に連動したボーナスや歩合制のほか，株式を用いたストックオプション（stock option）などがある。福利厚生は，従業員の健康の促進や生活の質の向上を目的として企業が提供するサービスを指し，雇用保険や社会保険など法律で定められているものと，住宅手当やフィットネスクラブ会員など任意のものがある。　［関口倫紀］

Column 6-3-1 日本における成果主義導入の試み

日本企業の多くは，伝統的には年功序列型の報酬制度を用いていた。しかし，1990 年代中頃から，報酬や昇進を成果に応じて決定する成果主義に移行しようとする試みが流行し，その後，成果主義の是非をめぐって，実務家，政策サイド，経済・経営学研究者などを巻き込んだ活発な論争が展開された。下図に示されるように，実力主義，年俸制，能力主義といった，年功主義を否定する方法が 1996 年ごろをピークとして議論され，その後，成果主義という用語に置き換わり，2005 年くらいをピークに議論が活発化した。

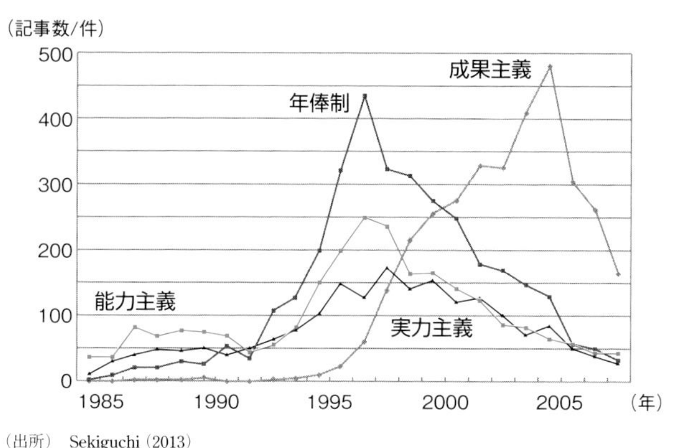

（出所） Sekiguchi (2013)

日経主要紙におけるキーワード検索結果
（それぞれのキーワードを含む記事の件数の推移）

その後，成果主義ブームは去ったが，日本企業において成果主義が定着したとは必ずしも言えない。中村圭介（中村, 2006）によれば，導入された成果主義は，図のような 3 つの異なるタイプに分かれた。

① 素朴な成果主義：素朴に賃金を業績に連動させる
② プロセス志向の成果主義：成果そのものよりも，成果を生むプロセスに視点を置いたもの
③ 分離型の成果主義：成果を重視すると言いつつも，意図的に成果と評価を分離し，成果をカウントしないもの

日本企業において素朴な形での成果主義の導入がすんなりとはいかなかった理由は，日本企業では集団的職務遂行が多く，処遇の決定基準となる個人別の成果を明確に測定・評価するのが困難であったためであると考えられる。

6.4 職場での能力開発とメンタリング，コーチング

日本企業の社員の能力開発は，基本的に職場で直接の仕事の経験を通じて行うOJT（On the Job Training）の比重が高い。2018年度の厚生労働省『能力開発基本調査』でも，正社員に対しては73.6％の企業がOJT重視の傾向を回答している。だが，他方で「指導する人材が不足している」と回答する企業も54.4％になっており，職場での指導における大きな課題がある。

職場で能力開発のやり方には，①現場での指導者による指導OJT，②特別なプロジェクトへの配置，③ジョブ・ローテーション，④企業内での能力開発プログラムへの参加がある（Mathis et al., 2015）。特に，従来のOJTで最も多く見られる現場の指導者による指導については，指導の能力開発や品質管理が必要である。

従来，日本で多く見られたのは，若手や配属されて経験の浅い社員に対して，一定の期間，上司や先輩の社員をメンター（mentor）として配置し，職務やキャリアについての相談者として対応させるやり方である。ことに，女性や外国人の従業員に対しておくことが各国でよく見られる。メンターとは，キャリアの早い段階にある社員（新入または配置後間もない）に対して，キャリアや能力開発に関して協力するアドバイザーとして配置される経験のある先輩社員である（Passmore et al., 2013；2015）。そして会社における技術や対人関係，組織への対応に関する技能を伝えてもらう。これは，上下関係がなく相談に乗る同僚的な関係である。ただ，メンターの場合には，指導者としての能力開発がされるわけでもなく，また指導が評価されることはあまりない。

これに対して，職場での能力開発において，指導者としての位置づけを明確にし，指導能力の質の向上やその指導成果について明確に意識したものがコーチング（coaching）である。近年注目されている。クラッターバック（David Clutterbuck）らによれば，コーチングとメンタリングは異なる（Megginson and Clutterbuck, 2005）。メンタリングとは，能力開発に焦点を当てているものの，基礎的なもので，若手社員の長期的キャリア自己開発も行う。それに対して，コーチングは職務業績を志向し，特定能力の開発を目指すものである。

［若林直樹］

Column 6-4-1 職場での能力開発のメリット・デメリット

企業の中核となる社員について職場での能力開発にはメリット，デメリットがある（櫻田，2010）。メリットとしては，費用が安く，現場での生きた知識や技能を経験でき，社員の能力や特性に応じて柔軟に内容を変化できるなどがある。だが，デメリットとしては，指導者の指導能力の質や教え方，使える時間の程度によって指導や効果にムラがあり，知識が実践的なものに偏り，体系性が弱いなどの問題もある。そのために，OJT などの職場での能力開発については，その手法の整備や指導者の能力訓練が必要であるとされてきた。

Column 6-4-2 コーチングの特徴

マチス（Robert L. Mathis）らによれば，**コーチング**とは，「職務での業績向上を目指すある社員と指導する社員（コーチ）との協力関係」とされる（Mathis et al, 2015, 349）。ここでは，指導役となる社員（コーチ）は，ある社員の能力開発の**ファシリテーター**として関わる。そして，コーチとなる社員は，能力開発を行う社員（クライアント）との啓発的な対話を行い，自分の職務業績向上につながることについて自ら反省させ，何が重要かを考えさせる。ウィットモア（John Whitmore）は，これについて，「コーチング」とは，教えることよりも，コーチされる人々が自ら学ぶことを助け，「自分の業績を高める潜在的能力を解き放つことである」と表現する（Whitmore, 1992）。

企業向けコーチングを行っている伊藤守は，コーチングの進め方の 3 原則として，①双方向的なコミュニケーション，②継続的で長期的な成長の志向，③個別対応の徹底が肝要とする（伊藤，2010）。ただ，コーチの指導の質の向上を考えると，彼らの指導能力の開発，その指導についての評価のフィードバック，指導効果への自己認識を行う組織的な取り組みも必要である。そのために，国際コーチ連盟の認定コーチ資格制度などのコーチング技能の開発の仕組みも発達している。

職場での能力開発における指導者の指導能力の訓練，評価，品質は，その開発効果を上げるために，日本だけでなく世界的に大きな課題となっている。

6.5 ジョブ・デザイン

組織で働く人々のモチベーションを高め，生産性を向上させる上で重要な要素が，仕事そのものである。では，どのような仕事の要素が人々の働く心理に影響するのか，どのように仕事を設計すればよいのか。これについての代表的な理論が，職務特性理論であり，これを応用するのがジョブ・デザイン（job design）である。職務特性理論（job characteristics theory）では，ジョブには5つの中核的な職務次元（core job dimensions）があるとする。それらは，職務遂行に必要とされるスキルの多さ（スキル多様性（skill variety）），業務全体の中での特定のタスクの役割明確性（タスク同一性（task identity））特定のタスクがどれくらい有意義なものであるか（タスクの有意義性（task significance）），職務遂行にどれくらい自由度があるか（自律性（autonomy）），そして自分の仕事ぶりに関する情報が得られること（フィードバック（feedback））である。スキル多様性，タスク同一性，タスクの有意義性が高ければ，仕事のやりがいが高まる。自律性が高ければ，仕事への責任感が増す。フィードバックがもたらされていれば，自分の仕事ぶりに関する知識が得られる。よって，ジョブの五つの中核次元が高ければ，内発的モチベーション，生産性，満足度が高まり，欠勤率や離職率が高まると考えられるのである。

近年は，仕事は単に与えられるものではなく，自らがデザインするものでもあるという考え方に基づく，ジョブ・クラフティング（job crafting）という行為にも注目が当たっている。ジョブ・クラフティングは，タスク遂行の順序を変えたり，必要に応じてタスクを加えたり削ったりするなど，タスク領域をデザインするタスク・クラフティング（task crafting），職務遂行に伴う人間関係のあり方（人数，幅，頻度など）を調整する関係クラフティング（relational crafting），そして職務そのものの意味を捉えなおす認知クラフティング（cognitive crafting）の3次元があり，ジョブ・クラフティングを実践することで，仕事の面白さややりがいといった心理的・物理的リソース（resources）を増やしつつ，ストレスの要因となりうる仕事の要求（demands）を減らすことにより，内発的モチベーションやエンゲージメント（engagement）の向上につながることが分かっている。　［関口倫紀］

Column 6-5-1 ● 職務特性による効果を左右する条件

左頁で説明したとおり，職務特性理論によれば，5つの中核的な職務次元が望ましい結果をもたらすとされる。しかし，図で示される通り，その効果は，従業員の成長欲求の度合いに左右される。

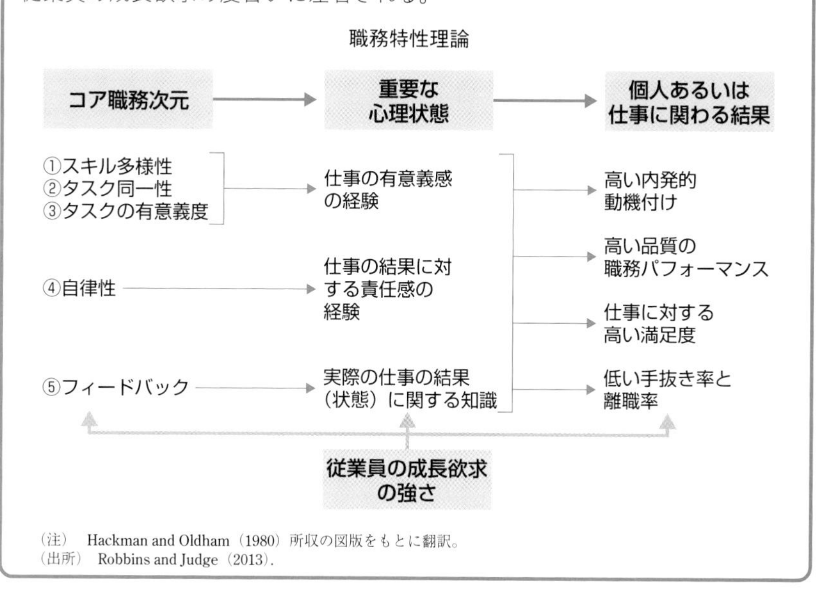

（注） Hackman and Oldham（1980）所収の図版をもとに翻訳。
（出所） Robbins and Judge（2013）.

Column 6-5-2 ● ジョブ・クラフティングの人間関係的側面

ジョブ・クラフティングの理論は，働く人々は，機会があれば自分の行っている職務を望ましいようにデザインし直したいという欲求があることを前提としている。しかし，ジョブ・クラフティングには仕事の内容，手順や仕事で関わる人間関係の変更が含まれるため，仕事でかかわる他者からの承認や調整が必要となる。関口倫紀ら（Sekiguchi et al., 2017）の研究では，人間関係に関するスキル（social skill）や職務上の地位が高い人ほど上司や同僚など仕事に関連する人々に対する影響力が強いため，機会が与えられればジョブ・クラフティングを行う度合いが高いことを示す実証結果を報告している。

6.6 ダイバーシティ・マネジメント

日本の組織環境でダイバーシティ（diversity）の推進といえば，女性活躍が真っ先に想像されるかもしれない。しかしそれはあくまで狭い視点で捉えたものにすぎない。ダイバーシティとは，性別，国籍，人種，年齢，勤続年数，教育，職歴，職種など，属性の種類を問わず，他者が自分とは異なると知覚される個人間の差異を指す。組織メンバーのダイバーシティを高めることは社会的要請もしくは社会的責任（social responsibility）であるともいえるが，組織におけるダイバーシティ・マネジメントを考える上で重要な問いは，ダイバーシティを高めることは組織のパフォーマンスを向上させるのかどうかというものである。実は，ダイバーシティを高めるだけでは，組織のパフォーマンスが向上するわけではない。なぜならば，ダイバーシティには，組織のパフォーマンスにとってポジティブな効果とネガティブな効果の両方があるからである。よって，ダイバーシティをマネジメントすることが重要なのである。

ダイバーシティが組織のパフォーマンスを高める条件は，メンバーから多様なものの見方や考え方が提供されることにより，創造的な発想や質の高い意思決定が可能になることである。一方，ダイバーシティが組織のパフォーマンスを阻害する条件は，組織やグループ内に，同じ属性のメンバー同士で構成される**サブグループ**が生まれ，サブグループ間で**葛藤**（conflict）が生じてしまうことである。よって，効果的なダイバーシティ・マネジメントとは，メンバーからの多様なものの見方や考え方を最大限に活用する一方で，サブグループ間の葛藤を最小限にとどめることである。これに深く関連するのが，**インクルージョン**（inclusion）である。最近では，**ダイバーシティ&インクルージョン**（D&I）とひとくくりで言われることも多い。インクルージョンとは，ダイバーシティが高い組織や職場において，人々が真に結びつき，関与し合い，自らが持っている違いを最大限に生かしきれている状態である。インクルージョンを実現するためにとりわけ重要なのが，多様な組織メンバー全員が平等・フェアに扱われること，異なった考え方が尊重され統合されること，全員が意思決定に参加できることである。

［関口倫紀］

Column 6-6-1 ダイバーシティのカテゴリー化-精緻化モデル

左頁で説明したとおり，組織やチームのダイバーシティには，情報の視点の精緻化を通じてパフォーマンスに好影響を及ぼすパスと，集団間バイアスを通じてパフォーマンスなどに悪影響を及ぼすパスの2つがあるため，前者を有効にし，後者を無効にするようなダイバーシティ・マネジメントが求められる。下図は，そのプロセスを図示したものである。

ダイバーシティのカテゴリー化-精緻化モデル

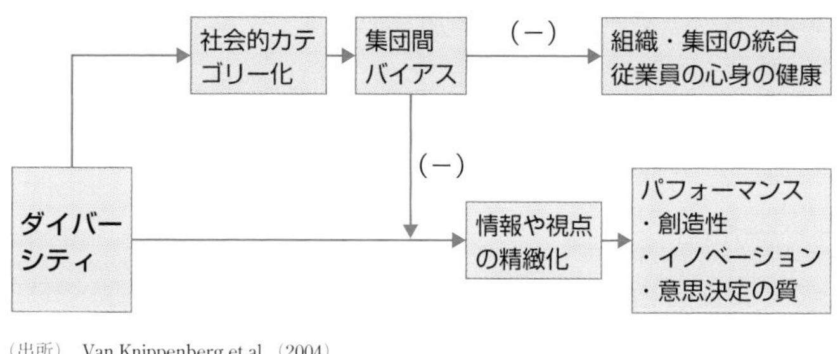

（出所） Van Knippenberg et al.（2004）.

Column 6-6-2 インクルージョン・フレームワーク

組織やチームに属するメンバーの視点から見ると，メンバーは，組織やチームに所属していたいという欲求と，とはいえ，自分はユニークな存在でいたいという，お互いにやや矛盾する2つの欲求を持っている。下図で示される通り，両方が満たされるような状態がインクルージョンと考えられる。どちらか片方もしくは両方が欠けている場合は，それらを改善することが，インクルージョンを高める鍵となる。

インクルージョンのフレームワーク

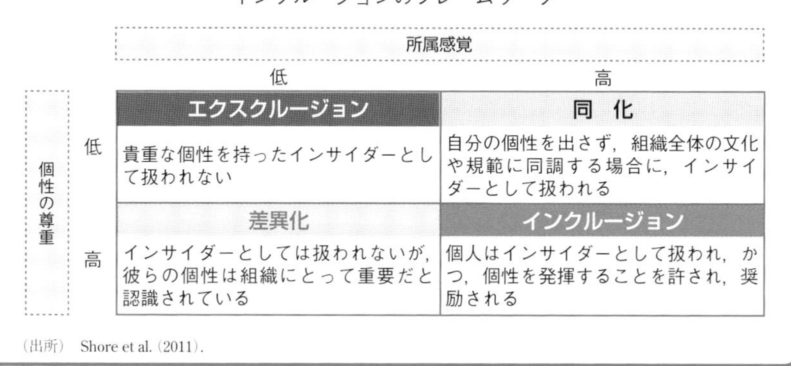

個性の尊重 ＼ 所属感覚	低	高
低	**エクスクルージョン** 貴重な個性を持ったインサイダーとして扱われない	**同　化** 自分の個性を出さず，組織全体の文化や規範に同調する場合に，インサイダーとして扱われる
高	**差異化** インサイダーとしては扱われないが，彼らの個性は組織にとって重要だと認識されている	**インクルージョン** 個人はインサイダーとして扱われ，かつ，個性を発揮することを許され，奨励される

（出所） Shore et al.（2011）.

6.7 離職と定着のマネジメント

日本企業では，若手社員を中心に離職率が高まってきている。若手は3年以内に3割が離職する傾向といわれるが，好景気であった2017年でも新卒社員（3年以内の新規大卒就職者）の若手離職率は31.8％となっている（厚生労働省『平成29年雇用動向調査』）。

離職（turnover）の多さは，人材確保の不安定さや能力開発の不足につながり，企業の競争力の伸び悩み，事業拡大の制約，顧客満足度低下につながりやすい。こうした面で，離職を抑制するだけではなく，社員の定着を進める人的資源管理のあり方が，定着のマネジメント（retention management）として重要視されている。これは，「高業績を上げるよう従業員が，長期間組織にとどまってその能力を発揮できるようにするための」人的資源管理政策であり，組織全体のマネジメントである（山本，2009）。

社員の定着には，離職の要因を抑制し，長期に勤続することを促進することが必要である。ホルトムらによれば，離職の要因は以下のように大きく7つあるので，その対応策が定着を促進する（Holtom et al., 2008）。①仕事の内容が従業員に合わない（ミスマッチ）。②組織に関わる意識が弱く動機付けが低い態度を持つ個人は離職しやすい。③職場の人間関係が悪い。④結婚，育児，配偶者の転勤，介護などのようなライフ・イベント（人生での出来事）。⑤働いている組織の文化やコミュニケーション，リーダーシップが悪い。⑥長期勤続を評価しない人事管理制度。⑦属している産業や労働市場の離職率が平均的に高い（図表6-7-1参照）。

従来，定着に関しては，経済学的な主観的期待効用モデルに従い，社員は，現職と転職可能な職との獲得利益の違いを計算して，転職か定着かを判断している「孤独な」求職者の見方が主だった。だが，ホルトムらは「職務埋め込み」理論を唱え，仕事への打ち込みや職場での関係，地域生活での関係が定着を促進する面があることを見出した（Holtom et al., 2008）。個々の社員のニーズに対応する人事のカスタム化は，定着に効果的だろう。　　［若林直樹］

■図表 6-7-1　離職の要因とその対策

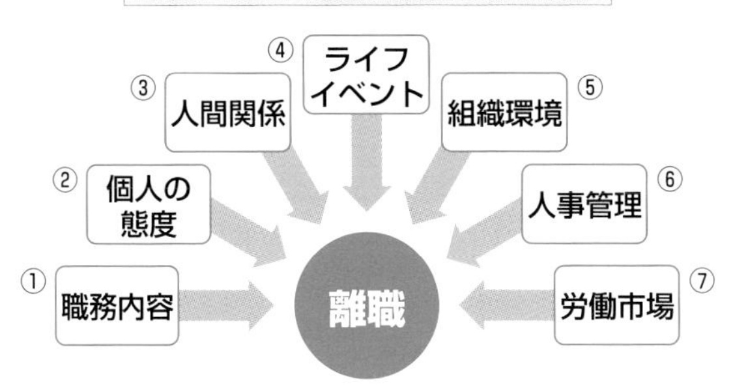

（出所）Holtom et al.（2008）をもとに作成。

離職の要因	対　策
① 職務内容が従業員に適合しない (仕事に向いていない・やりがいのなさを感じるなど)	職務内容に適合的な人材を採用，配置，訓練することが定着に効果がある。さらに職務のエンパワーメントなどを通じて，やりがいのある仕事に変えていく。
② 個人の態度で組織への関わる意識が弱く動機付けが低い	定着に効果的な態度を形成したり動機付けを高めたりする。具体的には，会社のロゴ入りＴシャツの着用やチームワーク表彰など会社への帰属意識を高めるイベントや取り組みをする。
③ 社員をめぐる人間関係が悪い (30 代前半の女性の離職理由では 21.3%が人間関係の問題を挙げている（厚生労働省『2017 年度雇用動向統計』)	様々なハラスメントの防止や，職場での人間関係の活性化は重要な取り組みを行う。（たとえば会社サークル活動や同僚との飲み会の支援を行う。）
④ ライフ・イベント（人生での出来事） 結婚，育児，子供の就学，配偶者の転勤，介護など	離職を誘発するライフ・イベントが起きたときに配慮をする人事制度の整備や活用を行う。厚生労働省でも「子育てサポート企業」を示す「くるみんマーク」認定企業制度などで子育て支援の体制や活動の整備を進める事業所を表彰している。
⑤ 働いている組織の文化やコミュニケーション，リーダーシップが悪い	職場環境を改革する。働いている社員を公平に評価する組織文化，風通しのよい職場コミュニケーション，部下の取り組む意欲を活性化するリーダーのありかたは，働き続ける意欲を向上させる。
⑥ 長期勤続を評価しない人事管理制度	中長期期的な業績や能力の成長を重視する評価制度や報酬制度を作ったり，キャリア開発を行ったりする。
⑦ 産業や労働市場の離職率が平均的に高い (たとえば宿泊・外食産業の新入社員離職率は 49.7%（2017 年）であり流動性が高い)	賃金上昇のような取り組みを行う。

6.8 採用・組織社会化

組織は構成員の新陳代謝を繰り返しながら存在を継続する。したがって，業務の拡大や人材の退職などに伴い，新しい人材を採用する必要がある。採用（hiring）にあたっては，採用職種や採用要件を定めた募集を行うことで応募者を募り（recruitment），最も望ましい候補者を選抜（selection）した上で内定を出す。人材募集のルートとしては，自社ウェブサイトやインターネットを通した募集，新聞など紙媒体による募集広告，ジョブ・フェア，大学訪問，職業紹介所，ヘッドハンター，学校からの推薦，従業員による紹介制度など様々な方法があるが，費用対効果を考慮し適切な手段を組み合わせることが望ましい。選抜については，エントリーシート，履歴書や推薦状，ウェブテストや筆記試験，集団面接，個別面接など様々であるが，こちらも，最も望ましい志願者を選別できるような適切な組み合わせを検討することが重要である。とりわけ重要なのは，募集職種に必要な**職能要件**（job requirements）と本人の**知識・スキル・経験**（knowledge, skills, abilities）などのフィットと，組織の文化や風土と本人の性格や価値観とのフィットである。また近年では，SNSやAIを採用に用いる試みや議論も見られる。

企業が新たな人材を受け入れる場合，彼らが新しい組織環境に適応できるよう，組織としてのサポートが必要になる。新たに組織に加わったメンバーが，組織における役割，知識，規範，価値観などを獲得しつつ，徐々に組織に適応していくプロセスを**組織社会化**（organizational socialization）と呼ぶ。組織が新しいメンバーの組織社会化を促進しようとする試みを**組織社会化戦術**（organizational socialization tactics）と呼ぶ。組織社会化戦術には，大きく分けて，体系的な方法によって新しいメンバーに組織に適応していくために必要な情報やリソースへのアクセスを提供していこうとする**制度的社会化戦術**（institutionalized socialization tactics）と，個人が自律的に組織に適応していくための情報収集やリソースにアクセスしていくことを促進する**個別的社会化戦術**（individualized socialization tactics）がある。一般的には，制度的組織化戦略のほうが，新しいメンバーが組織内での役割を明確に理解し，組織への適応をサポートしやすいと考えられている。

[関口倫紀]

Column 6-8-1 AIを用いた人材採用

企業の人材採用では，かねてからインターネットを用いた応募などの手段が普及しているが，近年では，AIを積極的に利用していこうとする動きも見られる。Institution for a Global Society（IGS）社が開発したGROWというサービスはその1つである。GROWは，採用候補者がウェブベースで携帯端末から回答できるコンピテンシー評価とパーソナリティ評価を実施し，AIによる機械学習アルゴリズムを用いることで多数の人々の多種多様な個別データの蓄積である「ビッグデータ」を使いてスクリーニングを行う採用支援ツールである。2020年現在では，GROW360という名称となり，これまで全日本空輸，東京海上日動，JTなど，多数の企業への導入実績がある。

AIを用いた採用が本当に効果的であるか否かは，入社後の成長や業績などについて，対照実験のような形でAIを用いないで採用した場合と比較することが可能であれば明らかになってくるだろう。今後，AIを用いた採用がどれだけ普及するのか，その際に，面接など人間が判断する部分はどこまで必要とされるのか興味深い。

（事例出所） Bernstein et al.（2017）.

GROW360を用いた適性検査の流れ

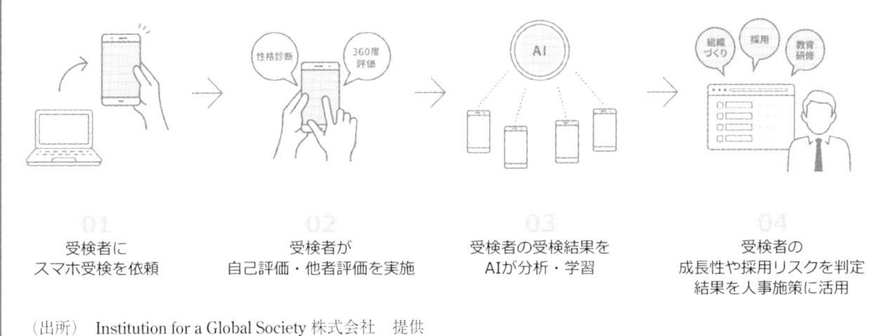

（出所） Institution for a Global Society 株式会社　提供

第 7 章

組織戦略への展開

7.1 経営戦略と組織

経営戦略は，企業経営を考える上での中核的な要素と見なされている。日本の大学でも，経営戦略論をはじめとする経営戦略に関わる科目が，数多く開講されている。

このように，経営戦略という概念は，今日では広く用いられている一方で，学術研究としての経営戦略論は，比較的新しい領域である。「戦略」という言葉は語感から推察されるように，もともとは軍事用語であり，現在の経営戦略にあたるものは，かつてはビジネス・ポリシーと呼ばれていた。経営戦略が学術研究として本格的に取り上げられるようになったのは，1960 年代である。

その嚆矢となった研究の一つが，チャンドラー（Alfred DuPont Chandler, Jr.）による『経営戦略と組織』（*Strategy and Structure*）である（Chandler, 1962）。経営史家であるチャンドラーは，経営戦略と組織構造との関係を中心として，20 世紀前半の米国企業における発展プロセスを克明に記した。そこで示されたのは，①外部環境の変化に適応するために，新たな経営戦略を策定し，②その経営戦略を実行することで生じた問題を解決するために，新たな組織構造が採用される，という一連の流れである。

化学メーカーのデュポン（DuPont）や自動車メーカーのゼネラル・モーターズ（GM）などに関する詳細な分析を通じて，チャンドラーは，多角化や地理的拡大によって，直面する環境が異なる事業が内部に併存するようになると，それぞれの環境に適応するために，分権化した**複数事業部制組織**（multidivisional structure）と，事業部を統轄する**総合本社**（general office）が採用されていくことを具体的に示した。このような分析を通じて，チャンドラーは「**組織（構造）は戦略に従う**」（Structure follows strategy）という著名な命題を導き出した。

実際の状況では，**Column** 7-1-2 でも触れるように，経営戦略が組織構造を一方的に規定する関係にあるとは限らない。しかし，営利組織においても，非営利組織においても，経営戦略と組織構造は，その組織が持続的に発展していく上で密接な関係にある。 ［加藤俊彦］

Column 7-1-1 デュポンの公式

事業部制組織では，分権化が進められることで，事業の運営方法の決定権は事業部側に移される。しかし，各事業部がまとまって一つの企業として機能するためには，本社からの何らかの統制も不可欠である。

チャンドラーが研究対象としたデュポンでは，本社が事業部を統制する手段として管理会計システムが強化された。そこでの基軸の一つは，「デュポンの公式」（DuPont formula）と呼ばれる次の式である。

$$\frac{\text{利益}}{\text{投資}}=\frac{\text{利益}}{\text{売上高}}\times\frac{\text{売上高}}{\text{投資}}$$

ここでは，左辺の投資利益率（ROI）は売上高利益率（ROS）と投資回転率の積に分解される。この式からは，各事業部への投資がどれだけの利益を上げていて，その ROI に ROS と回転率がどのように影響しているのかがわかる。さらに，デュポンでは，右辺の指標を構成する個別の要素に階層的に分解して，事業部の統制に利用した。この式の「投資」は，全社的には投資総額である総資本にあたり，企業財務分析の基本指標として，現在でも用いられている。

Column 7-1-2 戦略は組織に従う

左頁に記したように，チャンドラーは，企業の戦略が適切な組織のあり方を規定するという見方を提示した。しかし，組織は経営戦略に規定されるだけではなく，組織のあり方も経営戦略を左右する（Hall and Saias, 1980）。

その理由の一つは，企業組織が直面する環境は，組織を通じて認識されることにある。同じような環境に直面していても，組織構造などの違いで，認識される内容が異なるのである。また，組織文化をはじめとする属性が組織間で異なることで，どのように行動するのかという基本的な経営戦略の方向性でも違いが生じる（Miles and Snow, 1978）。

このように，現実の経営戦略と組織との間には，「組織は戦略に従う」だけではなく，「戦略は組織に従う」という側面も存在している。

7.2 ポジショニング・アプローチ

経営戦略に関する研究は，米国企業が多角化を活発に進めていたこともあり，初期段階では全社戦略を中心に展開されてきた。その後，経営戦略論の中心は，企業全体ではなく，個々の事業に焦点を当てる事業戦略に移行する。

競争戦略とも呼ばれる事業戦略の領域で，現在に至るまで中心的な役割を果たしてきたのが，ポーター（Michael Porter）による一連の議論である。『競争の戦略』（*Competitive Strategy*）で展開されたポーターの議論は，SCP パラダイムに基づく古典的な産業組織論（経済学の一領域）をベースとしている（Porter, 1980）。そこで前提とされるのは，①産業構造（Structure）がその産業での企業行動（Conduct）を規定して，②企業行動が産業の収益性（Performance）に影響をもたらす，という因果関係である。

この因果関係に基づいてポーターが提起したのが，著名な「ファイブ・フォース（フォーセズ）」（Five Forces）という分析枠組みである。「業界の構造分析」とも呼ばれるこの枠組みでは，図表 7-2-1 に示された5つの構造的要因が，当該業界の潜在的な収益性に影響を与えるとされる。この枠組みでは，①既存企業間の対抗度が高いほど，②新規参入が容易であるほど，③代替品の競争力が高いほど，④買い手の交渉力が高いほど，⑤供給業者の交渉力が高いほど，当該業界の潜在的な収益性（利益ポテンシャル）は低下すると考える。この考え方に基づく優れた戦略とは，構造的に望ましい場所を選択して「位置取りする」（position）ことであるために，ポーターの経営戦略論は「ポジショニング・アプローチ」と，しばしば呼ばれる。

また，ポーターは，有効な一般戦略（generic strategy）として，次の3つを示した。①競合企業よりも低いコストを競争優位の源泉とするコストリーダーシップ（cost leadership），②コスト以外を優位性の源泉とする差別化（differentiation），③いずれかの優位性を特定のセグメントで展開する集中（focus）である。

このポーターの議論では，事業戦略に関する具体的な分析方法が提示されており，学術的にも実務的にも多大な影響を与えており，その後の経営戦略論は，ポーターの議論の修正や批判を中心に展開されてきた。 ［加藤俊彦］

■図表 7-2-1　ポーターのファイブ・フォース

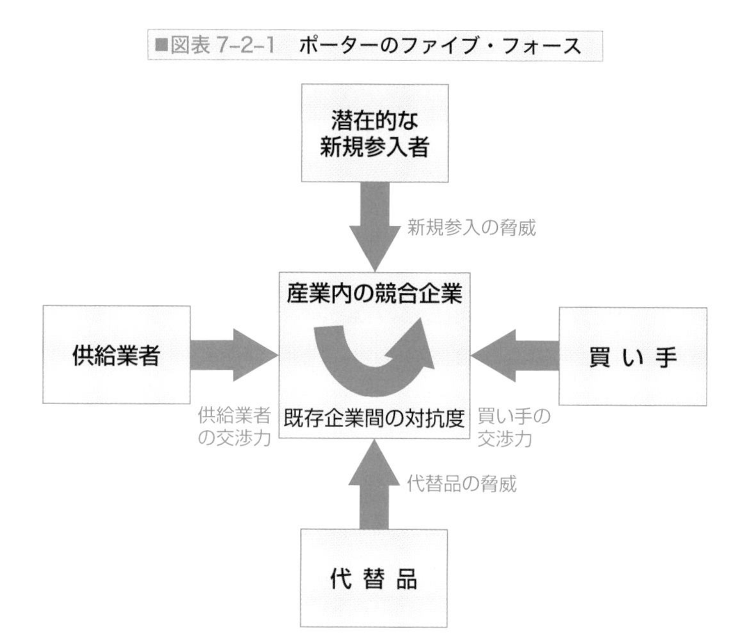

（出所） Porter (1980), p.4.

Column 7-2-1 スタック・イン・ザ・ミドルと PIMS プロジェクト

一般戦略に関するポーターの議論では，競争優位の源泉として，低コストを追求するか，高品質・高価格を志向する差別化を追求するのかは，二者択一だとされる。両者を同時に追求する状況を，ポーターは「スタック・イン・ザ・ミドル」(stuck in the middle) と呼び，競争優位が確立できず，収益性が低下することから，避けるべきだとした。

それに対して，ハーバード大学を中心として大規模に展開された PIMS (Profit Impact of Market Strategy) という研究プロジェクトは，顧客が認識する相対的な品質は市場シェアと価格に正の影響を与えて，最終的に投資利益率 (ROI) に正の影響を与えることを，明らかにした (Buzzell and Gale, 1987)。この分析結果は，ポーターの主張とは異なり，高品質と市場シェアとは正の関係にあることを示している。

7.3 ゲーム論ベースの戦略論

前述のように，ポーター以降の経営戦略論は，ポーターの議論を修正したり，対抗したりすることを基軸として展開されてきた。その中で，ポーターの考え方を部分的に取り入れて，発展的に展開したのが，ブランデンバーガー（Adam M. Brandenburger）とネイルバフ（Barry J. Nalebuff）による『コーペティション経営』（*Co-opetition*）である（Brandenburger and Nalebuff, 1996）。

ブランデンバーガーらが提起したのは，「バリュー・ネット」（Value Net）という分析枠組みである（図表 7-3-1 参照）。前頁の図表 7-2-1 と見比べてもらうとわかるように，バリュー・ネットはポーターのファイブ・フォースを念頭に置いた構成となっている。しかし，ポーターの議論が産業構造を独立変数とする古典的な産業組織論を背景としているのに対して，ブランデンバーガーらがベースとするのは，近年の産業組織論に取り入れられてきたゲーム理論であるという点で，両者の理論的基盤は異なっている。

このような背景の違いによって，ブランデンバーガーらの議論には，次のような，ポーターの議論とは異なる要素が加えられている。

第一に，ファイブ・フォースでは産業（業界）が基本的な分析単位であるのに対して，バリュー・ネットでは個々の企業を分析単位として，個別企業間の関係性に着目している。そのために，バリュー・ネットでは，自社を含む同じ業界に属する企業が「既存企業」としてまとめられるのではなく，自社と競合企業は独立して扱われている。

第二に，ポーターの枠組みでは競争に関わる要因のみを扱っていたのに対して，ブランデンバーガーらの枠組みでは，競争と協調の双方から，自社と他の経済主体（プレーヤー）の関係をとらえている。この点を議論の中核に据えていることは，競争（competition）と協調（cooperation）を組み合わせた「コーペティション」（co-opetition）という造語が書名である点からもわかる。また，競争と協調の双方が常に関わる補完財生産者（complementor）が付加されている点も，バリュー・ネットの特徴である。

このようなブランデンバーガーらの議論からは，ポーターの分析枠組みとは異なった視点に基づいて，経営戦略に関する示唆が得られる。　[加藤俊彦]

■図表 7-3-1　バリュー・ネット

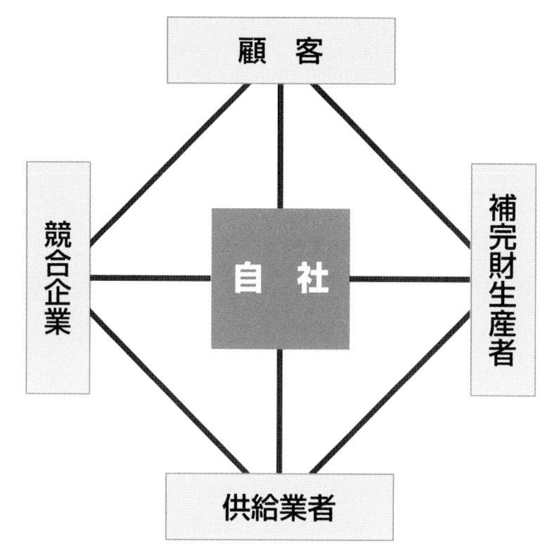

（出所）　Brandenburger and Nalebuff（1996), p.17.

Column 7-3-1 デファクト・スタンダードとバリュー・ネット

パソコンやスマートフォンといった電子機器では，初期段階では複数の規格が並立していても，市場での競争を通じて，ある特定の規格が広く用いられるようになることがある。このように，競争を通じて支配的な地位を確立した規格は，業界団体などが設定した共通規格と対比して，デファクト・スタンダード (de facto standard：事実上の標準）と呼ばれる。

デファクト・スタンダードとして確立するプロセスでは，同じ規格を支持する競合企業を増やしたり，補完財であるソフトウェアをその規格向けに供給してもらったりすることが，最終的な結果を左右する。そこでは，競合企業や補完財生産者との協調といったバリュー・ネットで想定されている要因が，重要な役割を果たすのである。

かつて家庭用ビデオテープレコーダーで，日本ビクター（現・JVC ケンウッド）が開発した VHS が，ソニーのベータマックスを最終的に圧倒したプロセスにおいても，有力企業による VHS の採用や，補完財であるビデオソフトの供給状況が，大きな影響を与えたとされる。

7.4 資源ベースの戦略論

ブランデンバーガーらの「コーペティション」がポーターの議論を部分的にでも受け継いで展開されたのに対して，ポーターの基本的な考え方に正面から異議を唱える研究も展開されてきた。その一つが，リソース・ベースト・ビュー（Resource-based View；RBV）と呼ばれる一連の議論である（Wernerfelt 1984；Dierickx and Cool, 1989；Barney, 1991）。

RBVが展開された背景の一つには，個別企業間の差異を重視するという発想がある。前述のように，ポーターの考え方に従えば，企業間の収益格差は所属業界の特性によって決まることになる。それに対して，企業間での収益性が所属する産業よりも個別企業の特性に左右されるのであれば，個々の企業間に存在する何らかの違いが事業の収益性に差異を生む重要な源泉となる。

RBVでは，企業が獲得する利益の源泉は，製品・サービスを販売する製品市場ではなく，個々の企業が保有する経営資源（resource）にあると考える。言い換えれば，企業の「外側」にある製品市場の状況を重視するのがポーターの流れを汲む戦略論であるのに対して，RBVは，企業の「内側」にある経営資源を重視する戦略論である。RBVの考え方に基づいた代表的な分析枠組みとしては，バーニー（Jay B. Barney）によって提唱された「VRIOフレームワーク」が挙げられる（Barney, 2002）。図表7-4-1に示されるように，そこでは，①経済的価値（Value）をもたらし，②競合企業が保有しないという点で希少性（Rareness）があり，③競合企業の模倣が困難で（Inimitability），④組織的に活用できる（Organization），という4つの条件を満たした経営資源が，持続的な競争優位を実現する上で，重要な役割を果たすとされる。顧客にとって価値があり，かつ競合企業が容易には獲得できない経営資源を組織的に活用することが，競争優位の源泉になると考えるのである。

優れた技術や人材といった経営資源が競争優位に貢献し，ひいては高い業績につながるというRBVの考え方は，私たちの一般的な発想と合致する。ただし，RBVでは，「内側」の経営資源に焦点を当てるものの，経済的価値は製品・サービスに具現化されてもたらされることから，実際の状況では，「外側」である製品市場もあわせて考察すべきであろう。 ［加藤俊彦］

■図表 7-4-1　VRIO フレームワーク

価　値 (Value)	希少性 (Rareness)	模倣の難しさ (Inimitablitity)	組織による活用 (Organization)	優位性への影響	経済的成果
No	——	——	No	競争劣位	正常利潤以下
Yes	No	——	↑	競争同位	正常利潤
Yes	Yes	No	↓	一時的競争優位	超過利潤
Yes	Yes	Yes	Yes	持続的競争優位	超過利潤

（出所） Barney（2002）, p.173 を一部改変。

Column 7-4-1 ● 見えざる資産

VRIO フレームワークでは，競争優位をもたらす経営資源の条件が示されている。それでは，このような戦略的に重要な経営資源とは，具体的にはどういうものなのだろうか。

伊丹敬之は，RBV とは独立した文脈で，情報的経営資源の戦略的重要性を指摘した（伊丹, 1984；Itami, 1987)。情報的経営資源とは，技術やノウハウ，ブランド，信用，組織文化など，広義の情報に関わる経営資源である。ヒト・モノ・カネという一般的な経営資源とは異なり，情報的経営資源は，外部から購入しにくく，生み出すにも時間がかかるために，優位性の源泉となりやすい。また，同時に多重利用が可能で，かつ他の情報と結合して，新たな情報が生み出されることもある。

このような顕著な特性を持つ情報的経営資源は可視的ではないことから，伊丹は「見えざる資産」(invisible assets) と呼んだ。なお，「見えざる資産」では，会計学などで用いられる「無形資産」(intangible assets) の概念よりも，その戦略的意義が強調されている。

7.5 組織能力ベースの戦略論

企業組織の「内側」に着目した経営戦略論には，経営資源ベースの議論から踏み込んで，組織的な能力の役割に焦点を当てたものもある。そこでは，コンピタンスやケイパビリティといった概念を軸に議論が展開されている。

組織能力を中心に据えた戦略論の一つに，ハメル（Gary Hamel）とプラハラード（C. K. Prahalad）によるコア・コンピタンス（core competency）に関する議論がある（Prahalad and Hamel, 1990；Hamel and Prahalad, 1994）。コア・コンピタンスとは，中核的な製品において優位性の源泉となる技術的な能力である。この能力は単に特定の製品や事業だけに用いられるのではなく，多角化した企業が抱える複数の事業に展開され，各事業における競争力の源泉となる。したがって，コア・コンピタンスとして機能するためには，単に研究開発に経営資源を投入するのではなく，開発した技術を複数の事業で展開する必要がある。つまり，コア・コンピタンスとは，製品技術のような個々の経営資源ではなく，企業全体で資源を活用するための組織的な能力なのである。

近年展開されている組織能力ベースの戦略論としては，ダイナミック・ケイパビリティ（dynamic capabilities）に関する議論が挙げられる（Teece et al., 1997；Eisenhardt and Martin, 2000；Di Stefano, Peteraf and Verona, 2014）。この議論によると，製品市場が変動する状況では，RBV での想定とは異なり，特定の経営資源に基づく模倣不能性を長期的に維持できないことが，前提とされる。そこでは，蓄積・獲得した経営資源をうまく活用して，市場の変化に迅速かつ適切に対応したり，自ら市場の変化を生み出すための組織能力が，競争優位を持続する上で重要となる。そのような組織能力が，ダイナミック・ケイパビリティである。

以上のような組織能力ベースの議論は，先に見てきた戦略論と比べて抽象度が高く，組織能力の具体的な内容は，実際の状況ではわかりにくい。他方で，外部環境に対して動態的に適応する上で，組織が保有する能力が重要となることを指摘している点において，組織論との関連性が高い議論でもあり，ポーターのファイブ・フォースのような経済学を基盤とする戦略論とは異なる視点を提供している。

［加藤俊彦］

Column 7-5-1 ● 日本企業とコア・コンピタンス

ハメルとプラハラードがコア・コンピタンスに関する議論を提起したのは，1990年代前半である。彼らの議論は，低迷する米国企業と成長著しい日本企業という対比で描かれる当時の状況を背景としていた。

ハメルらの問題意識は，米国企業が戦略事業単位（SBU）ごとに独立的な経営を行い，事業の背景で想定すべき経営資源や能力レベルでの関連性を軽視しているという点にあった。それに対して，日本企業の強さの源泉は，保有する能力を複数の事業にまたがって，十分に活用することにあると，彼らは考えていた。

ハメルらが取り上げた日本企業の現状からすると，コア・コンピタンスを活かす経営の強みが失われたか，もしくは当時の議論が誤解に基づいていたかのいずれかであろう。どちらが正しいにせよ，現在の日本企業には，かつて注目を集めた時代とは異なるマネジメントが求められているように思われる。

Column 7-5-2 ● GAFAと組織能力

Google，Apple，Facebook，Amazonの4社は，情報技術を基盤とする事業領域で成長を遂げてきた。これら4社はその影響力の大きさから，頭文字をとってGAFAと呼ばれる（Galloway, 2017）。

GAFAは，他の企業に対して事業基盤を提供するプラットフォーマーとしての役割だけではなく，事業領域を迅速に拡大していく点でも，注目されている。例えば，書籍のネット販売を祖業とするAmazonは，自社サイトで扱う製品領域や展開地域を積極的に拡大し，さらにはEC（電子商取引）事業の情報技術を基盤として，クラウド・コンピューティング・サービスにおいて高い市場地位を構築している。

GAFA各社が高い成長を実現できる背景には，他社には模倣しにくい独自の組織能力が存在する。この点からは，GAFAは，強力なコア・コンピタンスやダイナミック・ケイパビリティを近年保有している代表的企業だと言える。

7.6 創発的戦略

経営戦略と組織との間では，前者が先行する状況，つまり計画としての経営戦略を練った上で，組織がその経営戦略を実行するという関係がしばしば想定される。この種の考え方は，先に見てきた戦略論で言えば，ポジショニング・アプローチを中心に色濃く反映されている。

そのような戦略観に対して，ミンツバーグ（Henry Mintzberg）は疑問を唱えた（Mintzberg, 1978；Mintzberg and Waters, 1985）。いかに懸命に情報を収集して，精緻に計画を立てたとしても，すべてのことを事前に正確に想定することはできない。そうだとすると，事前に立てた計画以外の要素も含めて，経営戦略の概念自体を考え直す必要がある。

そこで，ミンツバーグは，事後的に生じた行動のパターンを含めた，より広い範囲で経営戦略をとらえた。図表 7–6–1 に示されるように，意図された戦略の中には，実現されないものがある。さらに，実際に生じた状況には，当初意図しないものの，結果的に実現されるものがある。この事後的に生じたパターンを，ミンツバーグは「創発的戦略」（emergent strategy）と呼んで，重視した。

創発的戦略は，戦略的な学習に活かせることから，企業経営において重要な意味を持つ。未来に向けて新たなことに乗り出す場合には，すべての事象が正確に予測できる訳ではない。そこで，行動を通じて新たに学んだことを次の計画に反映して，より豊かな成果につなげることができるのである。

創発的戦略を重視する議論では，事前の計画に意味がないのではなく，むしろ結果的に生じた状況に柔軟に対応できる体制が重要とされる。事前に立てた計画通りにならなかったとしても，単にうまく実行できなかったことを問題視するのではなく，その背景を学習して，次の行動に活かすことに意味があると，そこでは考えられている。

実際に生じた状況から，何を学び，その後にどのように活かせるのかは，組織の状況に大きく左右される。そこで特に重要なのは，実際の状況に関する情報やそれに基づく提案がフィードバックされて，その後の戦略を立てる際に活かされるような組織的な体制だと言える。 [加藤俊彦]

■図表 7-6-1　ミンツバーグによる戦略の類型

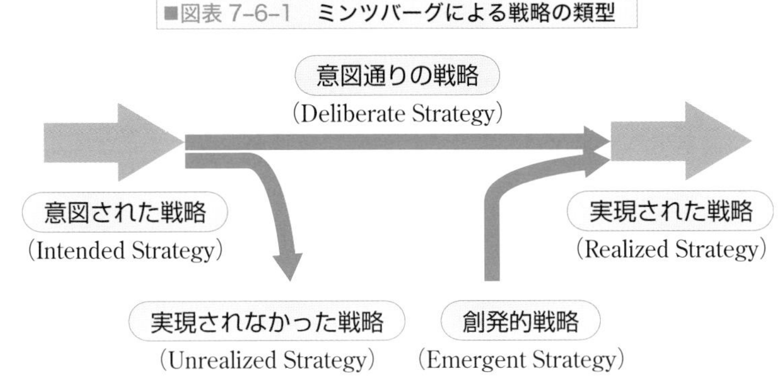

（出所） Mintzberg and Waters（1985）, p.258.

Column 7-6-1 日本の自動車メーカーと創発的戦略

トヨタやホンダをはじめとする日本の自動車メーカーは，グローバルなプレーヤーとしての地位にある。しかし，このような地位は，当初の計画に基づいて獲得された訳では必ずしもない。

例えば，ホンダの二輪車事業における米国市場への進出プロセスでも，意図せざる要因が大きく左右していたとされる（Pascale, 1984）。1960 年頃に米国に進出したホンダは，当時の米国市場を前提として中型バイクの販売を計画したものの，当初はほとんど相手にされなかった。途方に暮れるような状況の中で，成功の糸口となったのは，大手小売チェーンだったシアーズからの「スーパーカブ」の受注である。スーパーカブは，配達などに使われる小型バイクであり，日本では人気を博していたものの，当時のホンダでは，米国で売れるとは，全く想定していなかった。

ホンダに限らず，日本の自動車メーカーの海外市場の進出プロセスでは，このような創発的戦略が大きな影響を及ぼしたとされる。

7.7 企業成長と多角化

ポジショニング・アプローチをはじめとする事業戦略に関する議論での中心的な問題意識は，企業が個々の事業活動において，何を競争優位の源泉として，最終的に高い収益性を持続的に実現するかという点にあった。他方で，企業は利益を生み出すだけではなく，同時に成長を達成しようとする存在でもある。

収益性と成長性の追求は，短期的にはトレードオフになりがちだが，中長期的には連動する傾向にある。その理由の一つには，事業活動を通じて生み出された利益が次の成長に向けた投資に向けられ，新たな投資がさらなる利益を生み出すという「正の循環」が生じることが，想定される。

それでは，企業が成長していく上で，どのような方向で事業を拡大していけばよいのだろうか。この問題は，経営戦略論で長らく議論されてきた。初期の代表的な論者であるアンゾフ（Harry Igor Ansoff）は，図表 7-7-1 に示されるように，製品と市場の新規性から 4 つの基本的な企業成長の方向性を提示している（Ansoff, 1965）。このうち，製品と市場の双方ともに，既存事業とは異なる領域に展開しようとするのが，多角化（diversification）である。

ただし，新たに進出した製品市場において優位性が獲得できなければ，上述の「正の循環」は実現されず，持続的な企業成長は達成されない。そこで鍵となるのが，シナジー（synergy：相乗効果）の存在である。シナジーとは，一つの企業が複数の事業を展開することによって，単独で事業を展開する場合よりも，それぞれの事業で何らかの優位性が発揮されることを指す。先に触れたコア・コンピタンスは，シナジーの一種である。

この定義から推測できるように，多角化した企業でシナジーを発揮するためには，事業間の関連性が重要になる。多角化のあり方と経営成果との関係は，1970 年代から実証研究が様々に進められており，事業間の関連性が高い多角化を行った企業の収益性が高いことが指摘されている（Rumelt, 1974；吉原他, 1981；Markides, 1995）。そのような結果は，広い意味でのシナジーが，多角化した企業で重要となることを示唆している。

［加藤俊彦］

■図表 7-7-1　アンゾフの成長ベクトル

製品 ミッション（市場）	既存	新規
既存	市場浸透	製品開発
新規	市場開拓	多角化

（出所）　Ansoff（1965）, p.109.

Column 7-7-1 ● コングロマリット・ディスカウント

一般的な経営管理や財務上のつながりを除いて事業間の関係性が乏しい非関連多角化を展開する企業は，コングロマリットと呼ばれる。このコングロマリット的な事業展開をする企業は，収益性が相対的に低くなる傾向にあり，株式市場でも評価が低い。

多角化した事業の範囲が拡散することで，株式市場での評価が低下する現象は，「コングロマリット・ディスカウント」（conglomerate discount）と呼ばれる。事業範囲の拡散が低評価につながる背景には，事業間にシナジーが生じにくいことに加えて，経営者が個々の事業の内容を正確に把握できず，適切な判断を下しにくいことがある。そのような状況では，関連性の低い事業は，別の企業として独立して経営した方が望ましいことになる。

実際に，事業の範囲が広い企業の経営は，事業領域が絞られる場合よりも難しい。ただし，企業経営において考慮すべき要因は，株式市場で焦点が当たる事項よりも一般に複雑であるために，株式市場における短期的な評価が長期的にも正しいとは限らない。

7.8 垂直統合と事業の範囲

企業はインプットを外部から購入して，アウトプットを外部に販売することで，事業活動を営んでいる。この市場を経由して行われるインプットの購入先やアウトプットの販売先の活動を企業の内部に取り込んで，自社で手がけることがある。このように，製品・サービスの流れに沿った事業領域の拡大は，垂直統合（vertical integration）と呼ばれる。

垂直統合には，大きく2つの種類がある（図表 7-8-1 参照）。一つは，完成品を生産している企業が自社で小売を手がけるように，アウトプット側に拡大する前方統合（forward integration）である。もう一つは，完成品を生産している企業が原材料や部品の生産に乗り出すように，インプット側に拡大する後方統合（backward integration）である。

垂直統合を進めて事業の範囲を拡大するのは，どういう場合なのだろうか。このような問いは，"make or buy"，つまり「自社に内部化するか，市場取引とするか」という意思決定上の問題として，長らく考えられてきた。その代表的な答えの一つは，取引費用理論（transaction cost theory）から得られる（Williamson, 1975；1985）。取引費用理論に基づく答えをごく簡単に説明すると，市場取引によって自社の事業活動を遂行する上で大きな問題が生じるようであれば，企業はその問題を回避するために，事業領域を拡大して，内部化することになる。

どの領域を自社の範囲とするかは，競争優位の源泉という点からも説明できる。そこでは，当該事業の競争優位を確立する上で重要な領域は，できる限り内部化することが，望ましい方策となる。

垂直統合の程度は，同じ業界であっても，状況によって変わる。例えば，T型フォードを生産していた頃のフォード自動車は，原材料の鋼板やガラスも内製していたが，現在の自動車メーカーでは，独立した鉄鋼メーカーやガラスメーカーからふつう購入している。

また，どこまで領域を自社で手がけるのかは，現在においても戦略的に重要な問題である。例えば，家具小売業のニトリは，生産から物流，販売に至る広範囲の垂直統合を優位性の源泉の一つとしている。　［加藤俊彦］

■図表 7-8-1　垂直統合の方向性

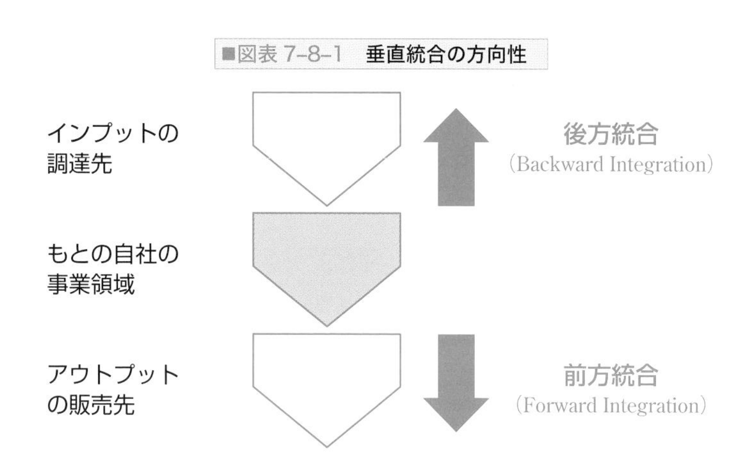

Column 7-8-1　Apple と Google の事業領域

同じ製品市場で競合していたとしても，各社の事業範囲は経営戦略によって異なる場合が少なくない。スマートフォンはその典型例である。

スマートフォンの OS（基本ソフト）は，市場での競争の結果，Apple の iOS と Google の Android の 2 つが，2020 年時点では支配的な地位にある。このうち，Apple は自社製品のみに iOS を搭載し，中核部品であるプロセッサを自社専用に開発し，アプリも自社サイトでのみ供給・販売するなど，広い範囲を内部化して展開している。それに対して，Google は条件を満たした場合に OS を他の企業に無償で提供しており，Android を採用したスマートフォンは様々な企業から発売されている。また，アプリは Google Play で提供されるものの，一定の条件で他社の供給も禁止していない。

スマートフォンでの Apple と Google の事業領域に関するこのような違いは，事業の収益源に基づく両者の戦略の違いを反映している。

7.9 M&A と戦略的提携

多角化や垂直統合を進めようとしても，必要な経営資源や組織能力を保有していなければ，新たな事業領域に拡大することはできない。この問題を解決する手段の一つは，必要な経営資源を自社で開発することである。しかし，必要な資源を自社内部での努力だけで獲得することが難しい場合も少なくない。

企業内部で必要な経営資源を調達・開発できないのであれば，外部から獲得することが考えられる。その一つの方法が，M&A（Mergers & Acquisitions: 企業の合併・買収）である。M&A を適切に行えば，外部の経営資源を企業内部に取り入れることができる。ただし，戦略上重要となる経営資源は定義的に希少なので，欲しいものが買えるとは限らず，購入できるとしても，買収後に生み出される利益を上回る価格になることもある。

単発の市場取引でもなく，完全な内部化でもなく，他社と固定的な関係を結んで，必要となる外部の経営資源を利用する方法もある。図表 7–9–1 には，その代表的な形態が市場取引（buy）と組織への内部化（make）それぞれとの近さの順に示されている。

この図に示された企業間の関係のうち，組織への内部化に最も近いのが，戦略的提携（strategic alliance）である。戦略的提携とは，独立した複数の企業が，戦略的に重要な経営資源を相互に補完するために，対等な立場で協力関係を結ぶものである。

戦略的提携は，独立した企業間の関係であることから，内部開発や M&A と比べて，費用を抑制したり，互いの合意があれば，迅速に進められたりするといった利点がある。他方で，提携を結んでいる各企業にとって，明確なメリットがない限り，実質的な協力関係は成立しない。そのために，戦略的提携は内部化した場合よりも構造的に不安定である。

日本企業では，これまで内部化を志向して，戦略的提携を活用することが比較的少なかったとされる。しかしながら，外部環境の変化が激しい状況では，迅速な対応が望まれることから，戦略的提携の活用が広がる可能性がある。

［加藤俊彦］

■図表 7-9-1　主な企業間関係

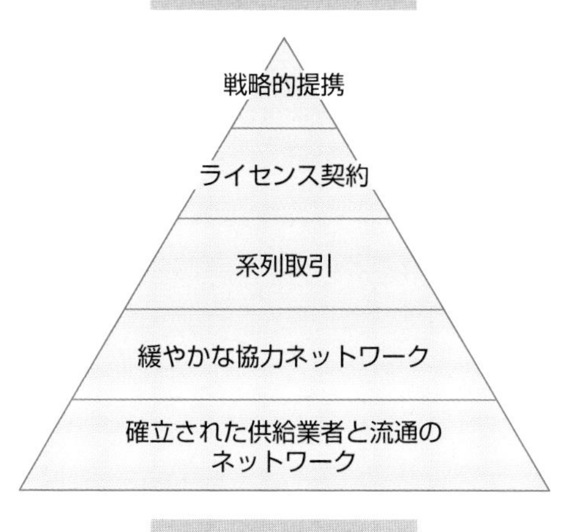

（出所）　Faulkner（2003），p.127.

Column 7-9-1 フランチャイズ

独立した企業間で締結する固定的な関係の一つに，フランチャイズ(franchising) がある。フランチャイズは，フランチャイザーと呼ばれる本部の企業が販売する商品やノウハウ，商標などを提供する代わりに，商品の仕入れ代金や経営指導料などを支払う契約を，加盟店であるフランチャイジーとの間で結び，事業を展開するものであり，コンビニエンスストアやファストフードのチェーンなどで導入されてきた。

フランチャイズでは，独立した企業が資本を用意して，各店舗を運営することから，本部側は直営店を展開して内部化する場合よりも，少ない資本で迅速に成長することができる。ただし，利益配分という点では，本部と加盟店は構造的に対立する関係にある。したがって，成長段階では，全体の「パイ」が広がるために問題は生じにくいものの，成長が止まってくると，「パイ」の配分や業績不振の責任といった点で，利害対立が表面化しやすい。コンビニチェーンの本部と加盟店との間で，近年対立が顕在化する背景には，このような構造的問題が存在している。

7.10 企業成長と組織構造

前述のように，米国企業を対象とするチャンドラーの研究によれば，経営戦略と組織構造の間には適合関係があるとされる（Chandler, 1962）。多角化が進めば，職能（機能）別組織（functional organization）から製品別事業部制組織が，地理的拡大が進めば，地域別事業部制組織が，それぞれ適した組織となる。

この「組織は戦略に従う」という命題に基づいて，1960年代から80年代にかけて，企業成長と組織構造との関係に関する研究が，欧米企業を分析対象として，様々な形で展開された。

その一つが，国際的な事業展開を含めた企業成長と組織との関係に関する研究である。国際的な事業展開は多角化と並ぶ成長戦略であることから，両者を統合的に検討することで，企業成長と組織との関係について，包括的な視点から明らかにしようとしたのである。その代表として挙げられるのが，ストップフォード（John M. Stopford）とウェルズ（Louis T. Wells, Jr.）による，組織構造の発展プロセスに関する研究である（Stopford and Wells, 1972）。そこでは，国際展開の初期段階では，①海外事業を扱う国際事業部（international division）が既存の組織に付加されて，さらに②海外売上高比率と海外での多角化比率の双方が一定以上になった場合には，グローバルな製品別事業部制となり，③海外売上高比率が高まるものの海外での多角化比率が低い場合には，海外事業も含めた地域別事業部制の採用が進むとされる。

ガルブレイス（Jay R. Galbraith）らは，これらの実証研究を統合して，企業の成長戦略と組織構造との関係について，包括的な発展段階モデルを提示した（Galbraith and Kazanjian, 1986：図表 7-10-1）。そこでは，①当初の単純な組織が成長とともに単純な職能別組織となり，②垂直統合の進展により，集権的な職能別組織に移行して，③関連多角化が進むと，複数事業部制組織となり，④国際的な事業展開が進むと，グローバルな多国籍企業（multinational corporation）となるという段階を経ることが，米国企業での典型的な成長の経路だとされる。このような経路は，日本企業でもしばしば見受けられる。ただし，**Column** 7-10-1 にあるように，企業は経済的な合理性だけで採用する組織を決定している訳ではなく，社会的な影響も多分に受けている。 ［加藤俊彦］

■図表 7-10-1　ガルブレイスの発展段階モデル

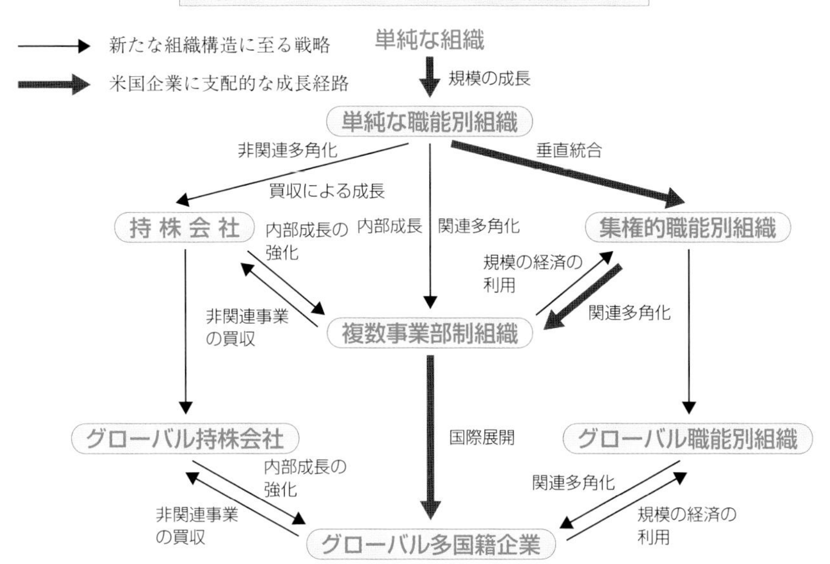

（出所） Galbraith and Kazanjian（1986），p.139.

Column 7-10-1 組織は流行に従う

チャンドラーが示した命題では，経営戦略と組織構造の適合が高い経営成果につながることが前提とされていた。他方で，チャンドラーは，デュポンなどが開発した事業部制組織が模倣されて，他の米国企業に普及していった状況についても，言及している。

このような模倣による新たな組織構造の採用は，経済合理的な判断の結果というよりも，第 4 章で紹介した制度論（institutional theory）で議論されてきた社会的なプロセスとして説明される。例えば，榊原（1980）によれば，かつての日本企業における事業部制組織の採用状況は業種によって異なり，必ずしも経済合理性に基づかない模倣行動が存在したとされる。

現在においても，経営スタイルのはやり廃りは存在する。いかなる企業でも社会的な影響を完全に免れることはできないものの，流行を追うだけではなく，自社にとって適切な方策をその背景にまで遡って考える意義は少なくない。

7.11 技術革新と競争優位の喪失

優れた経営資源や組織能力は，企業の競争優位の源泉となる。しかし，その優位性は永続的ではない。その理由は，競合企業が対抗できるだけの資源や能力を獲得するだけではなく，外部環境の変化によって，資源や能力の有効性が失われることにも求められる。

既存企業の優位性が低下する際の重要な要因として長らく注目されてきたのが，技術革新（technological innovation）である。ただし，技術革新の中には，既存企業の能力を有効に活用できるものもあり，技術革新が生じた際に，既存企業が常に不利になる訳ではないとされる（Tushman and Anderson, 1986）。

それでは，どのような状況で既存企業の組織能力が有効性を失うのだろうか。これまでの議論では，次の3つの要因が指摘されてきた。

第一に，技術変化の程度である。電子部品における真空管から半導体への転換のように，技術変化の程度が大きいと，既存企業が有する資源や能力は役に立たなくなり，新規参入企業に有利に働く。大きな変化をもたらす技術革新は，急進的革新（radical innovation）と呼ばれる。

第二に，製品の構成要素（コンポーネント）間の結びつきの変化である。要素間の結びつきが変化すると，各要素を担当する部門間の結びつきも変化して，既存企業が有する従来の組織構造では，新たな状況に対応しにくくなる。この見方では，図表 7-11-1 に示されるように，要素間の結びつきが変動する技術革新は構造的革新（architectural innovation）と呼ばれ，技術革新の程度を問わず，大きな影響を及ぼすとされる（Henderson and Clark, 1990）。

第三に，自社を取り巻く企業や顧客との関係である。ある技術が社会に定着すると，企業は他者との固定的な分業関係の下に組み込まれる。そのような状況下では，顧客のニーズも，競合企業の行動も，「読める」ようになっていく。このような自社と自社を取り巻くプレーヤーとの間での安定的な関係を，クリステンセン（Clayton M. Christensen）は，価値ネットワーク（value networks）と呼んだ（Christensen, 1997）。既存企業は既存の価値ネットワークを基盤としているために，それを破壊するような技術革新に積極的に対応せず，従来の優位性を喪失していくとされる。

［加藤俊彦］

■図表 7-11-1　ヘンダーソンとクラークによる技術革新の4類型

中核的設計概念と技術的要素(components)との結びつき(製品システムの構造) ＼ 中核的な設計概念	補強する	刷新する
変化しない	漸進的革新 (Incremental Innovation)	モジュラー的革新 (Modular Innovation)
変化する	構造的革新 (Architectural Innovation)	急進的革新 (Radical Innovation)

(注)　網掛け部分が既存企業に対する影響が大きい技術革新

(出所)　Henderson and Clark (1990), p.12.

Column 7-11-1 ● 技術革新に対する既存企業の対応

状況を一変しかねない技術革新に対して，既存企業はなぜうまく対応できないのだろうか。その答えは，変化を嫌うという意味での既存企業の「怠慢」に，しばしば求められる。

しかし，既存企業の経営資源は相対的に豊富であり，技術開発段階では，破壊的な技術を先行して開発している場合も少なくない。そのような状況では，既存企業の「怠慢」だけでは，説明できないことになる。

この問題に関して，クリステンセンは，顧客が既存企業と同じ価値ネットワークに組み込まれている点に答えを求めた (Christensen, 1997)。既存の価値ネットワークにいる顧客は，既存技術を有用なものと見なしている。そこで，既存顧客を対象として，新規技術に対するニーズを調査しても，否定的な意見が返ってくるために，事業化の可能性を誤って予測してしまう。既存企業が新規技術を看過することなく，市場調査を行うなど真面目に対応したとしても，破壊的な技術革新がもたらす負の影響から逃れることは，容易ではないのである。

7.12 イノベーションと組織

破壊的技術革新のように，既存の活動と対立する新規性の高い活動を既存企業がうまく進められないのは，ある意味自然である。

まず，既存の活動を効率よく進めようとする活動と，新たな機会を広く探索していく活動とは，必要とする組織構造やプロセス，能力が異なっている。既存の活動が現在の状況に適応しようとするのに対して，新たな機会を探索する活動は将来を見据えているという時間軸の違いも存在する。組織論では，前者の活動を「活用」(exploitation)，後者を「探索」(exploration) と呼んで，両立が難しいとされる (March, 1991；Li et al., 2008)。

また，既存の活動は組織の生存に必要な資源を生み出すのに対して，新規性の高い活動は資源を消費する側になりがちである。新規技術の開発活動や新規事業が「金食い虫」などと社内で批判されたりする理由は，この点にある。既存の活動は継続的に成果を上げていれば，組織内で相対的に強いパワーを持つのに対して，新規性の高い活動は実績がないために，組織内でのパワーが低くなりがちである。

このような問題があるために，放っておくと，既存技術や既存事業など従来からの活動が優先されてしまい，短期的には高い成果を上げるかもしれないが，中長期的には組織の衰退を招く可能性がある。

それでは，新規性が高い広義のイノベーションを既存の組織で進めていくには，どうしたらよいのだろうか。この問題への対応策として，既存の活動と将来を見据えた活動を両立する「両利き」(ambidexterity) の重要性が指摘されている (Gibson and Birkinshaw, 2004)。

「両利き」の経営を進めるための方策の一つは，既存の活動と新規性が高い活動を組織的に分離して，並立的に運営する「構造的両利き」である。既存技術と新規技術の開発組織を分けたり，新規事業を社内ベンチャーで行い，既存事業と切り離したりするのは，その具体例である。

既存の活動と新規性が高い活動を構造的に分けるのではなく，適切な方法によって同一組織で「両利き」を実現できると考えられている。ただし，同一組織での「両利き」を現実に機能させるのは容易ではない。　[加藤俊彦]

Column 7-12-1 IBMのパソコン事業と社内ベンチャー

かつてのIBMは，大型コンピュータで支配的な地位にあった。そのような既存事業の干渉を避けるために，IBMがパソコン事業に進出する際には，独立性が高い社内ベンチャーで開発された（榊原・大滝・沼上，1989）。この社内ベンチャーは少人数で構成され，効率的で迅速に開発を進めるために，OSやプロセッサといった中核要素は外部から調達された。垂直統合志向が強かった当時のIBMとしては，異例であった。そうして開発されたのが，現在のWindowsパソコンの原形である。

IBMのパソコン事業は成功を収め，IBMパソコンの基本設計はデファクト・スタンダードの地位を確立する。しかし，IBMのパソコン事業自体はその後市場地位を落としていく。パソコン業界で主導権を握ったのは，IBMの調達先であったマイクロソフトやインテルであった。

IBMの事例からは，社内ベンチャーが新規事業の立ち上げに有効であることだけではなく，初期段階での成功が最終的な成功を保証しないことや，外部企業の活用には難しさがあることを示唆している。

Column 7-12-2 ゼロックスのパロアルト研究所

1970年頃，普通紙複写機（PPC）市場を独占していたゼロックスは，高収益を誇っていた。その豊かな資金を背景として，ゼロックスはカリフォルニア州のパロアルトに第二の研究所を設立した。イーサネットやマウス，GUIといった現在のパソコンの主要要素など，数多くの画期的な技術がこの研究所で開発された。しかし，ゼロックス自体は，この技術開発の成果を自社の事業で活かすことは，ほとんどできなかった。

この失敗ほどは知られていないが，パロアルト研究所ではその後の展開があったとされる（Lerner, 2012）。ゼロックスでは，研究成果の事業化を推進するために，1988年にそれまでの体制が刷新された。その中心となったのは，投資の自由度などの点で独立性の高い意思決定と，高い成果報酬を特徴とする，独立したベンチャー企業を模した組織であった。この改革は大きな経済的成果を生み出したが，高い自立性と高額の報酬が問題視され，1996年に既存事業との統合を重視した体制に戻された。

第 8 章

つながる時代の組織論への展開

8.1　ネットワークと社会的な競争
8.2　ネットワークとクリエイティビティ
8.3　クラスターとビジネス・エコシステム
8.4　製品アーキテクチャと企業間分業
8.5　オープン・イノベーション
8.6　CSR のインパクトと ESG への戦略
8.7　危機管理と組織のレジリエンス
8.8　個人の意思決定とヒューリスティックス
8.9　知識のマネジメント
8.10　顧客体験とサービスデザイン
8.11　会社と生活がインターネットでつながる時代の幸福感

8.1 ネットワークと社会的な競争

信頼関係はビジネスの基本である。2社の間での戦略的提携関係としてのアライアンスを成功させるには，お互いの継続的な努力が必要である。個人のレベルでは，人を信頼することは社会的な成功に結び付くのか。関係性とは複雑であり，ネットワークと組織の考察からは，信頼による協力と同時に，社会的な競争の面がある。

ネットワーク分析では，アクター（行為者）をノードとして表現すると，三者間の関係をトライアド（triad）と呼ぶが，ノード間の関係を心理的な均衡から考察するのが，バランス理論（balance theory；Heider, 1958）である（図表8-1-1参照）。

第1に，グラノヴェター（Mark Granovetter）は「禁じられた三者間の関係」（forbidden triad）を概念化し，その深い意味を説明した（図表8-1-2）。二つのノード，すなわち，ペアの関係が，別のペアとの関係に影響され，関係の構造が変化して行くことを，「他動性」あるいは「推移性」（transitivity）と呼ぶ。二者間のノードのペアであるダイアド（dyad；ノードのペア）に比べ，トライアドは複雑である。比較的大きなネットワークの中に，いくつかの結びつきが強い関係が存在すると，それらは隣接するノードとの関係を強め，推移性により，やがては仲のよい，結びつきの強い小人数のサブ・グループを作って行く。この結果，ネットワーク全体はいくつかの凝集性の高い塊（クリーク；cliques）となり，複数の仲良しグループに分裂した状態となり，組織が広く情報を共有しようとする場合に大きな妨げになる（Granovetter, 1973）。

ノードの結びつきが強い関係（strong ties）は，人々に深い友情，安らぎを与えるもので，社会生活に深い意味があるが，彼は，「強いつながりの弱点」（weakness of strong ties）として，社会常識を否定し，強い友人関係は，組織のマネジメントに問題となり得ることを論理的に説明した。個人は，組織内に弱いつながりを広く持つことで，多くの情報を手に入れることができるのであり，「弱いつながりの強み」（strength of weak ties）として，広く浅い人間関係こそが，社会的な成功に重要であることが示唆された。

第2に，ロナルド・バート（Ronald S. Burt）は，「構造的な穴」（structural

■図表 8-1-1　バランス理論と「禁じられた三者間の関係」

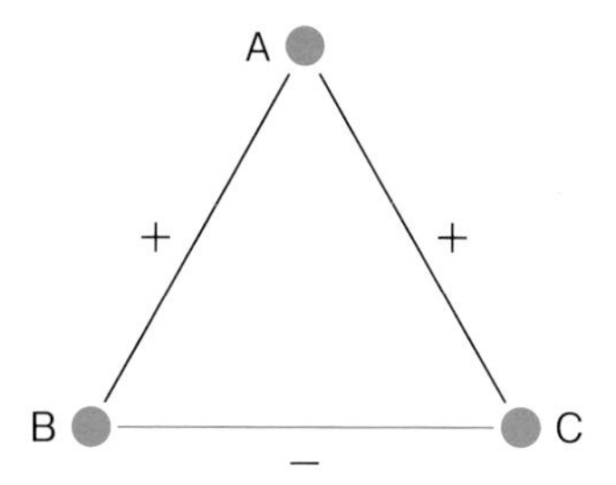

A と B，A と C の間にそれぞれよい関係があるときに（プラスの記号で表される），B と C の間にも友好的な関係が存在することが，3 人の関係が安定する状態である。A と B，A と C の間に強い友人関係があるときに，B と C の間で敵対的な関係（マイナスの記号で表現される）があれば，三者間の関係はバランスが悪く長続きしない。

■図表 8-1-2　「構造的な穴」が多いネットワーク

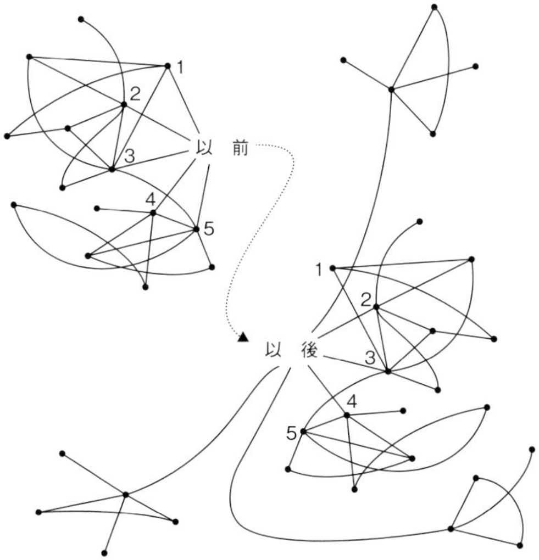

以前
以後

（出所）　Burt（1992）.

holes）を理論化した（Burt, 1992）。トライアドにおいて，2人の他者（alters）の間に敵対的な関係があり，「穴」が存在する時，自ら（ego）は，媒介者として，情報を操作し，自らの立場を強くすることができる。彼は，これこそが企業家精神であり，社会的な成功のため，他者を戦略的に搾取することを主張した。具体的には，図表 8-1-2 のように，自己Aは，他者BとCの間によい関係が成立していないことを活用し（exploitation），Bに対して，同盟関係を申し出ながら，Cの悪口を言う，また，CがBの悪口を言っていたと伝えることで，BとCが友好的な関係にならないように意図的に振る舞う。Cに対しても，Bを批判し，BがCの事を悪く言っていたと伝える。この結果BとCは溝が生まれ，ふたりは敵対的な関係となり，それぞれがAを頼るようになる。こうしてAは社会的な地位を上げることができる。

構造的な穴の理論には，実践面での難しさがあり，その際にキーとなるのが多義性（multi-vocality）である。相手の悪口を陰で言う等の極端な戦略は，自らの品格を落とす行為であり，社会的な信用を失う可能性がある。多義性とは，自らが行う社会的な行為に対して，相手によって異なる解釈ができるように，行為が送るメッセージに含みを持たせ，曖昧さ（ambiguity）を残すことである。Aは，BとCに対して，ある行為により，両者に友好的なシグナルを送り，同時に，BとCそれぞれには，そのメッセージは，自分だけに伝えられた友好的なものであると解釈させる。

この戦略を使った例として，ルネサンス期，メディチ家当主であったコジモ・ディ・メディチは，姻戚とビジネス取引のネットワークを使い，貴族階級と新興の豪商たちの間の敵対的な関係を活用し，自らの立場を強くし（robust action），フィレンツェを統一することに成功した（Padgett and Ansell, 1993；図表 8-1-3）。

個人がいかにして社会的な成功を得るかという問いに対し，「弱いつながりの強さ」と「構造的な穴」の2つの理論は，関係性と組織の視点から，このように異なる主張を展開している。このことは，ネットワーク組織論の学問としての深さを示している。

［中野　勉］

■図表 8-1-3　コジモ・ディ・メディチのネットワーク

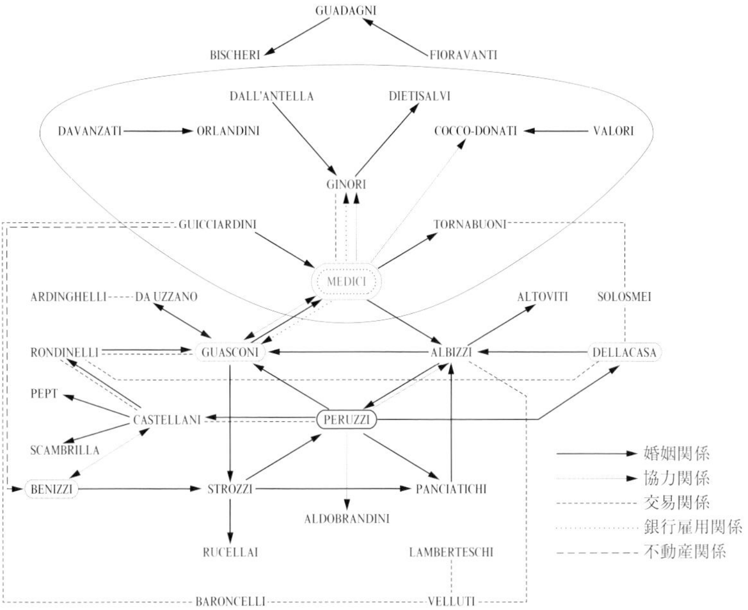

92 のエリート・ファミリーが，ビジネスと姻戚関係に絡む複雑なネットワークの中で，コジモが，「穴」を活用しながら，他のファミリーを抑え込む関係性のダイナミクスの一端がうかがえる

（出所）　Padgett and Ansel（1993）, p.1276, Fig.2a.

Column 8-1-1 ● ネットワークと昇進

バートは，1980 年代に，100 人規模のアメリカのハイテク企業について，マネジャー・レベル以上で，4 種類のネットワーク，すなわち，社内でのフォーマルな指揮命令系統の関係（fate-control tie），仕事上のプロフェショナルなアドバイスを求める関係（advice tie），人生の大事な問題などを相談するメンターとの関係（mentor tie），友人関係（friendship tie）を調べ，関係に重複の多い凝集性の高いネットワークを持っているマネジャーより，「構造的な穴」の多いネットワークを使うマネジャーの方が早く昇進していることを示した（Burt, 1992）。

これに対し，ポドーニとバロン（Podolny and Baron, 1997）は，約 10 年後に，似たようなアメリカのハイテク企業内の同様なネットワークを調査し，確かに，「穴」の多いネットワークを使うことは昇進に役立つが，それ以上に，直属の上司や一緒に仕事をする仲間とよい関係を構築することで，企業の文化にうまく適合できたマネジャーがより早い昇進を遂げているという結論に達している。

これら 2 つの研究は，昇進において，ネットワークの構造面としての「穴」の効果は重要であるが，同時に，その内容としての組織の文化も重要であることを示唆している。ネットワーク分析からの組織のマネジメントは，情報の共有，組織内への知の蓄積，異質な意見の混ざり合い，政治的な闘争などを含み，コミュニケーションとイノベーションに関し，構造と文化の両面からの考察の重要性を提示している。

8.2 ネットワークとクリエイティビティ

組織の創造性（クリエイティビティ）は，ネットワークの視点からどのように考えられるのか。スターク（David Stark）は「創造的な摩擦」(creative tension）の概念を提唱した。多様性に富んだ企業組織では，様々なインフォーマルな下位集団，すなわち，サブ・グループがネットワークとして存在し，それぞれ固有の文化的な「資産」を形成する。実務の現場では，価値観（values），状況的な認知（situated cognition），情報の解釈のフレームワーク（cognitive framework），評価原理（performance criteria）などが，グループにより異なる。それらは自らの正当性を求め活動する結果，組織に緊張関係が生まれ，時に文化的な衝突が起きる。すなわち，異なるネットワークが交差することで起こる状況的な認知や多様な解釈，価値観のぶつかり合いが，合意形成のための調整過程を通じて，イノベーションを生み出す。この「不協和」(dissonance）が創造性の源泉なのである。

変化の激しい市場は，経営組織としての企業に，色々な部署やチームに大きく権限委譲され，指揮命令系統がフラットになったことで，変化への素早い対応と柔軟な意思決定ができる，アジャイルな組織が求められる（agile firm)。それは，情報や知識が組織内に多極的に分散され，組織内の評価原理の多様性と，「資産」としての経営資源についての曖昧さを持つ組織である。

縦の指揮命令系統による，階層関係を使った中央集権的なヒエラルキー(hierarchy）に対し，異なる価値観や評価原理が並列的に存在する組織を「ヘテラルキー」(heterarchy）と呼ぶ。フォーマルな指揮命令系統下での，インフォーマルなサブ・ネットワークを基本とし，色々な価値観や文化が，分権的に並列する組織であり，異なる知が組織内に分散的に存在する（distributed intelligence）ことで，組織の考え方が，ルーティン化によって経路依存から(path dependence）一方向に収束することがない。このような「資産」が発信する情報の曖昧さ（asset ambiguity）は，受け手である消費者による多義的な解釈を可能にすることで，新たな製品やサービスを共創するきっかけとなるだけでなく，こうした組織は外部環境の変化に対して頑強である。

［中野　勉］

Column 8-2-1 リスク，不確定性と検索エンジン

20世紀初めにフランク・ナイト（Frank Hyneman Knight）が指摘したように（Knight, 1921（1957)），将来のリスクは確率分布で計算できても，変化の激しい市場では，マネジメントの意思決定は，今後の動向や次のヒット商品がどのようなものであるかという不確定性を排除することができない。したがって，新たに生まれる製品やサービスを，過去のデータからカテゴリーとして検索すること自体にあまり意味はなく，産業分類などの系統立った序列としての情報のヒエラルキーは，実践的な検索には役立たない。

ここに登場したのが，概念の関連性やつながり，すなわち参加者のネットワークでの，アクセス情報のランキングからの検索を可能にしたGoogleである。その根底には，マネジメントが将来を見据えるためには，その場の状況に応じた実践的な認知のためのアクターとオブジェクトとの関係性による検索エンジンと，キーワードから広範に深く思考を巡らせる再帰的な思考がある。それは20世紀初めのアメリカの哲学者ジョン・デューイ（John Dewey）のプラグマティズム（実践主義；pragmatism）（Dewey, 1939（1998）a；Dewey, 1939（1998）b）に通じるものがある。

Column 8-2-2 デヴィッド・スターク著『多様性とイノベーション』

経営組織においても，組織内には，仲間内にしか理解できない文化的な「掟」や「暗号」（codes）としての色々な不文律（unwritten rules）があり，それらを作り出すのは結合性の高い人間関係としての，インフォーマルなネットワークである。そして，様々なソーシャル・ネットワークが，多様な仕事の進め方のプロセスを生み出すクリエイティブな組織を作り出す。

スタークは，『多様性とイノベーション』（スターク, 2011）の中で，3つのフィールドワークから，実証のための定性分析の詳細を報告している。具体的には，1990年代以降社会主義と資本主義の原理が並列的に存在するハンガリーの工場労働者の現場での，彼らのパフォーマンスへの評価原理と，マネジメントと工員のグループ間の正当性へのせめぎ合いが詳細に分析されている。

また，2000年前後のニューヨークの「シリコン・アレー」における新興IT企業の分析では，ソフトウエア開発における企業内の様々なグループ間での対立する文化と認知のパターン，情報の解釈と意見の調整過程が検証されている。

最後に，9.11のワールド・トレード・センターのテロと前後して，ウォール・ストリートの大手インベストメント・バンクのディーリング・ルームで，裁定取引の現場でのディールがいかに作られていくのか，その組織化のプロセスに見る文化と，多様なパフォーマンス評価のぶつかり合いが，ヘテラルキーとして説明されている。

そこに見えるのは，異質なものが緊張を伴って衝突しながら，確かな論理のフレームと深い思考による価値判断を用いて，マネジメントが創発的にイノベーションを生み出していく組織のデザインである。

8.3 クラスターとビジネス・エコシステム

クラスター及びビジネス・エコシステムは，経営組織のマネジメントが，さまざまなパートナーと協力関係を築くことのメリットを説明する概念である。グローバル化した経済の中では，企業が単独でできることには限界があり，さまざまなステークホルダーとの戦略的提携（strategic alliance），すなわち，パートナーとの互恵的な協働（collaboration）が必要である。21 世紀に入り，企業間の協働による製品開発や，ステークホルダーとの共創による新市場の開拓を指向する成長戦略が重要となったことで，Win-Win のポジティブ・サムのネットワークを目指すことが，競争と協働のルールの主流となった。

多くの企業が特定の地域に集まり，地理的なネットワークを作っているのが産業集積（agglomeration；industrial district）や，地域クラスター（regional cluster）である。単一の企業を超えた地域的な企業の集まりであり，知識，テクノロジー，文化，クラフトなどが共有財産として地域に積み上げられ，個々のヒエラルキーを超えたソーシャル・キャピタルを形成している「組織的なネットワーク」（organizational network）である。

例えば，サクセニアン（Saxenian, 1994）は，1980 年代のシリコンバレーの技術者，投資家，エンジェル，大学などを巻き込んだ開放的なネットワークの存在を，技術者の労働市場の高い流動性から，カリフォルニアの文化に根ざす IT 産業のイノベーションの源泉として描いた（boundary-less career；Arthur and Rousseau, 1996）。

その後，クラスターの概念は，ビジネス・エコシステム（business ecosystem；Iansiti and Levien, 2004；Chesbrough, 2006；西澤ほか, 2012）に発展した。オープン・イノベーションにより，新規のビジネスを立ち上げるには，中小企業の集積，大企業の研究開発センター，大学などの技術者間のネットワークに加え，公共機関，金融機関などのサポート体制が整うことが重要であり，「池」（pond）の生態系として成立する必要がある。それは，企業の立地環境であり，持続可能なシステムとして，優位性を巡る世界的な地域間競争としての側面も持つ（Porter, 1998）。

［中野　勉］

Column 8-3-1 ● クラスターに関する理論の展開

クラスターの考え方には，マイケル・ポーター（Michael Poter；Porter, 1998）が，「ハーバード・ビジネス・レビュー」（*Harvard Business Review*）に，ビジネス・パーソン向けにクラスターの重要性について論じたことで，ビジネス界からの関心が高まった。

産業集積のメカニズムを理論的に説明した古典的な研究は，ピオリ（Michael Piore）とセイブル（Charles Sabel）が提唱した**「柔軟な専門化」**（flexible specialization）の概念（Piore and Sabel, 1984）である。1970年代以降の情報化の進展から，市場の変化のスピードが速くなり，消費者が，粗悪な量産品でなく，品質，スタイルや個性を求めるようになった結果，スピードと柔軟性のために**多品種少量生産**のシステムが必要となった。専門分野に特化した中小企業が，地域的な分業を組むネットワークは，単一の複数事業部制の大企業による大量生産，すなわち，垂直統合により多角化した大企業単独での大規模生産システムに勝る，と理論化された。

イタリアのエミリオ・ロマーニャの精密機械，革製品，ファッション産業など，その思想はデザイン・生産・販売の間での情報のフィードバック・ループによる**「コンカレント・エンジニアリング」**（concurrent engineering）の思想と，熟練工の「技」としてのクラフト（craft）の重要性を見直すものであった。

Column 8-3-2 ● 企業の立地とクラスター間の競争

21世紀に入ると，生産システムのデジタル化が進んだ結果，スピード，規模，柔軟性などがカギとなり，協働や分業により，市場の変化や消費者のニーズにすばやく対応できる**「アジャイルな組織」**の考え方が広まった中で，台湾や中国深圳のハイテク産業，インド・ムンバイのIT産業など，新たな産業の集積地が生まれた。

浜松の楽器やオートバイ，愛知の自動車関連，燕の金属加工，諏訪・岡谷の精密機械，鯖江の眼鏡，岡山のジーンズなど，日本には様々な集積地があり，近年では，東京の渋谷周辺には，東急グループによる再開発の計画が展開しつつある中で，多くのIT系の企業が集まり，青山・代官山のファッションやデザイン関連ビジネスなどと融合しながら，**クリエイティブ・インダストリー**のハブとしての機能を高めた。

Column 8-3-3 ● バイオやハイテク産業のエコシステム

世界のハイテク，バイオ産業などのエコシステムの研究も多く，例えば，生命科学分野におけるバイオ・クラスターの形成過程を追ったネットワーク分析による研究（Powell et al. 2004）は，産学共同でのバイオ産業と，その世界的な広がりが明らかにし，また，官民の協力による産学共同プロジェクト（public-private initiatives）として，イギリス・ケンブリッジ（西口, 2007）などの組織的なネットワークのあり方への研究が盛んに行われている（Breschi and Malerba, 2005；福嶋, 2005）。

8.4 製品アーキテクチャと企業間分業

自動車やパソコン，時計など，様々な製品は，コンポーネントや部品といった複数の要素で多層的なシステムを構成している。このシステムをどのように下位要素（サブシステム）に分解して，それぞれの要素をいかに関係づけるかという設計思想は，製品アーキテクチャと呼ばれる。

製品アーキテクチャには，モジュラー型とインテグラル型の2つに分けられる。要素間の組み合わせ方に関するルールを事前に決めて，そのルールに従って開発・生産を行うのが，モジュラー型のアーキテクチャである。それに対して，組み合わせ方を完全に決めることはなく，調整をしながら，全体を最適化していくのが，インテグラル型である。モジュラー型には現在のパソコンなどが，インテグラル型には自動車や航空機などが，それぞれ該当する。

製品アーキテクチャが企業経営で重要となるのは，企業内や企業間での製品開発・生産体制に影響を及ぼすことにある。モジュラー型であれば，要素間のインターフェイスが事前に決められているので，各要素を担当する部門や企業が独立して活動できる度合いが高まる。それに対して，インテグラル型では，各要素の開発プロセス間で相互に調整する必要があるために，担当する部門間や企業間で，「擦り合わせ」と呼ばれる，より密接なコミュニケーションが要求される。

このような特性の違いから，モジュラー型では，企業間での市場取引に適しており，またルールを決める「プラットホーム・リーダー」が重要な役割を果たす。その一方で，インテグラル型では，密接なコミュニケーションをとるために，企業への内部化や，系列取引のような固定的な企業間関係での開発・生産体制により適合している。

延岡健太郎（延岡, 2006）によれば，日本企業はモジュラー型よりもインテグラル型に適合した組織能力を保有しているとされる（図表8-4-2参照）。この点は，インテグラル型である自動車産業において，日本メーカーの競争力が維持されている点からも，示唆される。ただし，製品アーキテクチャが変化した際には，新たな状況に適した組織能力が求められることになる。

［加藤俊彦］

■図表 8-4-1　２つの製品アーキテクチャ

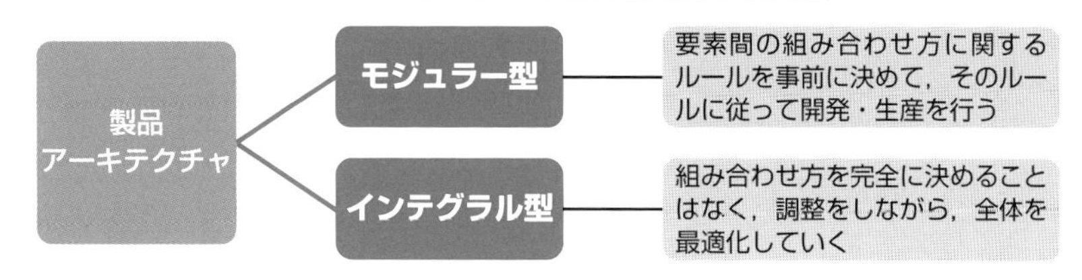

Column 8-4-1 ● 製品アーキテクチャと技術革新

製品アーキテクチャは，単に製品の構造を規定するだけではなく，その背景にある企業間の分業体制にも影響を及ぼすことから，そこで生じる技術革新に影響を及ぼすとされる（Langlois and Robertson, 1995）。

製品アーキテクチャがモジュラー型である場合，製品の構成要素の独立性が高まり，より幅広い企業の間で分業が行われる。そのために，各企業は自社が担当する要素に焦点を当てて開発を進めるとともに，新しいアイデアを持った企業の参入機会も増える。これらの要因は，各要素における技術革新を促進すると考えられる。

その一方で，モジュラー型の製品アーキテクチャでは，要素間の関係性は固定的である。既定のルールの変更は容易ではなく，変更したとしても他の企業に受け入れられないリスクもある。したがって，既定のルールを伴い，他の要素に影響を及ぼすような技術革新は，モジュラー型では生じにくくなるとされる。

■図表 8-4-2　製品アーキテクチャと組織能力

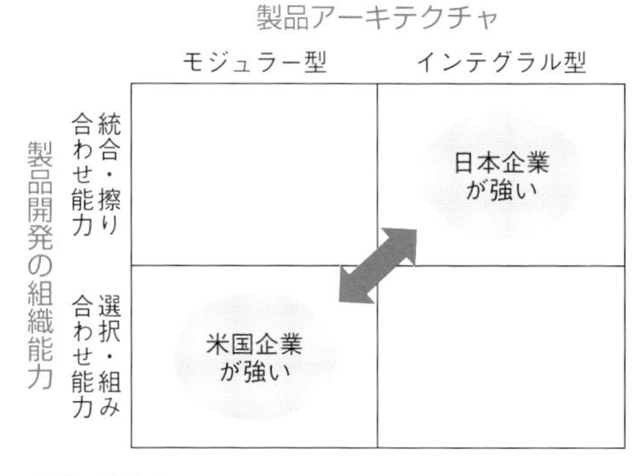

（出所）　延岡（2006），p.77.

8.5 オープン・イノベーション

1970 年代に登場した「資源依存理論」(resource dependence theory；Pfeffer, 1981, 1987) は，企業内や企業間という組織の関係性の視点から，政治的な権力構造について説明する理論である。ビジネスにおいては，希少金属などの原材料や貴重な天然資源，豊富な知識や高いスキルを持つ人材，高度な最新テクノロジー，好立地，巨額資金など，企業が経営資源として使うことができるものは，潤沢には存在しない。この理論は，貴重な資源を手に入れたプレイヤーが競争に勝ち，権力を手中に収め，他をコントロールすると考える。したがって，政治的な闘争は必須であり，企業内部のレベルでは，権力を握る特定の個人，企業間関係で言えば，多くの企業を直接・間接に支配する力のある企業が存在することになる。

1990 年代以降のハイテク技術の進歩と，社会の情報化の流れにより，生産性の効率化と品質管理が向上し，サプライチェーンがグローバルに展開されるようになった。また，インターネットの普及により，消費者が入手できる情報は飛躍的に増え，製品のデザイン・品質・価格・スピードを巡る競争は激化した。製造業企業には，「常に変化し続ける市場」(Eisenhardt, 1989) に対し，ダイナミック・ケイパビリティとして動態的に対応できる能力 (dynamic capabilities) を持つことが求められる (Teece et al., 1997；Eisenhardt and Martin, 2000；河合, 2004)。

このような市場環境においては，企業は，資源を独占し，垂直統合するよりも，パートナー企業と関係を作り，自社にない補完的な経営資源を，互恵的戦略提携として，企業間のアライアンスにより手に入れ，共創によるオープン・イノベーションを目指すことが有利になる。例えば，素早くビジネスを立ち上げ，市場のニーズに対応し続けることで，競合のいないビジネス環境を作り出す「ブルー・オーシャン戦略」(Blue Ocean；Kim and Mauborgne, 2015) が提唱され，また，地域クラスターあるいは産業集積地など，地理的なビジネス・エコシステムとしての総合的な環境が，企業の競争力の大事な要素であると見なされるようになった。2000 年代以降，資源依存による競争戦略から転換し，オープン・イノベーションへの戦略が広く求められるようになったとも言える。

［中野　勉］

Column 8-5-1 自社生産とパートナーシップ

競争のグローバル化が進んだ経済では，企業が単独でできることには限界があり，さまざまなステークホルダーとの戦略的提携，すなわちアライアンス・パートナーとの互恵的な協働（collaboration）なしには，製品の設計・生産から宣伝と販売，配送，アフター・サービスの提供まで提供できない。限りある経営資源をどの領域に集中的に投資し，どの部分をパートナーに頼るのか，あるいは，買収（M&A）により外部から手に入れるのかが，マネジメントの重要な意思決定である（make-or-buy decision)。

様々なアライアンスを組む際には，プロジェクトの現場において，自社の特殊技術や高度な専門知識などのコア・コンピタンスをいかに守るのか，そして，それらをどこまでパートナーに対しオープンにするのか，マネジメントによる高度な戦略的な判断が求められる。オープン・イノベーションでは，実は企業間の協力と競争とが同時に展開される。

Column 8-5-2 創発的な関係とプロジェクトとしての投資銀行ビジネス

創発的な関係性（generative relationships）では，プレイヤーであるノードは，時に自らの役割を変えつつ，ダイナミックにネットワークを再構築（rewiring）しながら行動する。情報のスピードと質が勝敗を決める金融サービスにおいて，組織の枠を超えたネットワークは重要な意味を持つ。エクルス（Robert Eccles）とクレイン（Dwight Crane）は，1980 年代のウォール・ストリートにおける，M & A の投資銀行業務（investment banking business）について，インベストメント・バンカーのインフォーマルなネットワークが，利害関係者を巻き込みながら，一つひとつのディールを作り上げるプロセスを描いた（Eccles and Crane, 1988)。インベストメント・バンカーは，社内外の色々なネットワークを通じて情報を交換し，時にシンジケーションを組みながら，次々にディールを成功させる。彼らはお互いに競争相手であり，また情報提供者であり，協力者ともなる。顧客もネットワークの一部であり，投資銀行内には部署の境界を跨ぐ業務が多く，組織の内と外との境界は曖昧である。ディールがプロジェクトであり，メンバーが競争・協調・協力・衝突・調整など，案件ごとにノードとしての役割を変えながら，組織の枠を超えた互恵的な関係を作っていた。このメカニズムがウォール・ストリートの成長の一つの原動力であった。

8.6 CSR のインパクトと ESG への戦略

CSR（corporate social responsibility；企業の社会的責任）とは，企業は，市場活動を通じて，社会から利益を得るのであり，様々なステークホルダー（stakeholders；利害関係者）に大きな影響力を持つ存在として，人類が直面する様々な社会問題に取り組みながら，世界経済の持続的な成長に寄与する責任があるとする哲学である。それは，ヨーロッパなどの先進国から広まり，企業の戦略マネジメントに大きなインパクトを持つ。

例えば，途上国での劣悪な労働環境や子供の労働の根絶を訴えるフェアトレードは，グローバルにサプライチェーンを構築する多国籍企業に，調達から販売まで，取引先であるサプライヤーを含めた管理が求められる。天然資源の枯渇，大気汚染，気候変動などの地球環境問題への取り組みは，世界経済の安定的な持続的発展のために，先進国から途上国まで，全ての企業が具体的な取り組みを求められる。また，多国籍企業のトップ・マネジメントには，途上国の貧困問題，教育機会の格差の是正，先進国における富の偏在，女性やマイノリティのダイバーシティの問題などへの積極的な対応が求められる。

こうした中，世界の大企業による取り組みが広がる中で，サステナビリティ，エコ・プロダクツ，オーガニック製品など，製品やサービスの質を保証する様々な国際的な認証制度が作られ，企業にとっては認証を取得し，市場のステークホルダーとコミュニケーションを図り，投資を呼び込み，持続可能性への世界の共通ルールに乗ることができるかが，極めて重要な企業戦略となっている。

具体的な指針としては，例えば，国連主導の SDGs（sustainable development goals；持続的な開発目標）は，地球規模の循環型経済（circular economy）を目指し，持続可能な経済成長のために 17 の項目を定めている。また，投資基準としての ESG（environment, social, governance）は環境問題，社会問題，ガバナンスに関する基準であり，それらは，資本市場での世界の機関投資家の投資の選定基準として，企業のマネジメントに直接，間接に大きな影響を与えることで，経営組織のマネジメントの行動指針となっている。　［中野　勉］

Column 8-6-1 日本における CSR と統合報告，温暖化対策への取り組み

CSR は，ヨーロッパを中心に，企業の活動に哲学性や倫理感を求め，1970 年代位から始まった運動であるが，近年**地球温暖化**が，現実の問題として顕在化する中で，環境先進国ドイツの政策や，イギリス発の**スチュワードシップ・コード**などがけん引役となって発展してきた。消費者，株主，金融機関，取引先，従業員，地域コミュニティなど，ステークホルダーとのコミュニケーションが重要であり，行動指針や規範となる理念を遵守できない企業は，長期的には市場から退出せざるを得ない。欧米の資本市場を中心に，巨大な資金を運用する**年金基金**などの機関投資家の資金を呼び込むことで，企業は新たなビジネスへの巨額の投資が可能になるのであり，投資家対策として IR（investor relations）の重要性も増している。

日本国内においても，投資家とのコミュニケーションが株価に与える影響は無視できなくなりつつあり，2015 年頃から，世界のサプライチェーンに参加するためには，様々な多国籍企業とアライアンスを組めなければ，グローバルな事業展開はできなくなると言う危機感から，多くの日本企業においても，CSR 関連の取り組みが盛んになった。近年 ESG 投資，SDGs などへの関心が高まる中で，決算の財務報告のみでなく，より包括的にサステナビリティ，ダイバーシティなどへの取り組みを開示する**統合報告書**（integrated report）の作成が，企業のコミュニケーション戦略として，環境問題，ワークライフ・バランス，ダイバーシティなどを含め，IR や CSR 関連の部署で扱われることも多くなった。

しかしながら，**パリ協定**を基本に，排出ガス削減（zero emission）を目指す 2019 年の COP25 では，日本が効率のよい小型の石炭火力発電プラントを，アジア諸国に輸出することで，地球温暖化に貢献できると主張したことに対して，代替エネルギーへの転換が進むヨーロッパ先進国から，地球温暖化への取り組みに逆行する化石燃料に固執する日本の政策は批判の的になった。

Column 8-6-2 CSR と CSV

企業戦略としてポーターらが提唱した **CSV 戦略**（creating shared value ; Porter and Mark, 2011）は，企業が，様々なステークホルダーとの関係において，**価値の共有化**を戦略的に築くことにより，持続的な成長が可能になると主張するものである。CSR が，短期的な利潤追求としての企業活動と，ステークホルダーの利害との対立的な側面を指摘するのに対し，CSV の概念は，倫理性や哲学性が弱いという批判もある。

8.7 危機管理と組織のレジリエンス

事業継続計画（business continuity plan；BCP）に大きな関心が集まるきっかけとなったのは，日本では，1995 年の阪神・淡路大地震であった。また，アメリカ資本主義の象徴である超高層ビルが，ハイジャックされた旅客機の攻撃により崩壊するという，2001 年の 9.11 の世界貿易センタービルへのテロであり，不測の事態への備えの必要性の認識が広がった。そして，2011 年の東日本大震災は，多くの工場で生産が停止し，福島原発事故が発生した。こらら想定外の出来事で，日本企業は危機管理の重要さを再認識した。

新型コロナの流行により，マネジメントにとって，リスクに備えるだけでなく，不測の事態でも事業継続できる企業のレジリエンス（resilience）の重要さが増し，BCP が大きな課題となっている。例えば，自動車産業において，工場などが操業停止に追い込まれる中で，「トヨタ・システム」により，効率化を徹底的に進めた生産体制を作り上げても，サプライチェーンが分断され，海外のサプライヤーから部品が入ってこなければ，生産ラインは稼働しない。

「密」を避けるとはどういうことか。オフィスに従業員を集めての管理，消費者を特定の場所やイベントに集めることなど，規模の経済で成り立ってきた多くの産業で，ビジネス・モデルに見直しが求められる。「新たな日常」（New Normal）は，不確定性に満ちたものとなり，内部留保や運転資金の確保の重要性が増すだけでなく，リモートワークの併用などを含め，ソーシャル・ディスタンス（social distancing）が必要となり，集積型の事業の効率の追求からの転換が求められる。

新型コロナの流行直後からの株式市場の動きは，資本市場のビジネスへの反応を示した。2020 年 3 月頃からの世界のマネーの投資先は，デジタル化が進むとの考えから，IT 関連に資金が向かう一方で，機関投資家などはリスクを避けるため，ESG に積極的な企業への投資を増やした。気候変動やコロナ後の不確定性の高い世界では，環境問題，社会問題，ダイバーシティや説明責任など，ガバナンスの問題に積極的に取り組む企業の収益は，長期的に安定するとの考えから，これらに取り組む企業の株価は堅調に推移した。

［中野　勉］

Column 8-7-1 リスク，不確定性とコロナ対策

リスクとは何か。フランク・ナイト（Knight, 1921）は，リスク（risk）と**不確定性**（uncertainty）を区別した。前者は，保険料の計算など，過去のデータから，その確率とコストを計算できる。後者は，データなどからは予測不能なことを指す。リスクに対しては組織的な備えが可能であるが，将来の不確定性は排除できない。

2020年に世界的なパンデミックとなった新型コロナウイルス（COVID-19）の感染の流行は，予測できない事態であった。日本でも，生産者，インバウンドに依存してきた観光業，外食産業，音楽イベントなど，外出自粛や「巣ごもり」生活により，突然に市場が消えるという不測の事態が発生した。オフィスワークの環境や生産現場に大きな変化が起こり，疫病や自然災害などが，今後も人類への脅威となり得る。

Column 8-7-2 リスク管理と組織の理論

組織論では，リスクの問題が長く研究されてきた。藤川なつこ（藤川, 2015）によれば，例えば，組織事故研究の代表的なアプローチである「**ヒューマンエラー研究**」に対し，1979年のアメリカ，スリーマイル島原子力発電所の事故（Three Mile Island accident）の実証に始まる「**ノーマル・アクシデント理論**」（normal accident theory：NAT）（Perrow, 1984；Sagan, 1993）は，原子力発電所や原子力空母，航空管制システム，石油コンビナートなど，高度な技術を有した複雑なシステムにおいては，組織的な問題として，「**ゴミ箱モデル**」（Cohen et al., 1972）が指摘するように，不明確な目標，誤った理解，誤った学習，偶然の出来事，手段に関するマネジメントの混乱が多いため，システムの相互作用と，**がっちりと作り込まれた組織（tight coupling）**により，重大事故が避けられないと考える。

これに対し，「高信頼性理論」（high reliability theory：HRT）は，組織内のスラックや組織文化の構築を通じて，重大事故を未然に防ぐことができると考える。1980年代には，チェルノブイリ原発事故，スペースシャトル事故が発生した。第1に，バークレー・グループは，アメリカ航空宇宙局（NASA）の管制システム，ガスや電気の供給元，海軍原子力空母などは，危険なインシデントを何万回も経験しながら，重大なアクシデントは発生させておらず，スラック，説明責任，職務への責任，**信頼の組織文化**を作ることの重要性を指摘した（Roberts, 1989；Roberts, 1990）。第2に，ワイク（Karl Edward Weick；Weick, 1987）は，**集団の多様性**によって，組織はシステムの複雑性に対処することが可能であり，コミュニケーション，チームの認知の異質性，物語で伝えることなど，組織文化の醸成によって，重大事故は回避できると主張する。

8.8 個人の意思決定とヒューリスティックス

経営者や従業員の個人の意思決定は，組織で共有する知覚過程を通じて経営環境や出来事に対して得られた共通の印象や解釈に大きな影響を受ける。知覚（perception）とは，人々が環境について解釈したり理解したりする認知の過程である（Kreitner and Kinicki, 2013）。

例えば，社員が朝，通勤前に見たテレビニュースに個人的にあまり強い印象を持たない場合でも，会社に到着後，職場がそれで大騒ぎしていると重大なことだと思う。環境や出来事のへの認知は，会社の共有する見方，価値観，組織文化，そのときの集団感情，業務ルーティン，共有するストーリーによって強く影響される。

特に組織の共有する認知上のバイアスや過去の経験則は，意思決定の失敗を生み出すことがある。認知上のバイアスの典型に，ステレオタイプがある。これは，ある特徴を持つ人に対する短絡的な一般論や偏見で判断することである。またハロー効果（後光効果）や自分のわかるものだけを理解する選択的認知がある。

ただ，それ以上に，組織にとって意思決定のバイアスを与えるものにヒューリスティックス（heuristics）がある（図表 8-8-1 参照）。これは，組織において経験則から共有した意思決定を簡略化する方略と定義される（Bazerman, 2009）。つまり，会社が過去の経験則で得たルーティンを，偶然うまくいったかもしれないかもしれないのに，過去の成功体験から固執してやり続ける傾向である。これによって，しばしばある経験則について，最初は直感的に決定をしたにも関わらず，「ベストプラクティス」として，どのような状況でも長い間固執して使い続け，重大なミスを犯すことがある。

こうした認知や意思決定のバイアスを避ける方法として，近年はエビデンス・ベースの意思決定が推奨される（Kreitner and Kinicki, 2013）。つまり，過去の経験や思い込みを避けるために，意思決定の際に，実際に客観的なデータや知見を体系的に集めて検討することである。外部から情報を収集したり，利害関係者の意見を集めたりして，総合的にこれから行う意思決定についての根拠や妥当性を総合的に検討するのである。 ［若林直樹］

Column 8-8-1 意思決定の 6 段階

個人の意思決定は，6 段階を通じて行われる（Hitt et al., 2011）。①問題を定義し，②選択基準を定め，③情報を集めて評価し，④決定の選択肢をリストアップし，⑤最善の選択肢を選び，⑥実行して結果を検討する。従来の規範的な意思決定理論は，最適化モデルでも満足化モデルでもこの過程が合理的に進むと考える。しかし，組織の普段の意思決定は，個人や組織の認知や情報収集能力の限界に影響されるだけではなく，前例の踏襲や，会社独特の解釈や考え方，業務のルーティン（やり方），経営者や社員の感情，組織文化によって左右される。

■図表 8-8-1　代表的なヒューリスティックス

種　類	内　容
可用性ヒューリスティック	利用しやすいデータで判断
代表性ヒューリスティック	特別な事例を代表的と考える
確証バイアス	都合の良い情報を選択的収集
アンカリング・バイアス	最初の情報に固執
自信過剰バイアス	過信のために見逃す
後知恵バイアス	後から出来事が予測可能という
フレーミング・バイアス	情報の提示のされ方に影響
コミットメントエスカレーション	悪情報があっても当初判断に固執

（出所） Kreitner and Kinicki (2013).

Column 8-8-2 ベストプラクティスは常に最善なのか

ビジネススクールにおいてビジネスケースで教えると，何が最優良経営事例（ベストプラクティス）であり，どのやり方がよかったのかということを聞かれる。だが，これは短絡的である。企業経営の最優良事例は，優れた経営判断つまり意思決定を示すと考えられている。つまり，それが経営上の目標，課題，環境にもっとも合理的だったと考えられている。だが，ある企業がある時点で行った決断が，別の時代の別の産業にいる別の会社にとって常に同じく合理的なものとは言い切れないだろう。

ハーバードビジネススクール教授で意思決定論が専門のマックス・ベイザーマン（Max H. Bazerman）は，個々の経営判断の合理性には 2 つの制約があると指摘する（Bazerman and Moore, 2009）。それらは，経営者や社員が認知上のバイアスをもっていること，そして経営判断が経験則を従う場合が多いことである。まずバイアスには色々あるが，自分に都合の良い情報を得たがる，入手しやすい情報に頼る，偶然を必然と捉える錯覚などがある。バイアスを持つと，企業は，経営状況を完全に合理的には認識できない。

次に判断の多くは，経験則に従うとする。これは，「ヒューリスティック」と言い，経験則に従い簡略化した意思決定のやり方である。つまり，ある状況で偶然にうまくいったやり方を，経験に従い無反省に使っていることが多い。長瀬勝彦（長瀬, 2008）は，楽をしたい人間の本性からすると，経営者が，多大な労力を使って情報を収集してあり得る選択肢をすべて考えて意思決定をすることが少ないとする。

たとえ最優良事例の場合でも，バイアスを持った状況の認知を行い，経験則に従うならば合理的とはいえない。松本晃元会長のカルビー改革でも，社員は従来からのヒット商品で良しとしたが，彼は健康志向時代には不十分なので，健康食品への見直しを進めた。ビジネスケースの分析をする際には，最優良経営事例は，次善と捉えて，常に時代や環境の現在のデータに即したものへと検証をし直す態度が重要だろう。

8.9 知識のマネジメント

組織にとっての知識というのは，組織が活動を遂行する上で，どのようにすれば良いかやできるのかについての情報ややり方をメンバーが共有していることである。知識は，生産や販売や開発，ガバナンスなどの具体的活動について組織の共有するルーティンや能力のことを指す（Aldrich, 2006）。これは，成員が社会や環境から獲得したり，他の組織を模倣したり，自分の経験から得たり，自ら創造したりもする。

知識マネジメント（knowledge management）とは，組織論では，組織がその「全体を通じて，知識を獲得し，組織化し，管理し，そして普及させる体系的アプローチを展開する過程」と定義されてきた（Darkir, 2017）。組織とその成員は，活動に効果的なやり方や能力を組織として獲得，共有，活用または創造すると，活動の効率化や優秀事例の利用が出来，費用低下が図れる。

野中郁次郎らは，組織の持つ知識が，論理や言語で組織内に伝達しやすいかどうかで，形式知と暗黙知の 2 つの形態に分かれるとした（野中・竹内, 1996）。形式知は，マニュアルやテキストのように，言語化され，記号化され，表現され，誰にでも普遍的に使える形態となっているので比較的伝達しやすい。これは，組織内で標準的なやり方として普及させやすく，外部からも獲得しやすい。それに対して，暗黙知は，特定の個人やグループの経験に基づいた特殊な知識や理解であり，特定の文脈に埋め込まれており，言語化や記号化がしづらく，当事者以外の他者にコミュニケーションすることが難しい。だが，同時にこれは，独自性の高い洞察，直感や判断を含み，ある個人の持つ技能や心理に由来する特殊性も持ち，従来の一般的な知識と異なる新たな知識を作り出すのに，重要な資源となる。野中や竹内は，企業が特定の個人や集団の持つ独自の暗黙知を，形式知に転換し，社内で共有，発展，活用することで個性的な知識を持った独自の競争力の構築につながることを示した。

近年は知識マネジメントは，組織の学習過程だけではなく，それを推進する情報技術の活用や価値を持つ知的資産の管理という面から議論されている（Dalkir, 2017）。

［若林直樹］

Column 8-9-1 企業組織における知識マネジメントの重要性

企業が，技術，製品，サービス，ビジネスモデルのイノベーションを行ったり，保有する経営のノウハウややり方，技術を改善したりすることが，持続的に競争力を高める要因として重視されている。

アージリスらは，こうした企業は，経営者や社員が継続的に知識や情報を学習し技術や経営の革新をし成果に結びつけている組織，すなわち「学習する組織」（learning organization）であると主張した（Argyris and Schoen, 1974）。そこでは組織が共有する知識は，重要な経営資源だと理解された。さらに野中・竹内（1996）の『知識創造企業』の議論により，企業が新たな知識を創造することは中核競争力を高めることが認識された。企業組織における知識のマネジメントのあり方が組織運営だけでなく企業戦略上も重要課題となってきた。

Column 8-9-2 組織的記憶：手続的記憶と陳述的記憶

組織は，獲得した経験や情報の内容を，組織として学習する過程を通じて，組織に共通の記憶，すなわち組織的記憶（organizational memory）に貯蔵，蓄積，共有，変換，消去する（Dalkir, 2017）。具体的には，記憶は，日常会話や会議，研修，イベントなどの企業内でのコミュニケーションを通じて，移転し，共有される。組織は実際の経験から特定の状況に適合した個別のルーティンや技能から構成された知識を作る。これを**手続的記憶**（**procedural memory**）という。ただ，これは，特定状況対応から発展したので，一般化しづらく，内容を移転しづらい。言語化しづらいので，暗黙知である。他方で理論化し，抽象化した経験や内容は**陳述的記憶**（**declarative memory**）といわれる。言語化もされやすく多様な状況で使え，容易に学習も進む。

Column 8-9-3 情報技術と知的資産管理の影響

知識マネジメントは，組織学習を推進する情報技術の活用や価値を持つ知的資産の管理の面から議論されている（Dalkir, 2017）。知識マネジメントは，これまで情報技術の発展と共に進化してきたので，常に効果的な IT ツールの活用が同時に議論される。近年では，クラウドソーシングや AI による社内での知識の活用が議論される。さらに，企業の知識は，単なる社内で保有するノウハウとしてだけではなく，技術，特許，経営手法，ソフトウェアなどのように経済的価値を持つ重要な「知的資産（intellectual capital)」として管理することも重視される。そのため，企業の持つ知識は幅広く「**見えざる資産**（**invisible asset**)」と見られている。

8.10 顧客体験とサービスデザイン

サービスのマーケティングや経営学において，顧客体験（customer experience）をキーワードに，顧客の消費に対する新たな見方が出てきた。シュミットによれば，顧客は，商品やサービスを購入するときに，それらを独占的に所有をし，消費をしたいのではなく，むしろそれらを用いて生活を便利にするような便益を得たいと思う（Schmitt, 2003）。すべての消費を利用価値側面から見直し，それらの品質や性能がいいだけではなく，そこから得られる顧客体験がよいものであれば，顧客のある商品やサービスへの顧客のロイヤリティ（忠誠心）が高まると考えられるようになった。

顧客体験とは，「顧客が，サービスそれ自体やその提供過程において相互作用や参加から得た直接で個人的な解釈」である（Johnston et al., 2012）。特に，優れた顧客体験を創るためには，顧客とそれを一緒に作り出す顧客共創の関係づくりが重要とされる。企業組織が顧客の消費の際に卓越した顧客体験を提供する経営手法や顧客との相互作用に関心が高まってきた。

サービスデザイン（service design）は，顧客視点に立ち，顧客体験を良くするように企業組織全体の供給体制をデザインする経営コンセプトである。これは，顧客視点でサービスのあり方を考え，新しいサービスを創造したり，または既存のサービスを改良したりして，顧客にとってより有益で使いやすく望ましいものに変え，同時に会社にとって，効率的かつ効果的な供給の仕組みを実現する取り組みである（Stickdorn and Schneider, 2011）。これには，しばしば会社の縦割りを改革し，部門間の連携の再編を行うことも含む。

そうしたサービス供給の組織改革を行う手法の一つが「カスタマー・ジャーニー（customer journey）」である。顧客の視点から，あるサービスの消費過程と複数の顧客接点での対応を分析して，顧客体験の価値が高まるように再編成する。特に，顧客の直接対応窓口だけではなく，それを支える後方部門や他部門との連携や活動の見直しを行うこともある。 ［若林直樹］

Column 8-10-1 顧客接点

インターネットやデジタルメディアの発達に伴い，顧客に対して，日常において，様々なメディアやチャンネルを通じて，顧客との相互作用を行い，得られる顧客体験を訴えるようになった。具体的には，人々の口コミ，ウェブサイト，スマートフォン，マスコミ，街頭広告，広告印刷物，小売店そして製品やサービスそのものなどを通じてである。こうした企業と顧客との相互作用をするあらゆる接点を「顧客接点（touch point）」という（Stickdorn and Schneider, 2011）。私たち消費者は，デジタル化した今日，ウェブ広告，ソーシャル・ネットワーク・サービス，テレビ CM，チラシ，店頭のプロモーションなどを通じて企業と彼らの商品，サービスについて情報や価値のコミュニケーションを行っている。そして，企業は，顧客に対して，多様な顧客接点を体系化してプロモーションを行おうとしている。

しかし，企業組織の方を見ると，必ずしも様々な顧客接点を体系的に使いこなせない事情がある。それは，会社は大きくなればなるほど縦割りで，部門間が連携することができず，部門や担当者がバラバラに顧客に対して働きかけることが多い（Polaine et al., 2013）。マーケティング，ネット販売部門，カスタマーサービス，アフターサービス，販売代理店，広報などがバラバラに顧客に働きかけ，しかも相互に統一がとれていないことが起こる。例えば，扇風機の部品がこわれ，それを求める場合を考えよう。まず，カスタマーサービスに電話すると，販売店に相談しろと言われる。取り扱えないので，ネット販売で探せと言われる。結局，県で1つの販売子会社に車で行けと言われる。これは，企業組織が，内部の効率性追求を重視し，顧客視点が不足し，顧客志向的組織ではないために起こる。しばしばこれは，顧客の体験価値を大きく損なう。

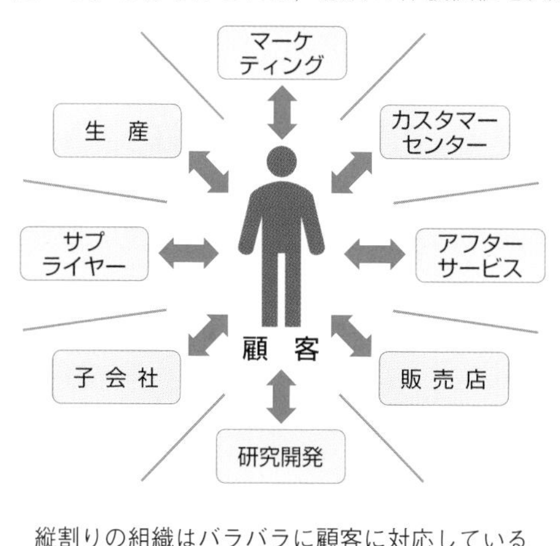

縦割りの組織はバラバラに顧客に対応している

8.11 会社と生活がインターネットでつながる時代の幸福感

私たちは，家庭にいるプライベートな時間でも職場とインターネットやSNSでつながっているが，これは私たちを幸福にしているのだろうか。家に帰っても，上司や同僚のメールに答えたり，SNS上での今日の彼らの仕事やプライベートでの出来事に「いいね」というメッセージを送ったりする。私たちは，どこまで，何時まで職場にインターネットでつながり続けねばならないのかという疑問が起こる。さらに，会社によっては，SNSを通じて，社員が今日何をし，どのように思ったかを知ることが出来，私生活も管理することも可能だ（Anderson, 2017）。新型コロナ・ウイルス（COVID-19）の流行によるテレワーク拡大のために，仕事と家庭の区別がなくなり，家庭で際限なく働けるようになったとの指摘もある。

世界保健機関（WHO）と国際労働機関（ILO）は，1995年の提言において，職場を中心とした保健の概念を拡張し，労働，職場の組織，労働環境を改善し，個人が肉体的にも精神的にも，社会的にも幸福感が増進している状態と考えを転換した（WHO, 1995）。そのために，職場での安全衛生や保健は，従来の傷病や労災だけでなくストレス低下やメンタルヘルス向上を含めて，総合的に社員の**ウエルビーイング**（well being）を高めることに力点を置く。

インターネットで社員が職場と常につながり続けることは，彼らのウェルビーイングに低下させることになることがある。まず，社員が仕事に際限なく没頭したり，職場での出来事や人間関係に関わり過ぎたりして，家庭生活とのバランス，つまり**ワークライフ・バランス**が崩れる。そもそも，インターネットでのコミュニケーションは対面に比べると情報量が少ないので，行き違いからフラストレーションやストレスを高めやすい。また，四六時中，スマホやネットに没頭し，私生活に支障を来す「ネット依存症」の社員の増加も問題視されている。

そのために，法的にも社会的にも，私生活を守るために，インターネットやデジタルメディアのコミュニケーションを遮断することが，プライバシーを守り，ウェルビーイングの増進につながるとの見方が出てきている。

［若林直樹］

Column 8-11-1 ウェルビーイングとは

ウェルビーイングは，幸福感と見られることもあるが幅広い。これは，心理学的には，「幸福感や満足感があり，それほど大きな悩みもなく，身体的にも精神的にも健康で，生活の質の高いこと」とされる（VandenBos, 2007）。ウェルビーイングは，テニー（Elizabath R. Tenny）らの包括的な研究レビューによれば，組織論でも従業員の業績に対してもプラスの影響を与えるとの見方や実証研究も出始めている（Tenny et al., 2016）。つまり主観的にウェルビーイングな状態であると，ストレスや怒りが少なく，ポジティブな感情が起こりやすく，職務満足度が高い。これは下図のように，健康増進，欠勤減少，自制心の働き，やる気や創造性の促進，良好な人間関係，離職率低下へとつながる。そして，個人の生産性と，組織の収益性の上昇の要因となりやすい。他方で，ウェルビーイングの低下は悪影響を招く。

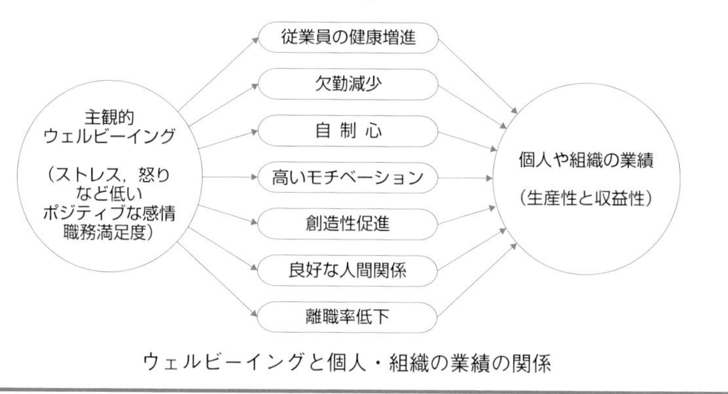

ウェルビーイングと個人・組織の業績の関係

Column 8-11-2 「つながらない権利」

法的には，欧米を中心に，インターネットを遮断する「つながらない権利（right to disconnect）」が制度化されている。細川　良（細川, 2019）によれば，日仏の労働法制の動きにおいて，労働者のテレワークの拡大やインターネット通信の拡大が，労働時間の実質増加や労働条件低下につながるとの懸念から制度整備の動きにつながっていることを指摘する。日本の働き方改革では，2018 年の「テレワークガイドライン」で，労働時間と見なす時間の定義や自由な休憩時間の確保を確認している。他方，フランスでは，2016 年労働法制改革で，「つながらない権利」の導入が図られ，企業側から労働者側に通信連絡を取る時間を制限し，労働者の自由時間や個人生活の自由を守ることが法制度化され，企業と組合の労使協定でもそれが盛り込まれる動きが出てきた。また，社会的にも会社とネット接続を抑制する思想も生まれている。ニューポート（Cal Newport）は「デジタルミニマリズム」を主唱し，「いいね」をせずデジタルメディアから離れる時間作りをすべきとする（Newport, 2019）。

おわりに

つながる時代の組織と共創のマネジメント

新たな時代の緊急課題は多い。第一に，デジタル化により「つながる時代」に移行した現在，企業において，社員が持つ内外のインフォーマルな人間関係，すなわちソーシャル・ネットワークが，社会関係資本，あるいはソーシャル・キャピタルとも呼ばれる経営資源として，その価値と重要性を増した。IoTsの視点からは，人，モノ，組織の複雑な関係性のダイナミクスが，個々の企業の枠を越え，様々なクラスターとして，コミュニティやプラットフォーム，色々なビジネス・プロジェクトへ繋がるソーシャル・イノベーションの世界を作り出す。

第二に，かつての商流は，計画，生産，マーケティング，販売，配送という川上から川下への時系列モデルで考えられたが，AIとIoTが広がる時代においては，ビッグ・データが提供するオンタイムでの消費者の動向，柔軟な生産計画と高度な品質管理，在庫調整と配送まで，デザイン・生産・配送が，コンカレント・エンジニアリングのループ，あるいはストリーミングの中で，同時に進化し続け，スピード，品質，シェア，価格をめぐる企業間の競争は峻烈を極める。それに対応する組織のデザインは，かつての「つながっていない」安定した市場の時代とは大きく異なるものとなる。

第三に，組織内部と外部環境との間の境界が，極めてあいまいになった。フレックス・タイムや労働時間の短縮，企業間を跨ぐプロジェクト・ベースの仕事の増加，社員の副業やフリーランスの広がり，テレワークやコワーキング・スペースの活用など，人々が働くつながり方が大きく変わろうとしている現状において，組織や戦略マネジメントも大きく変わらざるを得ない。

第四に，取引の主導権は売り手としての生産者から，買い手である消費者に移った。SNSやEC（電子商取引）の巨大プラットフォームを提供する企業が，グローバルな情報の寡占化を進める中，スマホやPCをクリックすれば，高品質の商品と価格情報があふれる先進国の多くの市場では，個人は，商品の質，新たなサービス，流行，レコメンド，フィードバック，価格比較などの情報を検索可能となった。個々の企業が「スマートな消費者」(smart consumer）にモノやサービスを売ることは容易ではない。プラットフォームとしてのB2Bから，消費者へつながるB2Cへ，また，メーカーが直接に消費者にオンラインでアクセスするD2C（direct to customer）により，オンラインと実店舗（O2O；online to offlineまたはOMO；online merges with offline）を連携させる試みは進化を続けている。顧客とマルチチャネルでのインターフェースとして，CRM（customer relationship management）とデジタル化（DX）への対応の重要性は高まる。

第五に，峻烈な企業間競争の中で，いかにして消費者に購買対象となるオブジェクトに関与させ，売り手と買い手の共創（co-creation）により，商品の価値や新たな市場を作り出すのかが，企業の戦略的な課題となる中で，消費者との共創が重要となった。換言すれば，かつては企業の外側に存在し，商品やサービスを売る対象であった消費者は，SNS，ブログ，ツイッター，インスタグラムなどを通じ，製品やサービスに深く関与するステークホルダーとして，企業価値に大きな影響を与える組織の一部としての存在となったとも言える。

第六に，「つながる時代」においては，文化を創り出す企業の情報発信として，コーポレート・コミュニケーションが極めて重要な企業戦略となった。グローバルにつながるサプライチェーンが創り出す消費市場に対し，企業の社会的責任（CSR）が強く求められ，資本市場へのIR活動（investor relations）による投資家への積極的な働きかけが重要となった。機関投資家などの株主に対し，イギリス発のスチュワードシップ（stewardship）や国連のSDGs（sustainable development goals）の哲学を，ESG投資（environment, social and governance）に訴える。持続可能なビジネスとして，企業は高いブランド・イメージをいかに築き，リスクと将来の不確定性に備えるのかが，組織のレジリアンスとして，マネジメントの大きな課題となる。

また，かつては組織マネジメントにおける分析の対象とは認識されなかった様々なステークホルダーが，企業の命運を左右することとなる中で，デジタル化とグローバル化の急速な展開は，組織の境界を極めてあいまいなものとした。過去1世紀以上にわたり積み上げてきた組織論の体系に，実務におけるデジタル変革と革新への経験から，いかに実践的な知見を理論化し，どのような要素を経営組織論に付け加え，進化させていくのかが，今後の組織論の課題である。

最後に，集団への同調圧力が強いと言われる日本企業におけるコミュニケーションのスタイルは，一般的に，文化的に共有する深い理解を求める「ハイ・コンテクスト」である。含意を読み取り，調和を求める伝統の中で，2020年の新型コロナの広がりは，社会のデジタル化への移行を加速させている。その一方で，世界とオンラインで簡単にコミュニケーションを取り，リモートで柔軟に仕事ができるようになるデジタル化は，一層のグローバル化を押し進める側面も持っている。

マネジメントには，権力とヒエラルキーによる上からの管理も可能であるが，コンティンジェンシー理論の知見を応用すれば，ダイバーシティや多極的な知識の分散化のある組織は，コロナ時代のような不確定性が高い時代において，考えが一方向に収束せず，大きな環境変化に対し頑強である。そして，ネットワーク組織からのアプローチは，多様な意見のぶつかり合いによる「不協和」が，イノベーションの源泉ともなりうると説く。

新型コロナの広がりがなかなか収まらない状況が続く中，人々の日々のストレス，慣れない「新たな日常」への不満，将来への不安は高まっている。かつて，ユーリッヒ・フロム（Erich S. Fromm）は，第二次大戦にドイツを向かわせたのは，世界的な大恐慌の後で，将来への不確定性が高まる中，人々の集団心理から，カリスマ性のある独裁者に魅了され，命令遂行に従うことで，日々の不安や悩みから解放されることを望んだためであると説明した。自由であることは，深い孤独と責任を伴うのであり，個人が社会と関わり，その在り方を考えることなしに自由などありえないと語った（フロム，1952）。

日本の組織文化の中で，ビジネスマンの中には，諸事情により，毎日会社に行き，従来の働き方のルーティンと管理に戻りたいと考える人も少なくない。しかしながら，今回のコロナは，明治時代から制度化された独特な諸制度，組織管理を既に崩壊させ，そして，グローバル化とデジタル化は，新たなコミュニケーションの手段や仕事のツールを提供し，働き方の大改革を迫っている。これは組織のマネジメントに様々なイノベーションを生む歴史的な転換点であり，未知の可能性を提供している大きなチャンスでもある。短絡的に組織と管理を元に戻してはいけないし，「パンドラの箱」を開けた人類は，もはや元に戻すことはできない。

一言で言えば，「出る杭は打たれる」という従来の日本の組織の保守的な文化の中で，集団の人数が多くなれば，同調圧力は高まり，自分が先頭に立ち反対意見を述べることで組織内に多くの敵を作るよりも，誰かが問題点を指摘するだろうという責任回避（social loafing）から，「物言えぬ会議」で事が決められて行くことも多かった。コミュニケーションの理論，認知論，制度論が示唆するのは，その結果，組織は思わぬ方向に展開してしまい，いったん制度がおかしな方向に動き始めると，それを変え，また，止めることは容易ではなく，デジタル時代の組織のマネジメントとして，極めて危険な状況となる。

今後，変革を恐れず，組織作りに試行錯誤し，より良いものを目指して，伝統と革新の中で，バランスを取りながら，挑戦し続けることは，次の時代へのマネジメントの責務である。そして，多様な意見を持つ従業員が，そこに勇気をもって関わり，積極的に発言し，参画できることが，重要なステークホルダーとしての権利と責任である。こうした中，デジタル・テクノロジーを使った組織管理は，集団，ネットワーク，社会の同調圧力を通じて，個人の自由を侵食する可能性を持っていることを忘れてはならない。また，グローバル化の荒波の中で，国際競争力の視点からも，今こそ組織におけるダイバーシティの重要性と，多様な知識，意見と経験の積み上げの豊かさへの理解が必要とされていることを忘れてはならない。理想の経営組織のマネジメントに向け，諦めずに学び，希望を持ち，粘り強く取り組む方々に，組織に関する知識の礎として，本書が力になることを切に願いつつ，ここに執筆を終える。

［中野　勉］

参考文献

第1章　経営組織への新たなアプローチの試み

1.3　Deshpande, R., J. U. Farley and F. E. Webster (1993) "Corporate Culture, Customer Orientation, and Innovativeness in Japanese Firms: A Quadra Analysis," *Journal of Marketing*, 57, pp. 23-27.

Galbraith, J. R. (2005) *Designing the Customer-Centric Organization*, San Francisco: Jossey-Bass. （J. R. ガルブレイス著，梅津祐良訳『顧客中心組織のマネジメント：「製品中心企業」から「顧客中心企業」へ』生産性出版, 2006年）

Grönroos, C. (2007) *Service Management and Marketing: Customer Management in Service Competition, 3rd edition*, New York: Wiley. （C. グルンルース著, 蒲生智哉訳『北欧型サービス志向のマネジメント：競争を生き抜くマーケティングの新潮流』ミネルヴァ書房, 2013年）

Liaw, Yuann-Jun., Chi, Nai-Wen, and Chuang, Aichia (2010) "Examining the Mechanisms Linking Transformational Leadership, Employee Customer Orientation, and Service Performance: The Mediating Roles of Perceived Supervisor and Coworker Support," *Journal of Business and Psychology*, 25, pp. 477-492.

1.4　Drucker, P. (1988) "The Coming of the New Organization," *Harvard Business Review*, 66, pp. 35-53. （ピーター・D・ドラッカー「未来型組織の構想」ダイヤモンド・ハーバード・ビジネス・ライブラリー, 1993年）

Eisenhardt, K. (1989) "Making Fast Strategic Decisions in High-Velocity Environments," *Academy of Management Journal*, 32, pp. 543-576.

Eisenhardt, K. and J. Martin (2000) "Dynamic Capabilities: What are They?" *Strategic Management Journal*, 21, pp. 1105-1122.

1.5　Bartlett, C. A. and S. Ghoshal (1989) *Managing Across Borders: The Transnational Solution*, Cambridge, MA: Harvard Business School Press. （C. A. バートレット・S. ゴシャール著，吉原英樹監訳『地球市場時代の企業戦略：トランスナショナル・マネジメントの構築』日本経済新聞社，1990年）

1.6　McGregor, D. (1960) *The Human Side of Enterprise*, New York: McGraw-Hill. （D. マクレガー著，高橋達男訳『新版　企業の人間的側面：統合と自己統制による経営』産業能率大学出版部，1970年）

Weber, M. (1968) *Economy and Society*, Berkeley, CA: University of California Press.

第2章　マネジメントのパラダイムの変遷と組織論のパースペクティブ

Ⅰ　組織目標とマネジメントの発展の歴史

2.1　Taylor, F. W. (1911) *The Principles of Scientific Management*, New York: Harper and Brothers. （フレデリック・W・テイラー著，有賀裕子訳『新訳 科学的管理法：マネジメントの原典』ダイヤモンド社, 2009年）

2.2　Fayol, H. (1917) *Administration Industrielle et Générale*, Dunod: Paris. （都筑栄訳（1958）『産業並びに一般の管理』風間書房；佐々木恒男訳（1972）『産業ならびに一般の管理』未来社；山本安次郎訳（1985）『産業ならびに一般の管理』ダイヤモンド社）

Weber, M. (1968) *Economy and Society*, Berkeley, CA: University of California Press.

2.3　Becker, H. (1963) *Outsiders: Studies in the Sociology of Devaince*, New York: Free Press. （ハワード・D・ベッカー著，村上直之訳『完訳　アウトサイダーズ：ラベリング論再考』現代人

文社，2011 年）
Blau, P. M. (1955) *The Dynamics of Bureaucracy*, Chicago, IL.: University of Chicago Press.
Crozier, M. (1964) *The Bureaucratic Phenomenon*, Chicago, IL.: University of Chicago Press.
Homans, G. C. (1950) *The Human Group*, New York, NY: Harcourt, Brace and Company. （ジョージ・C・ホーマンズ著，橋本茂訳『ヒューマン・グループ：人間集団への考察』ミネルヴァ書房，2018 年）
Mayo, E. (1945) *The Social Problems of an Industrial Civilization*, Boston, MA.: Harvard University.
Mills, C. W. (1956) *The Power Elite*, New York: Oxford University Press. （C・ライト・ミルズ著，鵜飼信成・綿貫譲治訳『パワー・エリート』筑摩書房, 2020 年）
Roethlisberger, F. and W. Dickson (1939) *Management and the Worker: An Account of a Research Program Conducted by The Western Electric Company, Hawthorne Works*, Chicago, Cambridge, MA.: Harvard University Press.
Wellman, B. (1979) "The Community Question: The Intimate Networks of East Yorkers," *American Journal of Sociology*, 84, pp. 1201-1231. （バリー・ウェルマン著，野沢慎司・立山徳子訳「コミュニティ問題：イースト・ヨーク住民の親密なネットワーク」，野沢慎司編・監訳『リーディングス　ネットワーク論：家族・コミュニティ・社会関係資本』勁草書房，2006 年，pp. 159-204）
Wellman, B. (1982) "*Studying Personal Communities*," in Marsden, P. V. and N. Lin (eds.), *Social Structure and Network Analysis*. Beverly Hills: SAGE Publications, pp. 61-80.
2.4　Cusumano, M. A. (1985) *The Japanese Automobile Industry: Technology and Management at Nissan and Toyota*, Cambridge, MA: Harvard University Press.
Deal, T. E. and A. A. Kennedy (1982) *Corporate Cultures*, Reading, MA.: Addison-Wesley.
Harrison, B. (1994). *Lean and Mean: The Changing Landscape of Corporate Power in the Age of Flexibility*, New York: Basic Books.
Kunda, G. (1992) *Engineering Culture: Control and Commitment in a High-Tech Corporation*, Philadelphia, PA.: Temple University Press. （ギデオン・クンダ著, 金井壽宏解説・監修，樫村志保訳『洗脳するマネジメント：企業文化を操作せよ』日経 BP 社, 2005 年）
Ouchi, W. G. (1981) *Theory Z: How American Business Can Meet the Japanese Challenge*, Reading, Mass.: Addison-Wesley. （ウィリアム・G・オオウチ著, 徳山二郎訳『セオリー Z：日本に学び，日本を超える』CBS ソニー出版，1981 年）
Peters, T. J. and R. H. Waterman (1982) *In Search of Excellence: Lessons from America's Best-Run Companies*, New York: Harper & Row. （トム・ピーターズ，ロバート・ウォーターマン著，大前研一訳『エクセレント・カンパニー』英治出版，2003 年）
Schein, E. H. (1985) *Organizational Culture and Leadership*, San Francisco: Jossey-Bass Publishers. （エドガー・H・シャイン，梅津裕良・横山哲夫訳『組織文化とリーダーシップ』白桃書房，2012 年）
Scott, W. R. and G. Davis (2007) *Organizations: Rational, Natural, and Open System Perspectives*, Upper Saddle River, NJ.: Pearson Prentice Hall.
Womack, J. P. et al. (1990). *The Machine That Changed the World*. New York: Rawson Associates.
藤本隆宏・西口敏宏・伊藤秀史編（1997）『サプライヤー・システム：新しい企業間関係を創る』有斐閣。
2.5　Burns, T. and G. M. Stalker (1961) *The Management of Innovation*, London, UK.: Tavistock.
Carroll, G. R. (1984) "Organizational Ecology," *Annual Review of Sociology*, 10, pp. 71-93.
Cohen, M. D., J. G. March and J. P. Olsen (1972) "Garbage Can Model of Organizational Choice," *Administrative Science Quarterly*, 17: 1(March 1972), pp. 1-25.
Hannan, M. T. and J. Freeman (1977) "The Population Ecology of Organizations," *American Journal of Sociology*, 82, pp. 929-964.

Lawrence, P. R. and J. W. Lorsch (1967) *Organization and Environment: Managing Differentiation and Integration*, Boston, MA.: Harvard Business School Press.（ジェイ・W. ローシュ，ポール・R・ローレンス著, 吉田博訳『組織の条件適応理論：コンティンジェンシー・セオリー』産業能率短期大学出版部，1977 年）

Stinchcombe, A. (1965) "Social Structure and Organizations," in J. March (ed.), *Handbook of Organizations*, Chicago, IL.: Rand McNally, 142-193.

Thompson, J. D. (1967) *Organizations in Action: Social Science Bases of Administrative Theory*, New York: McGraw-Hill.（J・D・トンプソン著, 大月博司・廣田俊郎訳『行為する組織：組織と管理の理論についての社会科学的基盤』同文舘出版，2012 年）

2.6　高橋伸夫（1996）『できる社員は「やり過ごす」』文藝春秋。

Ⅱ　その他の重要なパースペクティブ

2.7　Barnard, Chester I. (1938) *The Functions of the Executive*, Cambridge: Harvard University Press.（C. I. バーナード著, 山本安次郎・田杉競・飯野春樹訳『新訳 経営者の役割』ダイヤモンド社，1956 年）

Simon, Herbert A. (1947) *Administrative Behavior, 1st edition*, New York: Macmillan.（H. A. サイモン著, 二村敏子・桑田耕太郎・高尾義明・西脇暢子・高柳美香訳『新版 経営行動』ダイヤモンド社，2009 年）

March, James G., and Herbert A. Simon (1958) *Organizations*, New York: Wiley.（ジェームズ・G・マーチ, ハーバート・A・サイモン著, 高橋伸夫訳『オーガニゼーションズ　第 2 版：現代組織論の原典』ダイヤモンド社，2014 年）

2.8　伊丹敬之（1987）『人本主義企業』筑摩書房。

Pfeffer, Jeffrey, and Gerald R. Salancik (1978) *The External Control of Organizations: A Resource Dependence Perspective*, New York: Harper & Row.

2.9　Coase, R. (1937) "The Nature of the Firm," *Economica*, 4, pp. 386-405.

Fama, E. and M. C. Jensen (1983) "Separation of Ownership and Control," *Journal of Law and Economics*, 26, pp. 301-325.

Fama, E. F. (1980) "Agency Problems and the Theory of the Firm," *Journal of Political Economy*, 88(2), pp. 288-307.

Granovetter, M. S. (1985) "Economic Action and Social Structure: The Problem of Embeddedness," *American Journal of Sociology*, 91, pp. 481-510.

Jensen, M. and W. Meckling (1976) "Theory of the Firm: Managerial Behavior, Agency Costs, and Capital Structure," *Journal of Financial Economics*, 3, pp. 305-360.

Polanyi, K. (1957) *The Great Transformation*, Boston, MA.: Beacon Press.（カール・ポラニー著, 野口建彦・栖原学訳『大転換：市場社会の形成と崩壊』東洋経済新報社，2009 年）

Powell, W. W. (1990) "Neither Market Nor Hierarchy: Network Forms of Organization Research," in Staw，B. and L. L. Cunnings (eds.), *Organizational Behavior*, Greenwich: CT.: JAI Press, 12: 295-336.

Saxenian, A. (1994) *Regional Advantage: Culture and Competition in Silicon Valley and Route 128*, Cambridge, MA.: Harvard University Press.（アナリー・サクセニアン著, 大前研一訳『現代の二都物語：なぜシリコンバレーは復活し，ボストン・ルート 128 は沈んだか』講談社，1995 年）

Williamson, O. E. (1981) "The Economics of Organization: The Transaction Cost Approach," *American Journal of Sociology*, 87, pp. 548-577.

第 3 章　組織のデザイン——構造と管理の基本

Ⅰ　組織のデザイン

3.2　Christensen, Clayton M. (1997) *The Innovator's Dilemma: When New Technologies Cause Great*

Firms to Fail, Boston, Mass.: Harvard Business School Press. （クレイトン・クリステンセン著，伊豆真弓訳『イノベーションのジレンマ：技術革新が巨大企業を滅ぼすとき』翔泳社）

Chandler, J., Alfred D. (1977) *The Visible Hand: The Managerial Revolution in American Business*, Cambridge, MA.: Belknap, Harvard University Press.

Smith, A. (1776) *An Inquiry into the Nature and Causes of the Wealth of Nations*, London: Printed for A. Strahan, and T. Cadell. （アダム・スミス著，山岡洋一訳『国富論：国の豊かさの本質と原因についての研究（上・下）』日本経済新聞出版社, 2007 年）

Williamson, O. E. (1981) "The Economics of Organization: The Transaction Cost Approach," *American Journal of Sociology*, 87, pp. 548-577.

3.4　Daft, R. L. (1998) *Organization Theory and Design, 6th edition*, Cincinnati, OH.: South-Western College Publishing.

若林直樹（2009）『ネットワーク組織：社会ネットワークからの新たな組織像』有斐閣。

Ⅱ　組織管理のための基本概念

3.5　Hamper, B. (1992) *Rivethead: Tales from the Assembly Line*, New York: Warner Books.

Kunda, G. (1992) *Engineering Culture: Control and Commitment in a High-Tech Corporation*, Philadelphia, PA.: Temple University Press.

Weber, M. (1968) *Economy and Society*, Berkeley, CA. University of California Press.

第 4 章　文化，管理と制度化のダイナミクス

4.1　Brown, R. (1988) *Group Processes: Dynamics within and between Groups*, Oxford: Blackwell. （R. ブラウン著，黒川正流・橋口捷久・坂田桐子訳『グループ・プロセス』北大路書房, 1993 年）

Hebdige, D. (1979) *Subculture: The Meaning of Style*, London: Routledge. (D. ヘブディジ著，山口淑子訳『サブカルチャー：スタイルの意味するもの』未來社, 1986 年)

Martin, J. (1992) *Cultures in Organizations: Three Perspectives*, New York: Oxford University Press.

Thornton, S. (1995) *Club Cultures: Music, Media and Subcultural Capital*, Cambridge: Polity Press.

4.2　Alvesson, M. (2002) *Understanding Organizational Culture*, London: SAGE Publications.

Deal, T. E. and A. A. Kennedy (1982) *Corporate Cultures: The Rites and Rituals of Corporate Life*, Reading: Addison-Wesley. （T. ディール，A. ケネディー著，城山三郎訳『シンボリック・マネジャー』新潮社, 1983 年）

Deal, T. E. and A. A. Kennedy (1999) *The New Corporate Cultures: Revitalizing the Workplace After Downsizing, Mergers, and Reengineering*, Reading: Perseus Books.

Peters, T. J. and R. H. Waterman, Jr. (1982) *In Search of Excellence: Lessons from America's Best-Run Companies*, New York: Harper and Row. （T. ピーターズ，R. ウォータマン著，大前研一訳『エクセレント・カンパニー：超優良企業の条件』講談社, 1983 年）

佐藤郁哉・山田真茂留（2004）『制度と文化：組織を動かす見えない力』日本経済新聞社。

Schein, E. H. (1985) *Organizational Culture and Leadership*, San Francisco: Jossey-Bass. (E. H. シャイン著, 清水紀彦・浜田幸雄訳『組織文化とリーダーシップ：リーダーは文化をどう変革するか』ダイヤモンド社, 1989 年)

4.3　Carroll, G. R. (1984) "Organizational Ecology," *Annual Review of Sociology*, 10, pp. 71-93.

Fayol, H. (1949 translation (1919)) *General and Industrial Management*, London: Pitman. （H. ファヨール著，佐々木恒男訳『産業ならびに一般の管理』未来社，1972 年）

Hannan, M. T. and J. Freeman (1977) "The Population Ecology of Organizations," *American Journal of Sociology*, 82, pp. 929-964.

Hannan, M. T. and J. Freeman (1989) *Organizational Ecology*, Cambridge, MA.: Harvard University Press.

Lawrence, P. R. and J. W. Lorsch (1967) *Organization and Environment: Managing Differentiation and Integration*, Boston, MA.: Harvard Business School Press. （P. R. ローレンス，J. W. ローシュ著，

吉田博訳『組織の条件適応理論：コンティンジェンシー・セオリー』産業能率短期大学出版部, 1977 年）
Parkinson, C. N. (1955) *Parkinson's Law*, The Economist Newspaper. （C. N. パーキンソン, 森永晴彦訳『パーキンソンの法則』至誠堂, 1996 年）
Weber, M. (1968) *Economy and Society*, Berkeley, CA.: University of California Press.
Merton, R. K. (1957) *Social Theory and Social Structure, revised and enlarged edition*, Glencoe: Free Press. （ロバート・K・マートン著, 森東吾・森好夫・金沢実・中島竜太郎訳『社会理論と社会構造』みすず書房, 1961 年）
4.4　井上裕之（2011）「大洗町はなぜ「避難せよ」と呼びかけたのか：東日本大震災で防災行政無線放送に使われた呼びかけ表現の事例報告」『放送研究と調査』2011 年 9 月号：32-53.
Merton, R. K. (1957) *Social Theory and Social Structure, revised and enlarged edition*, Glencoe: Free Press. （ロバート・K・マートン著・森東吾・森好夫・金沢実・中島竜太郎訳『社会理論と社会構造』みすず書房, 1961 年, 第 4-5 章）
Moscovici, S., E. Lage, and M. Naffrechoux (1969) "Influence of a Consistent Minority on the Responses of a Majority in a Color Perception Task," *Sociometry*, 32(4), pp. 365-380.
佐藤郁哉（1984）『暴走族のエスノグラフィ：モードの叛乱と文化の呪縛』新曜社。
4.5　Festinger, L., H. W. Riecken, and S. Schachter (1956) *When Prophecy Fails: An Account of a Modern Group that Predicted the Destruction of the World*, Minneapolis: University of Minnesota Press. （L. フェスティンガー, H. W. リーケン, S. シャクター著, 水野博介訳『予言がはずれるとき』勁草書房, 1995 年）
Janis, I. L. (1971) "Groupthink," *Psychology Today*, 5, Nov., pp. 43-46, 74-76.
Turner, J. C. (1987) *Rediscovering the Social Group: A Self-Categorization Theory*, Oxford: Basil Blackwell. （J. C. ターナー著, 蘭千壽・内藤哲雄・磯崎三喜年・遠藤由美訳『社会集団の再発見：自己カテゴリー化理論』誠信書房, 1995 年）
Turner, M. E., A. R. Pratkanis, and T. Samuels (2003) "Identity Metamorphosis and Groupthink Prevention: Examining Intel's Departure from the DRAM Industry," in Haslam, S. A., D. van Knippenberg, M. J. Platow, and N. Ellemers (eds.), *Social Identity at Work: Developing Theory for Organizational Practice*, New York: Psychology Press, pp. 117-136.
4.6　DiMaggio, P. and W. W. Powell (1983) "Iron Cage Revisited: Institutional Isomorphism and Collective Rationality," *American Sociological Review*, 48, pp. 147-160.
Fligstein, N. (1985) "The Spread of the Multidivisional Form Among Large Firms, 1919-79," *American Sociological Review*, 50 (June), pp. 377-391.
Fligstein, N. (1990) *The Transformation of Corporate Control*, Cambridge, MA.: Harvard University Press.
Helms, W. S., C. Oliver and K. Webb (2012) "Antecedents of Settlement on a New Institutional Practice: Negotiation of the ISO 26000 Standard on Social Responsibility," *Academy of Management Journal*, 55(5), pp. 1120-1145.
Merton, R. K. (1936) "The Unanticipated Consequences of Purposive Social Action," *American Sociological Review*, 1(6).
Meyer, J. W. (1994) "Rationalized Environments," in Scott, W. R. and J. W. Meyer *Institutional Environments and Organizations: Structural Complexity and Individualism*, Thousand Oaks: CA, SAGE Publications, pp. 28-54.
Meyer, J. W. and B. Rowan (1977) "Institutionalized Organizations: Formal Structure as Myth and Ceremony," *American Journal of Sociology*, pp. 340-363.
Michels, R. (1962) *Political Parties: A Sociological Study of the Oligarchical Tendencies of Modern Democracy*, New York: Free Press.
Rao, H. and M. Kenney (2008) "New Forms as Settlements," in Greenwood, R. C. Oliver, K. Sahlin

and R. Suddaby (eds.), *The SAGE Handbook of Organizational Institutionalism*, Thousand Oaks, CA. SAGE, pp. 352-370.

Scott, W. R. (1995) *Institutions and Organizations*, Thousand Oaks: SAGE.

Selznick, P. (1949) *TVA and the Grass Roots: A Study in the Sociology of Formal Organizations*, Berkeley, CA.: University of California Press.

4.7 Durkheim, É. (1912) *Les formes élémentaires de la vie religieuse: le système totémique en Australie*, Paris: F. Alcan.（E. デュルケム著，古野清人訳『宗教生活の原初形態』岩波文庫, 1975 年）

Martin, J., M. S. Feldman, M. J. Hatch, and S. B. Sitkin (1983) "The Uniqueness Paradox in Organizational Stories," *Administrative Science Quarterly*, 28(3), pp. 438-453.

Trice, H. M. (1985) "Rites and Ceremonials in Organizational Cultures," in Bacharach, S. B. and S. M. Mitchell (eds.), *Research in the Sociology of Organizations*, 4, Greenwich: JAI Press, pp. 221-270.

4.8 Berger, P. L. and T. Luckmann (1966) *The Social Construction of Reality: A Treatise in the Sociology of Knowledge*, New York: Anchor Books.（ピーター・L. バーガー, トーマス・ルックマン著, 山口節郎訳『現実の社会的構成：知識社会学論考』新曜社，2003 年）

Blumer, H. (1986) *Symbolic Interactionism: Perspective and Method*, Berkeley, CA.: University of California.（ハーバート・ブルーマー著, 後藤将之訳『シンボリック相互作用論：パースペクティヴと方法』勁草書房, 1991 年）

Comte, A. (1896) *The Positive Philosophy of Auguste Comte*, George Bell and Sons.

Garfinkel, H. (1967) *Studies in Ethnomethodology*, Cambridge, UK.: Polity Press.

Goffman, E. (1959) *The Presentation of Self in Everyday Life*, New York: Anchor Books.（E. ゴッフマン著，石黒毅訳『行為と演技：日常生活における自己呈示』誠信書房，1974 年）

Goffman, E. (1967) *Interaction Ritual: Essays on Face-to-Face Behavior*, New York: Anchor.（アーヴィング・ゴッフマン著，浅野敏夫訳『儀礼としての相互行為：対面行動の社会学』法政大学出版局，2002 年）

Goffman, E. (1974) *Frame Analysis: An Essay on the Organization of Experience*, New York: Harper Colophon.

Husserl, E. (1970 (trans. 1936)). *The Crisis of European Sciences and Transcendental Philosophy*, Evanston, IL.: Northwestern University Press.（エドムント・フッサール著，細谷恒夫・木田元訳『ヨーロッパ諸学の危機と超越論的現象学』中央公論社，1995 年）

Mead, G. H. (1964) *Selected Writings*, Chicago, IL.: University of Chicago Press.

Schütz, A. A. (1967) *The Phenomenology of the Social World*, Evanston, IL.: Northwestern University Press.

Weick, K. E. (1979) *The Social Psychology of Organizing*, New York: McGraw-Hill.（カール・E. ワイク著, 遠田雄志訳『組織化の社会心理学』文真堂，1997 年）

Weick, K. E. (1995) *Sensemaking in Organizations*, Thousand Oaks, CA.: SAGE Publications.（カール・E. ワイク著, 遠田雄志・西本直人訳『センスメーキング イン オーガニゼーションズ』文真堂，2001 年）

4.9 DiMaggio, P. J. and W. W. Powell (1991) "Introduction," in Powell, W. W. and P. J. DiMaggio (eds.), *The New Institutionalism in Organizational Analysis*, Chicago: The University of Chicago Press, pp. 1-38.

Meyer, J. W. and B. Rowan (1977) "Institutionalized Organizations: Formal Structure as Myth and Ceremony," *American Journal of Sociology*, 83(2), pp. 340-363.

Zucker, L. G. (1977) "The Role of Institutionalization in Cultural Persistence," *American Sociological Review*, 42(5), pp. 726-743.

4.10 DiMaggio, P. J. and W. W. Powell (1983) "The Iron Cage Revisited: Institutional Isomorphism and Collective Rationality in Organizational Fields," *American Sociological Review*, 48(2), pp. 147-160.

Friedland, R. and R. R. Alford (1991) "Bringing Society Back In: Symbols, Practices, and Institutional Contradictions," in Powell, W. W. and P. J. DiMaggio (eds.), *The New Institutionalism in Organizational Analysis*, Chicago: The University of Chicago Press, pp. 232-263.

佐藤郁哉・山田真茂留（2004）『制度と文化：組織を動かす見えない力』日本経済新聞社。

Scott, W. R. and J. W. Meyer (1991) "The Organization of Societal Sectors: Propositions and Early Evidence," in W. W. Powell and P. J. DiMaggio (eds.), *The New Institutionalism in Organizational Analysis*, Chicago: The University of Chicago Press, pp. 108-140.

山田真茂留（2017）『集団と組織の社会学：集合的アイデンティティのダイナミクス』世界思想社。

4.11 Albert, S. and D. A. Whetten (1985) "Organizational Identity," in Cummings, L. L. and B. M. Staw (eds.), *Research in Organizational Behavior 7*, Greenwich: JAI Press, pp. 263-295.

Erikson, E. H. (1959) *Identity and the Life Cycle: Selected Papers*, New York: International Universities Press.（E. H. エリクソン著, 小此木啓吾訳『自我同一性：アイデンティティとライフ・サイクル』誠信書房, 1973 年）

Haslam, S. A. (2001) *Psychology in Organizations: The Social Identity Approach*, London: SAGE Publications.

佐藤郁哉・山田真茂留（2004）『制度と文化：組織を動かす見えない力』日本経済新聞社。

山田真茂留（2017）『集団と組織の社会学：集合的アイデンティティのダイナミクス』世界思想社。

第 5 章　組織行動――ミクロから集団への組織論

Ⅰ　モチベーション

5.2　ジェームス・C・アベグレン（山岡洋一訳）（2004）『新・日本の経営』日本経済新聞社。

Wrzesniewski, A., and L. E. Dutton (2001) "Crafting a Job: Revisioning Employees as Active Crafters of Their Work," *Academy of Management Review*, 26(2), pp. 179-201.

5.4　M. チクセントミハイ，J. ナカムラ（2003）「フロー理論のこれまで」, 今村浩明・浅川希洋志（編）『フロー理論の展開』世界思想社, pp. 1-39。

Shin, J. and A. M. Grant (2019) "Bored by Interest: How Intrinsic Motivation in One Task Can Reduce Performance on Other Tasks," *Academy of Management Journal*, 62(2), pp. 415-436

5.5　Locke, E. A. and G. P. Latham (1990) "Work Motivation and Satisfaction: Light at the End of the Tunnel," *Psychological Science*, 1(4), pp. 240-246.

5.6　Bauer, T., B. Erdogan, D. Caughlin and D. Truxillo (2018) *Human Resource Management: People, Data, and Analytics*, Thousand Oaks: SAGE.

Cardador, M. T., G. B. Northcraft and J. Whicker (2017) "A Theory of Work Gamification: Something Old, Something New, Something Borrowed, Something Cool?" *Human Resource Management Review*, 27, pp. 353-365.

Steel, P. and C. Koenig (2006) "Integrating Theories of Motivation," *Academy of Management Review*, 31(4), pp. 889-913.

Stone, D. and S. Heen (2015) *Thanks for the Feedback: The Science and Art of Receiving Feedback Well*, New York: Penguin.

Werbach, K. and D. Hunter (2012) *For the Win: How Game Thinking Can Revolutionize Your Business*, Philadelphia, PA.: Wharton Digital Press.（K. ワーバック，D. ハンター著，三ツ松新監修, 渡部典子訳『ウォートン・スクール ゲーミフィケーション集中講義』CCC メディアハウス, 2013 年）。

5.7　Bakker, A. B. (ed.) (2010) *Work Engagement: A Handbook of Essential Theory and Research*. Hove, UK.: Psychology Press.（A. B. バッカー，M. P. ライター編, 島津明人総監訳, 井上彰臣ほか訳『ワーク・エンゲイジメント：基本理論と研究のためのハンドブック』星和書店, 2014 年）

IBM (2012). "The Many Contexts of Employee Engagement," ftp://public.dhe.ibm.com/software/au/pdf/The_Many_contexts_of_Employee_Engagement.pdf より 2017 年 4 月 7 日取得。

島津明人（2014）『ワーク・エンゲイジメント：ポジティブ・メンタルヘルスで活力ある毎日を』労働調査会。

Ⅱ　リーダーシップ

5.8　Bennis, W. G. (1989) *On Becoming A Leader*, Basic Books.（W. ベニス著，伊東美奈子訳『リーダーになる（増補改訂版）』海と月社，2008 年）

Kotter, J. P. (1987) *The Leadership Factor*, New York, NY.: Free Press.

Menon, T., J. Sim, J. H. Y. Fu, C. Y. Chiu, and Y. Y. Hong (2010) "Blazing the Trail Versus Trailing the Group: Culture and Perceptions of the Leader's Position," *Organizational Behavior and Human Decision Processes*, 113(1), pp. 51-61.

5.9　Ibarra, H. (2015) *Act Like a Leader, Think Like a Leader*, Harvard Business Review Press.（H. イバーラ著，河野英太郎監修，新井宏征訳『誰もがリーダーになれる特別授業』翔泳社, 2015 年）

5.10　Fiedler, F. E. (1967) *A Theory of Leadership Effectiveness*, New York: McGraw-Hill.

Hersey, P. and K. H. Blanchard (1977) *Management of Organizational Behavior: Utilizing Human Resources*, New Jersey: Prentice Hall.（ポール・ハーシー，ケネス・H. ブランチャード 著, 山本成二・水野基・成田攻訳『行動科学の展開：人的資源の活用：入門から応用へ』生産性出版, 1978 年）

Robbins, S. P. and T. A. Judge (2013) *Organizational Behavior, 15th edition*, Prentice Hall.

5.11　Chen, Z., W. Lam and J. A. Zhong (2007) "Leader-member Exchange and Member Performance: A New Look at Individual-level Negative Feedback-seeking Behavior and Team-level Empowerment Climate," *Journal of Applied Psychology*, (92)1, pp. 202-212.

Graen, G. B. and M. Uhl-Bien (1995) "Relationship-based Approach to Leadership: Development of Leader-member Exchange (LMX) theory of Leadership over 25 Years: Applying a Multi-level Multi-domain Perspective," *Leadership Quarterly*, 6(2), pp. 219-247.

Ilies, R., J. D. Nahrgang and F. P. Morgeson (2007) "Leader-Member Exchange and Citizenship Behaviors: A meta-analysis," *Journal of Applied Psychology*, 92(1), pp. 269-277.

Kreitner, R. and A. Kinicki (2013) *Organizational Behavior, 10th edition*, New York: McGraw-Hill Education, p. 484.

松山一紀(2018)『次世代型組織へのフォロワーシップ論』ミネルヴァ書房。

小野善生(2016)『フォロワーが語るリーダーシップ』有斐閣，p. 90。

5.12　Sinek, S. (2009) *Start with Why: How Great Leaders Inspire Everyone to Take Action*, Penguin.（S. シネック著, 栗木さつき訳『WHY から始めよ！　インスパイア型リーダーはここが違う』日本経済新聞出版社, 2012 年）

5.13　Greenleaf, R. K. (1970) *The Servant as Leader*, Indianapolis: The Robert K. Greenleaf Center.

House, R. J. et al. (2014) *Strategic Leadership across Cultures*, Thousand Oaks, CA.: SAGE.（R. J. ハウス, P. W. ドーフマン, M. ジャヴィダン, P. J. ハンジェス, M. F. サリー・デ・ルケ著，太田正孝監訳，渡部典子訳『文化を超えるグローバルリーダーシップ』中央経済社，2016 年）

Kreitner, R. and A. Kinicki (2013) *Organizational Behavior, 10th edition*, New York: McGraw-Hill Education, p. 485.

Lemmon, G. and S. J. Wayne (2015) "Underlying Motives of Organizational Citizenship Behavior: Comparing Egoistic and Altruistic Motivations," *Journal of Leadership & Organizational Studies*, 22(2), pp. 129-148.

Parris, D. J. and J. W. Peachey (2013) "A Systematic Literature Review of Servant Leadership Theory in Organizational Context," *Journal of Business Ethics*, 113, pp. 377-393.

Pearce, C. J. and J. A. Conger (2002) "All Years Ago: The History of Underpinning of Shared Leadership," in Pearce, C. J. and J. A. Conger (eds.), *Shared Leadership*. Thousand Oaks, CA: SAGE, p. 1.

経済広報センター（2018）『情報源に関する意識・実態調査報告書』
高尾義明（2004）「組織のリーダーシップ」, 二村敏子編『現代ミクロ組織論：その発展と課題』有斐閣, pp. 177-198。
若林直樹（2019）「従業員視点の新リーダー像」,『日本経済新聞』, 2019年4月12日朝刊, 27面。

Ⅲ　集団のダイナミクス

5.14　Blau, P. M. (1955) *The Dynamics of Bureaucracy*, Chicago, IL.: University of Chicago Press.
Blau, P. M. (1977) *Inequality and Heterogeneity*, New York: Academic Press.
Coleman, J. S. (1958) "Relational Analysis: The Study of Social Organizations with Survey Methods," *Human Organization*, 17 (Winter) , pp. 28-36.
Park, R. E. et al. (1925) *The City*, Chicago, IL.: University of Chicago Press.
Simmel, G. (1955) *Conflict & The Web of Group-Affiliations*, New York: Free Press, pp. 137-138,163.
5.15　Boorman, S. A. and P. R. Leavitt (1980) *The Genetics of Altruism*, New York: Academic Press.
Burt, R. S. (1987) "Social Contagion and Innovation: Cohesion Versus Structural Equivalence," *American Journal of Sociology*, 92(May), pp. 1287-1335.
Coleman, J. S. et al. (1957) "The Diffusion of an Innovation Among Physicians," *Sociometry*, 20, pp. 253-270.
Valente, T. W. (1995) *Network Models of the Diffusion of Innovations*, NJ.: Hampton Press.
5.16　Ebisuya, A., T. Sekiguchi and G. P. Hettiarachchi (2017) "Interplay of Team Mental Models, Project Process Models, and Language in Software-Development Team." *Academy of Management Proceedings*, 2017(1), 11968.
5.17　R. フィッシャー, W. ユーリー（岩瀬大輔訳）（1989）『ハーバード流交渉術』三笠書房。
5.18　Robbins, S. P. and T. A. Judge (2013) *Organizational Behavior, 15th edition*, Prentice Hall.
5.19　厚生労働省（2019）「平成30年度個別労働紛争解決制度の施行状況」https://www.mhlw.go.jp/stf/houdou/0000213219_00001.html (2020年3月取得)
金子雅臣（2019）労働現場からみたパワーハラスメント：劣化する労働現場, Business Labor Trend, 3-8, 労働政策研究・研修機構。

第6章　人材マネジメント

6.2　Sekiguchi, T., N. Takeuchi, T. Takeuchi, S. Nakamura and A. Ebisuya (2019) "How Inpatriates Internalize Corporate Values at Headquarters: The Role of Developmental Job Assignments and Psychosocial Mentoring," *Management International Review*, 59(5), pp. 825-853.
6.3　中村圭介（2006）『成果主義の真実』東洋経済新報社。
Sekiguchi, T. (2013) "Theoretical Implications from the Case of Performance-based Human Resource Management Practices in Japan: Management Fashion, Institutionalization and Strategic Human Resource Management Perspectives," *The International Journal of Human Resource Management*, 24(3), pp. 471-486.
6.4　伊藤守（2010）「コーチングとは何か」, 伊藤守・鈴木義幸・金井壽宏著『神戸大学ビジネススクールで教えるコーチング・リーダーシップ』ダイヤモンド社, pp. 46-75。
Passmore, J., D. B. Peterson and T. Freire (2013) "The Psychology of Coaching and Mentoring." in Passmore, J. (ed.), *The Wiley Blackwell Handbook of The Psychology of Coaching and Mentoring*, Malden, MA.: John Wiley & Sons, pp. 1-11.
Mathis, R. L., J. H. Jackson, S. R. Valentine and P. A. Meglitch (2015) *Human Resource Management*, Stamford, Conn.: Cengage Learning.
Megginson, D. and D. Clutterbuck (2005) *Techniques for Coaching and Mentoring*. Oxford, UK.: Elsevier Butterworth-Heinemann.
櫻田涼子（2010）「キャリア開発」, 奥林康司・上林憲雄・平野光俊編著『入門　人的資源管理』中央経済社, 92-110頁。

Whitmore, J. (1992) *Coaching for Performance*, London: Nicholas Bearley, p. 10.

6.5 Hackman, J. R. and G. R. Oldham (1980) *Work redesign*, Reading, Mass.: Addison-Wesley.

Robbins, S. P. and T. A. Judge (2013) *Organizational Behavior, 15th edition*, Prentice Hall.

Sekiguchi, T., J. Li and M. Hosomi (2017) "Predicting Job Crafting from the Socially Embedded Perspective: The Interactive Effect of Job Autonomy, Social skill, and Employee Status," *The Journal of Applied Behavioral Science*, 53(4), pp. 470-497.

6.6 Shore, L. M., A. E. Randel, B. G. Chung, M. A. Dean, E. K. Holcombe and G. Singh (2011) "Inclusion and Diversity in Work Groups: A Review and Model for Future Research," *Journal of Management*, 37(4), pp. 1262-1289.

Van Knippenberg, D., C. K. De Dreu and A. C. Homan (2004) "Work Group Diversity and Group Performance: An Integrative Model and Research Agenda," *Journal of Applied Psychology*, 89(6), pp. 1008-1022.

6.7 Bauer, T., B. Erodgan, D. Caughln and D. Truxillo (2020) *Human Resource Management*, Thousand Oaks, CA.: SAGE.

初見康行（2018）『若年者の早期離職』中央経済社。

Holtom, B. C., T. R. Mitchell and T. W. Lee (2008) "Turnover and Retention Research: A Glance at the Past, a Closer Review of the Present, and a Venture into the Future," *Academy of Management Annals*, Vol. 2, No. 1, 2008, pp. 231-274.

山本寛（2009）『人材定着のマネジメント』中央経済社, p. 14-15。

若林直樹（2018）「社員の離職，どう防ぐか」，『日本経済新聞』2018 年 12 月 17 日朝刊 13 面。

6.8 Bernstein, E. S., P. D. McKinnon and P. Yarabe (2017) *GROW: Using Artificial Intelligence to Screen Human Intelligence*, Harvard Business School Case: #418020-PDF-ENG

第 7 章　組織戦略への展開

7.1 Chandler, Alfred D., Jr. (1962) *Strategy and Structure: Chapters in the History of the Industrial Enterprise*, Cambridge: MIT Press.（アルフレッド・D・チャンドラー・ジュニア著, 三菱総合研究所訳『経営戦略と組織：米国企業の事業部成立史』実業之日本社，1967 年）

Hall, David J., and Maurice A. Saias (1980) "Strategy Follows Structure!" *Strategic Management Journal*, Vol.1, No.2, pp. 149-163.

Miles, Raymond E. and Charles C. Snow (1978) *Organizational Strategy, Structure, and Process*, New York: McGraw-Hill.（R. E. マイルズ・C. C. スノー著, 土屋守章・内野崇・中野工訳『戦略型経営：戦略選択の実践シナリオ』ダイヤモンド社，1983 年）

7.2 Buzzell, Robert D. and Bradley T. Gale (1987) *The PIMS Principles: Linking Strategy to Performance*, New York: Free Press.（R. D. バゼル・B. T. ゲイル著, 和田充夫・八七戦略研究会訳『新 PIMS の戦略原則』ダイヤモンド社, 1988 年）

Porter, Micheal E. (1980) *Competitive Strategy*, New York: Free Press.（M. E. ポーター著, 土岐坤・中辻萬治・服部照夫訳『競争の戦略』ダイヤモンド社, 1982 年）

7.3 Brandenburger, Adam M., and Barry J. Nalebuff (1996) *Co-opetition*, New York: Doubleday.（B. J. ネイルバフ・A. M. ブランデンバーガー著, 島津祐一・東田啓作訳『コーペティション経営：ゲーム論がビジネスを変える』日本経済新聞社, 1997 年）

7.4 Barney, Jay B. (1991) "Firm Resources and Sustained Competitive Advantage," *Journal of Management*, Vol.17, No.1, pp. 99-120.

Barney, Jay B. (2002) *Gaining and Sustaining Competitive Advantage, 2nd edition*, Upper Saddle River: Prentice-Hall.（ジェイ・B・バーニー著, 岡田正大訳『企業戦略論（上・中・下）』ダイヤモンド社, 2003 年）

Dierickx, Ingemar and Karel Cool (1989) "Asset Stock Accumulation and Sustainability of Competitive Advantage," *Management Science*, Vol. 35, No. 12, pp. 1504-1511.

Itami, Hiroyuki (1987) *Mobilizing Invisible Assets*, Cambridge: Harvard University Press.
伊丹敬之（1984）『新・経営戦略の論理』日本経済新聞社。
Wernerfelt, Binger (1984)"A Resource-based View of the Firm," *Strategic Management Journal*, Vol. 5, No. 2, pp. 171-180.
7.5 Di Stefano, Giada, Margaret Peteraf, and Gianmario Verona (2014)"The Organizational Drivetrain: A Road to Integration of Dynamic Capabilities Research," *Academy of Management Perspectives*, Vol. 28, No. 4, pp. 307-327.
Eisenhardt, Kathleen M. and Jefferey A. Martin (2000) "Dynamic Capabilities: What Are They?" *Strategic Management Journal*, Vol. 20, No. 10-11, pp. 1105-1121.
Galloway, Scott (2017) *The Four*, New York: Penguin Random House.（S. ギャロウェイ著, 渡会圭子訳『The Four GAFA：四騎士が創り変えた世界』東洋経済新報社, 2018 年）
Hamel, Gary and C. K. Prahalad (1994) *Competing for the Future*, Boston: Harvard Business School Press.（G. ハメル, C. K. プラハラード著, 一條和生訳 (1995)『コア・コンピタンス経営：大競争時代を勝ち抜く戦略』日本経済新聞社, 1995 年）
Prahalad, C. K., and Gary Hamel (1990) "The Core Competence of the Corporation," *Harvard Business Review*, May-June, pp. 79-91.（C・K・プラハラッド，ゲイリー・ハメル著「コア・コンピタンス経営：未来の競争力を組織的に構築する」DIAMOND ハーバード・ビジネス・レビュー，2007 年 2 月号）
Teece, David, Gary Pisano and Amy Shuen (1997)"Dynamic Capabilities and Strategic Management," *Strategic Management Journal*, Vol. 18, No. 7, pp. 509-533.
7.6 Mintzberg, Henry (1978) "Patterns in Strategy Formation," *Management Science*, No. 24, No. 9, pp. 934-948.
Mintzberg, Henry, and James A. Waters (1985) "Of Strategies, Deliberate and Emergent," *Strategic Management Journal*, Vol. 6, No. 3, pp. 257-272.
Pascale, Richard T. (1984) "Perspectives on Strategy: The Real Story behind Honda's Success," *California Management Review*, Vol. 26, No. 3, pp. 47-72.
7.7 Ansoff, Ignor (1965) *Corporate Strategy*, New York: McGraw-Hill.（H. I. アンゾフ著，広田寿亮訳『企業戦略論』産業能率短期大学出版部, 1969 年）
Markides, Constantinos, C. (1995) *Diversification, Refocusing and Economic Performance*, Cambridge: MIT Press.
Rumelt, P. Richard (1974) *Strategy, Structure, and Economic Performance*, Boston: Harvard University Press.
吉原英樹・佐久間昭光・伊丹敬之・加護野忠男（1981）『日本企業の多角化戦略』日本経済新聞社。
7.8 Barney, Jay B. (2002) *Gaining and Sustaining Competitive Advantage, 2nd edition*, Upper Saddle River: Prentice-Hall.（ジェイ・B・バーニー著, 岡田正大訳『企業戦略論（上・中・下)』ダイヤモンド社, 2003 年）
Williamson, Oliver, E. (1975) *Markets and Hierarchies*, New York: Free Press.（O. E. ウィリアムソン著, 浅沼萬里・岩崎晃訳『市場と企業組織』日本評論社, 1980 年）
Williamson, Oliver, E. (1985) *The Economic Institutions of Capitalism*, New York: Free Press.
7.9 青木昌彦・伊丹敬之（1985）『企業の経済学』岩波書店。
Faulkner, David O. (2003) "Strategic Alliances and Networks," in Faulkner, David O. and Andrew Campbell (eds.), *The Oxford Handbook of Strategy, Vol. II*, Oxford: Oxford University Press, pp. 118-156.
7.10 Chandler, Alfred D., Jr. (1962) *Strategy and Structure: Chapters in the History of the Industrial Enterprise*, Cambridge: MIT Press.（アルフレッド・D・チャンドラー Jr. 著, 有賀 裕子訳『組織は戦略に従う』ダイヤモンド社，2004 年）
Galbraith, Jay R., and Robert K. Kazanjian (1986) *Strategy Implementation: Structure, Systems and*

Process, 2nd edition, St. Paul: West Publishing.
榊原清則（1980）「模倣の組織論：事業部制採用行動の社会性」,『組織科学』Vol. 14, No. 2, pp. 62-68.

Stopford, John M., and Louis T. Wells (1972) *Managing the Multinational Enterprise*, New York: Basic Books. （J. M. ストップフォード, L. T. ヴェルズ著, 山崎清訳『多国籍企業の組織と所有政策：グローバル構造を超えて』ダイヤモンド社, 1976年）

7.11 Christensen, Clayton M. (1997) *The Innovator's Dilemma*, Boston: Harvard Business School Press. （C. M. クリステンセン著，伊豆原弓訳『イノベーションのジレンマ：技術革新が巨大企業を滅ぼすとき』翔泳社, 2000年）

Henderson, Rebecca M., and Kim B. Clark (1990) "Architectural Innovation: The Reconfiguration of Existing Product Technologies and the Failure of Established Firms," *Administrative Science Quarterly*, Vol. 35, No. 1, pp. 9-30.

Tushman, Michael L. and Philip Anderson (1986) "Technological Discontinuities and Organizational Environments," *Administrative Science Quarterly*, Vol. 31, No. 3, pp. 439-465.

7.12 Gibson, Cristina, B., and Julian Birkinshaw (2004) "The Antecedents, Consequences, and Mediating Role of Organizational Ambidexterity," *Academy of Management Journal*, Vol. 47, No. 2, pp. 209-226.

Lerner, Josh (2012) *The Architecture of Innovation*, Oxford: Oxford University Press.

Li, Ying, Wim Vanhaverbeke and Wilfred Schoenmakers (2008)"Exploration and Exploitation in Innovation: Reframing the Interpretation," *Creativity and Innovation Management*, Vol. 17, No. 2, pp. 107-126.

March, James G. (1991) "Exploration and Exploitation in Organizational Learning," *Organization Science*, Vol. 2, No. 1, pp. 71-87.

榊原清則・大滝精一・沼上幹（1989）『事業創造のダイナミクス』白桃書房。

第8章　つながる時代の組織論への展開

8.1 Burt, R. S. (1992) *Structural Holes: The Social Structure of Competition*, Cambridge: MA.: Harvard University Press. （ロナウド・S・バート著，安田雪訳（2006）『競争の社会的構造：構造的空隙の理論』新曜社）

Granovetter, M. S. (1973) "The Strength of Weak Ties," *American Journal of Sociology*, 78, pp. 1360-1380. （マーク・S・グラノヴェター著，大岡栄美訳「弱い紐帯の強さ」，野沢慎司編・監訳『リーディングス　ネットワーク論：家族・コミュニティ・社会関係資本』勁草書房，2006年，pp. 159-204）

Heider, F. (1958) *The Psychology of Interpersonal Relations*, New York: Wiley.

Padgett, J. F. and C. K. Ansell (1993) "Robust Action and the Rise of the Medici, 1400-1434," *American Journal of Sociology*, 98, pp. 1259-1319.

Podolny, J. M. and J. N. Baron (1997) "Resources and Relationships: Social Networks and Mobility in the Workplace," *American Sociological Review*, 62 (October), pp. 673-693.

8.2 Dewey, J. (1939 (1998)a) "Analysis of Reflective Thinking," in Hickman, L. A. and T. M. Alexander (eds.), *The Essential Dewey, Volume 2: Ethics, Logic, Psychology*, Bloomington: Indiana University Press, pp. 137-144.

Dewey, J. (1939 (1998)b) "The pattern of Inquiry," in Hickman, L. A. and T. M. Alexander (eds.), *The Essential Dewey, Volume 2: Ethics, Logic, Psychology*, Bloomington: Indiana University Press, pp. 169-179.

Eccles, R. and D. Crane (1988) *Doing Deals: Investment Bank at Work*, Cambridge, MA.: Harvard Business School Press.

Knight, F. (1921 (1957)) *Risk, Uncertainty, and Profit*, New York: Houghton Mifflin Company. （F. H.

ナイト著, 奥隅榮喜訳『危険・不確実性および利潤』文雅堂書店, 1959年）
D. スターク（中野勉・中野真澄訳）(2011)『多様性とイノベーション：価値体系のマネジメントと組織のネットワーク・ダイナミズム』マグロウヒルエデュケーション/日本経済新聞社。
8.3 Arthur, M. B. and D. M. Rousseau (1996) *The Boundaryless Career*, New York, Oxford University Press.
Breschi, S. and F. Malerba (eds.) (2005) *Clusters, Networks, and Innovation*, Oxford, UK.: Oxford University Press.
Chesbrough, H. (2006) *Open Innovation: The New Imperative for Creating and Profiting from Technology*, Boston, MA. Harvard Business School Press.（ヘンリー・チェスブロウ著, 大前 恵一朗訳『OPEN INNOVATION：ハーバード流イノベーション戦略のすべて』産業能率大学出版部, 2004年）
Iansiti, M. and R. Levine (2004) *The Keystone Advantage: What the New Dynamics of Business Ecosystems Mean for Strategy, Innovation, and Sustainability*, Boston, Mass.: Harvard Business School Press.（M. イアンシティ・R. レビーン著, 杉本幸太郎訳『キーストーン戦略：イノベーションを持続させるビジネス・エコシステム』翔泳社, 2007年）
Piore, M. J. and C. Sabel (1984) *The Second Industrial Divide: Possibilities for Prosperity*, New York: Basic Books.（マイケル・J. ピオリ・チャールズ, F. セーブル著, 山之内靖・永易浩一・菅山あつみ訳『第二の産業分水嶺』筑摩書房, 2016年）
Porter, M. E. (1998) "Clusters and the New Economics of Competition," *Harvard Business Review*, Reprint 98609(November-December), pp. 77-90.
Powell, W. W., D. R. White, K. W. Koput and J. Owen-Smith (2005) "Network Dynamics and Field Evolution: The Growth of Interorganizational Collaboration in the Life Sciences," *American Journal of Sociology*, 110(4), pp. 1132-1207.
Saxenian, A. (1994) *Regional Advantage: Culture and Competition in Silicon Valley and Route 128*, Cambridge, MA.: Harvard University Press.（アナリー・サクセニアン著, 大前研一訳『現代の二都物語：なぜシリコンバレーは復活し, ボストン・ルート128は沈んだか』講談社, 1995年）
西口敏宏（2007）『遠距離交際と近所づきあい：成功する組織ネットワーク戦略』NTT出版。
西澤昭・忽那憲治・樋原伸彦・佐分利応貴・若林直樹・金井一頼（2012）『ハイテク産業を創る地域エコシステム』有斐閣。
福嶋路（2005）「クラスター形成と企業創出：テキサス州オースティンのソフトウエア・クラスターの成立過程」『組織科学』38(3): 25-40。
8.4 Baldwin, Carliss Y. and Kim B. Clark (2000) *Design Rules, Volume 1: The Power of Modularity*, Cambridge: MIT Press.
藤本隆宏（2003）『能力構築競争』中央公論新社。
Langlois, Richard N. and Paul L. Robertson (1995) *Firms, Markets and Economic Change*, London: Routledge.（リチャード・ラングロワ, ポール・ロバートソン著, 谷口和弘訳『企業制度の理論：ケイパビリティ・取引費用・組織境界』NTT出版, 2004年）
延岡健太郎（2006）『MOT［技術経営］入門』日本経済新聞社。
8.5 Eccles, R. and D. Crane (1988) *Doing Deals: Investment Bank at Work*, Cambridge, MA.: Harvard Business School Press.（R・G・エクルズ, D・B・クレイン著, 松井和夫監訳『投資銀行のビジネス戦略：ネットワークにみる「強さ」の秘密』日本経済新聞社, 1991年）
Eisenhardt, K. (1989) "Making Fast Strategic Decisions in High-Velocity Environments," *Academy of Management Journal*, 32, pp. 543-576.
Eisenhardt, K. and J. Martin (2000) "Dynamic Capabilities: What are They?" *Strategic Management Journal*, 21, pp. 1105-1122.
Kim, W. C. and R. Mauborgne (2015) *Blue Ocean Strategy, expanded edition*. MA.: Harvard Business

Review Press.（W・チャン・キム，レネ・モボルニュ著，入山章栄・有賀裕子訳『[新版] ブルー・オーシャン戦略：競争のない世界を創造する』ダイヤモンド社，2015 年）
March, J. G. (1991) "Exploration and Exploitation in Organizational Learning," *Organization Science*, 2, pp. 71-87.
March, J. G. and J. P. Olsen (1976) *Ambiguity and Choice in Organizations*, Oslo, Norway: Universitetsforlaget.（J. G. マーチ，J. P. オルセン著，遠田雄志・アリソン・ユング訳『組織におけるあいまいさと決定』有斐閣，1986 年）
O'Reilly, C. A. and M. L. Tushman (2008) "Ambidexterity as a Dynamic Capability: Resolving the Innovator's Dilemma," *Research in Organizational Behavior*, 28, pp. 185-206.
Pfeffer, J. (1981) *Power in Organizations*, Marshfield, MA.: Pitman Publishing.
Pfeffer, J. (1987) "A Resource Dependence Perspective on Intercorporate Relations. Intercorporate Relations: The Structural Analysis of Business," in Mizruchi, M. and M. Schwartz (eds.), *Intercorporate Relations: The Structural Analysis of Business*, Cambridge: Cambridge University Press: 25-55.
Teece, D. J. et al. (1997) "Dynamic Capabilities and Strategic Management," *Strategic Management Journal*, 18(7), pp. 509-533.
河合忠（2004）『ダイナミック戦略論：ポジショニング論と資源論を越えて』有斐閣。
8.6　Porter, M. E. and R. K. Mark (2011) "Creating Shared Value," *Harvard Business Review*, 89(1/2): p. 62-77.
8.7　Cohen, M. D., J. G. March and J. P. Olsen (1972) "Garbage Can Model of Organizational Choice," *Administrative Science Quarterly*, 17: 1(March 1972), pp. 1-25.
Knight, F. (1921) *Risk, Uncertainty, and Profit*, Chicago, IL.: University of Chicago Press.（F. H. ナイト著，奥隅榮喜訳『危険・不確実性および利潤』文雅堂書店，1959 年）
Perrow, C. (1984) *Normal Accidents: Living with High-Risk Technologies*, Princeton, NJ.: Princeton University Press.
Roberts, K. H. (1989) "New Challenges in Organizational Research: High Reliability Organizations," *Industrial Crisis Quarterly*, 3, pp. 111-126.
Roberts, K. H. (1990) "Managing High Reliability Organizations," *California Management Review*, 32(4), pp. 101-114.
Sagan, S. D. (1993) *Limits of Safety: Organizations, Accidents, and Nuclear Weapons*, Princeton, NJ.: Princeton University Press.
Weick, K. E. (1987) "Organizational Culture as a Source of High Reliability," *California Management Review*, 29(2), pp. 112-127.
藤川なつこ（2015）"高信頼性組織研究の理論的展開：ノーマル・アクシデント理論と高信頼性理論の統合の可能性,"『組織科学』48 巻 3 号 (3), pp. 5-17。
8.8　Bazerman, M. H. and Moore, D. A. (2009) *Judgement in Managerial Decision Making*, New York: John Wiley & Sons.
Hitt, A., C. C. Miller and A. Colella (2011) *Organizational Behavior, 3rd edition*, New York: Wiley, p. 339.
Kreitner, R. and A. Kinicki (2013) *Organizational Behavior, 10th edition*, New York: McGraw-Hill Education.
長瀬勝彦（2008）『意思決定のマネジメント』東洋経済新報社。
8.9　Aldrich, H. W. and R. Martin（2006） *Organizations Evolving, 2nd edition*, Thousand Oaks: Sage.
Argyris, C. and D. Schoen (1974). *Theory in Practice, 3rd edition*, San Francisco: Jossey Bass.
Buchanan, D. and A. Huczynski (2010) *Organizational Behaviour, 9th edition*, Harlow, UK.: Peason Education.
Dalkir, K. (2017) *Knowledge Management in Theory and Practice*, Cambridge, MA.: The MIT Press,

p. 3.
西脇暢子（2018）『日系企業の知識と組織のマネジメント』白桃書房。
野中郁次郎・竹内弘高（梅本勝博訳）（1996）『知識創造企業』東洋経済新報社。
8.10　Johnston, R., G. Clark, and M. Shulver (2012) *Service Operation Management, 4th edition*, Harlow, UK.: Pearson Education.
Polaine, A., L. LØvlie, L. and B. Reason (2013) *Service Design: From Insight to Implementation*, New York: Rosenfeld Media.（長谷川敦士監訳, 青木博信ほか訳『サービスデザイン：ユーザーエクスペリエンスから事業戦略をデザインする』丸善出版, 2014 年）
Schmitt, B. H. (2003) *Customer Experience Management: A Revolutionary Approach to Connecting with Your Customers*, Hoboken, NJ.: Wiley.（B. H. シュミット著, 嶋村和恵・広瀬盛一訳『経験価値マネジメント：マーケティングは，製品からエクスペリエンスへ』ダイヤモンド社，2004 年）
Stickdorn, M. and J. Schneide (2011) *This is Service Design Thinking: Basics, Tools, Cases*, Hoboken, NJ.: John Wiley & Sons.（M. スティックドーン, J. シュナイダー著, 長谷川敦士・武山政直・渡邉康太郎監修，郷司陽子訳『This is service design thinking：Basics－Tools－Cases：領域横断的アプローチによるビジネスモデルの設計』ビー・エヌ・エヌ新社, 2013 年）
8.11　Anderson, E. (2017) *Private Government: How Employers Rule Our Lives (and Why We Don't Talk About It)*, Princeton, NJ.: Princeton University Press.
細川良（2019）「ICT が「労働時間」に突き付ける課題：「つながらない権利」は解決の処方箋となるか?」『日本労働研究雑誌』709，41-51。
森永雄太（2019）『ウェルビーイング健康の考え方と進め方：健康経営の新展開』労働新聞社。
Newport, C. (2019) *Digital Minimalism: Choosing a Focused Life in a Noisy World*, New York: Portfolio/Penguin.（C. ニューポート著，池田真紀子訳『デジタルミニマリスト：本当に大切なことに集中する』早川書房，2019 年）
Tenny, E. R. et al. (2016) "Does Positivity Enhance Work Performance? Why, When, and What We don't know," *Research in Organizational Behavior*, 36, pp. 27-46.
VandenBos, G. R. (ed.) (2007) *APA Dictionary of Psychology*, Washington DC. American Psychological Association.（G. R. ファンデンボス監修，繁桝算男・四本裕子監訳『APA 心理学大辞典』培風館, 2013 年）
World Health Organization. (1995) Global Strategy on Occupational Health for All: The Way to Health at Work.（2020 年 6 月 1 日アクセス）https://www.who.int/occupational_health/globstrategy/en/

おわりに

E. フロム（日高六郎訳）（1952）『自由からの逃走（新版）』東京創元社。

索　引

人名索引

企業・団体・製品名等索引

事項索引

あ　行

か　行

さ　行

た　行

な　行

は　行

ま　行

や　行

ら　行

わ　行

欧　字

編著者・執筆者紹介

中野　勉（なかの　つとむ）【編著者】

青山学院大学大学院国際マネジメント研究科教授。
コロンビア大学COI外部ファカルティ。慶應義塾大学経済学部卒，シカゴ大学修士。米系金融機関勤務の後，米国コロンビア大学社会学部博士課程修了（Ph. D. in sociology）。ミシガン大学，関西学院大学を経て，青山ビジネススクールでは企業戦略，組織論，国際経営などを担当。Copenhagen Business School，ENS Cachan，University of Frankfurt am Main，and MPIfG 客員教授または研究員。主著『ソーシャル・ネットワークと組織のダイナミクス』『ソーシャル・ネットワークとイノベーション戦略』（有斐閣）。

加藤　俊彦（かとう　としひこ）

一橋大学大学院経営管理研究科教授。
一橋大学商学部卒，一橋大学大学院商学研究科修士課程修了，民間企業勤務後，一橋大学大学院商学研究科博士後期課程単位修得。一橋大学博士（商学）。東京都立大学経済学部講師，助教授などを経て，現職。専門は，経営組織論，経営戦略論。主著『技術システムの構造と革新』（白桃書房），『競争戦略』（日本経済新聞出版社），『競争戦略論』（共著，東洋経済新報社）。

関口　倫紀（せきぐち　ともき）

京都大学経営管理大学院教授，大学院経済学研究科教授（併任）。
東京大学文学部卒，青山学院大学大学院国際政治経済学研究科修士課程修了，ワシントン大学フォスタービジネススクール博士課程修了（Ph. D.）。民間企業，大阪経済大学，大阪大学を経て現職。専攻は組織行動論，人的資源管理論。Applied Psychology: An International Review 共同編集長。Euro-Asia Management Studies Association 会長。Association of Japanese Business Studies 副会長。その他役職多数。共編著に『国際人的資源管理』（中央経済社）。

山田真茂留（やまだ　まもる）

早稲田大学文学学術院教授。
東京大学文学部卒業。東京大学大学院社会学研究科社会学専攻博士課程単位修得退学。東京大学助手，東京外国語大学助教授，立教大学助教授を経て現職。組織社会学，集合的アイデンティティ論を専攻。主著『制度と文化』（共著，日本経済新聞社），『本を生みだす力』（共著，新曜社），『集団と組織の社会学』（世界思想社）。

若林　直樹（わかばやし　なおき）

京都大学経営管理大学院教授。
東京大学文学部卒，東京大学大学院社会学研究科より社会学修士，同博士課程中退。京都大学博士（経済学）。東京大学社会情報研究所，東北大学経済学部を経て京都大学経済学部教授。経営組織論を担当。専門は，ネットワーク組織論，産業クラスターと知識移転ネットワーク。主著『ネットワーク組織』（有斐閣），『新時代の組織と経営』（放送大学出版会）。

グラフィック経営学ライブラリー2
グラフィック　経営組織論

2021年3月25日©　　初版発行

編著者　中野　勉　　発行者　森平敏孝
著　者　加藤俊彦　　印刷者　小宮山恒敏
　　　　関口倫紀
　　　　山田真茂留
　　　　若林直樹

【発行】　株式会社　新世社
〒151-0051　東京都渋谷区千駄ヶ谷1丁目3番25号
編集☎(03)5474-8818(代)　サイエンスビル

【発売】　株式会社　サイエンス社
〒151-0051　東京都渋谷区千駄ヶ谷1丁目3番25号
営業☎(03)5474-8500(代)　振替　00170-7-2387
FAX☎(03)5474-8900

印刷・製本　小宮山印刷工業(株)
《検印省略》

ISBN978-4-88384-322-0
PRINTED IN JAPAN

サイエンス社・新世社のホームページのご案内
https://www.saiensu.co.jp
ご意見・ご要望は
shin@saiensu.co.jp　まで.